加尔文的人生智慧
荣耀他并永远以他为乐

CALVIN ON THE CHRISTIAN LIFE
GLORIFYING AND ENJOYING GOD FOREVER

迈克尔·霍顿（**Michael Horton**）/ 著　穆桑 / 译

上海三联书店

加尔文的人生智慧
CALVIN ON THE CHRISTIAN LIFE
GLORIFYING AND ENJOYING GOD FOREVER

　　请注意,这本书看似是关于加尔文对基督徒生活的思考,不过翻开后,你会发现,迈克尔·霍顿正带领你奔赴一次宏大的旅程:加尔文的整全神学之旅。是的,霍顿教授(和加尔文)的看法是:完整的基督徒生活,要以完整而合乎圣经的福音为基础。霍顿博士采用基督二性(虽可区分却不可分割)的经典范式,为读者提供了开启加尔文教导的钥匙。不仅如此,他还向我们表明,日内瓦改教家的基督徒生活观何以迄今未被超越。本书论证令人折服,引人入胜,故我热忱推荐。

——辛克莱·弗格森(Sinclair B. Ferguson)
德克萨斯州达拉斯救赎主神学院教授

　　这部杰作旁征博引,清晰简明,架构巧妙,笔力雄健,对这位日内瓦改教家的研究充分、可信、精准,堪称杰作。本书从四个方面呈现了加尔文充满活力的一生。霍顿文笔生动,无疑更为突出加尔文敬虔的智慧。

——巴刻(J. I. Packer)
维真学院教授

迈克尔·霍顿利用最新的宗教改革研究成果,让材料自身说话,因而带给了我们一部精彩的概论,得以一窥约翰·加尔文的基督徒生活观。本书彰显了加尔文就如何在世上生活这个问题所持的公开立场,清除了至今依然围绕着这位改教家的不实之辞。霍顿的书兼具学术性和实用性——这一结合极为少见,却大受欢迎。

——赫尔曼·塞尔德惠斯(Herman Selderhuis)

Refo 500 理事,国际加尔文会议主席

迈克尔·霍顿既是学者又是牧师,他经过深入研究,向我们介绍了约翰·加尔文关于**敬虔**(piety)的教导——加尔文用敬虔这个词来指福音在我们所有关系中产生的敬畏与爱。本书最引人入胜的方面之一,就是在作者讲述神人二性的"虽或区分却不可分割"的方法,这主题贯穿基督徒生活的方方面面,涉及基督二性、恩典和圣礼,也涉及教会和国家的关系。这本书会启发新人,也会更新和挑战争战中的老手。

——周毕克(Joel R. Beeke)

清教徒改革宗神学院院长

《加尔文的人生智慧》描述了这位改教家的情感和立场,并时时将两者与我们所处时代的教义和实践议题联系起来,视角独特,内容全面。本书不仅综合了加尔文的思想与实践,还让读者尽窥他本人的敬虔。

——南希·格思里(Nancy Guthrie)

"在旧约里看见耶稣研经系列"作者

献给 W. 罗伯特·戈弗雷（W. Robert Godfrey）

加尔文学者，我的良师益友

因此，我们的整个救恩和其各部分都在基督里。所以，我们不应在基督之外解释其中的任何部分。我们若寻求救恩，基督之名本身教导我们：这救恩出于他；若我们寻求圣灵任何的恩赐，它们也都来自基督的膏抹；我们若寻求力量，这力量乃在基督的管辖中；若求纯洁，这在他的感孕中；若寻求温柔，这在他的诞生中。基督在出生上凡事与我们相似，为的是体会我们的痛苦。我们若寻求救赎，这在他的受难中；若寻求释放，这在他的定罪中；若求免除神的咒诅，这在于他的十字架；若寻求赎罪，这在于他的献祭；若求洁净，这在于他的宝血；若求和好，这在于他降在阴间；若求治死肉体，这在于他的坟墓；若求新生命，这在于他的复活；若求永生，也在于他的复活；若求天国的基业，这在于他的升天；若求庇护、平安，及一切丰盛的福分，这在于他的国度；若求在审判中坦然无惧，这在于父交给他和我们共同审判的权柄。总之，既然在他里面充满各式各样的美善，我们就当唯独饮这泉源以得饱足。

——加尔文，《基督教要义》2. 16. 19 *

---

* 本书引文若无特别说明，均参照约翰·加尔文：《基督教要义》，钱曜诚等译，孙毅、游冠辉修订，北京：生活·读书·新知三联书店，2017年修订版。后文提及《基督教要义》时，均简称为《要义》。——译者注

目 录

总 序

　　也许有人会说我们是备受宠爱的一代人。在今天这个时代里，我们拥有许多重要扎实的关于基督徒生活的资源。图书、系列DVD、网上资料、研讨会，这一切有助于激励我们每日与基督同行的资源，唾手可得。今天的平信徒，就是坐在教堂里的人们，可利用的信息要比过去几个世纪里学者们所梦想的还多。

　　然而，尽管我们拥有丰富的资源，我们却也缺乏一些东西。我们往往缺乏历史的视角，缺乏站在一个与自己不同的时间与地点看问题的视角。换句话说，我们在当下的视线里有太多的财富，使得我们不去看过去。

　　这是一件很不幸的事，特别是涉及学习如何实践做基督的门徒。这就像我们拥有一个豪宅，却选择只待在一个房间里。而这个系列就是邀请您来探索其他房间。

　　在这趟探索旅程中，我们将访问不同于我们今天的地点和时代，也将看到不同的模型、方法和重点。这个系列的目的并非不加批判地复制这些模型，也并不打算把这些过去的人物捧上高位，好像他们属于超级基督徒一族。这个系列的意图是为了帮助现在的我们聆听过去。我们相信,在过去二十个世纪的教会里是存有智慧的,就是如何过基督徒生活的智慧。

史蒂芬·尼科尔斯和贾斯汀·泰勒

(Stephen J. Nichols and Justin Taylor)

致 谢

12

为这本书,我要感谢的人实在太多,我无法在此一一说出他们的名字。当我还是青少年时,介绍我读加尔文著作的大多是潜心思考的平信徒。他们所在的教会并未声称他们直接继承了那位日内瓦的改教家。此后,我能继续这趟惊险而激动人心的旅程,多承史普罗(R. C. Sproul)、巴刻和博爱斯(James Boice)的帮助。

在我读神学院时,甚至在此之前,我就非常钦佩杰出的教会史学家 W. 罗伯特·戈弗雷(W. Robert Godfrey)。现在我们成了同事,我越发感受到他对加尔文的文集、历史背景,甚至细枝末节,都十分精熟,这让我深为叹服。我也感谢后来的老师,如剑桥大学的历史学家彼得·纽曼·布鲁克斯(Peter Newman Brooks),以及我的博士生导师——牛津大学威克里夫学院的阿利斯特·麦格拉思(Alister McGrath)。

我还要感谢我在加利福尼亚威斯敏斯特神学院的同事、我的学生——尤其是来听我讲《基督教要义》的学生、白马客栈(White Horse Inn)的同道、基督联合改革宗教会(Christ United Reformed

Church)的主内家人，以及 Crossway 出版社的编辑汤姆·诺塔罗（Thom Notaro）。他的专业水准和对细节的关注，为这本书增色。

与以往一样，我要特别感谢我的妻子和孩子，感谢他们对一个有时候会犯糊涂的作家给予的鼓励和忍耐。最重要的是，我要感谢我们的主，因为他差遣加尔文这样的忠仆来收割他的庄稼，差遣无数默默无闻的牧师来聚集、喂养他的羊群。

第一章　加尔文论基督徒生活：导言

霍华德·哈格曼(Howard Hageman)说："人们对约翰·加尔文的灵性观(spirituality)研究得很少。"[①]事实显然并非如此。不过一般而言，即便是在神学或解经问题上求教于加尔文的人，往往也会到别处寻求属灵引导。我认为导致这一疏忽的主要原因与我们对"灵性观"一词含义的理解有关。

不同的时代

从前，人们每天的生活节奏是根据教堂的钟鸣，每年的生活安排是按照教会的节期，这样周而复始。人们走进教堂，穿过一排排墓碑，和先祖们一样，在这里记下生命中的重大事件。从洗礼到葬礼，终其一生，人们至少可以感知到神的同在。现代神学家弗里德里希·施莱尔马赫(Friedrich Schleiermacher)认为信仰是"有宗教天赋"或"倾心于无限者"之辈的个人爱好，而其实在那时的社会生活中，信仰是公共的参照准则(frame of reference)。人们可以从洪水、火灾、瘟疫以及丰收中辨认出神的作为。当然，也有很多人认为

[①] Howard Hageman, "Reformed Spirituality," in *Protestant Spiritual Traditions*, ed. Frank C. Senn (New York: Paulist, 1986), 60.

这些都是未经思考的胡扯，算不得什么真实的信仰。不过，没有人会想当然地以为，在这个世界上信仰或属灵上的事物只是私人的事。

宗教改革和问题的核心

宗教改革加速了现代社会的到来，不管它以何种方式实现的，这都属于基督教王国（Christendom）对世界的形塑。特别是对于改教家及其后继者而言，信仰和理性、教义和生活、神圣和世俗，并不是对立的。生活在当代文化中的我们会惊讶地发现，同一位神学家一周之内会撰写讲章或讲稿，创作关于大自然的诗歌或者献给大自然的创造主和救赎者的赞美诗，写作希伯来文或希腊文的语法书，测算行星的运行。真、善、美将所有学科汇集成统一的知识体系。钻研圣经是虔敬地思考神的作为，探索穹苍亦然。

说宗教改革带来的全是祝福，这难以证明。不过，如近来某些作家所言，宗教改革开启了世俗主义潮流，②这更让人难以置信。首先，各类评估明显说明，中世纪晚期的基督教王国就已趋于分崩离析。支撑着它的是威权的大网，虽不是万无一失，却也算稳固。延续几个世纪的教宗专制和滥权，造成犬儒主义情绪四处蔓延，从而

---

② 最近的一个例子是圣母大学（University of Notre Dame）的历史学家 Brad Gregory, *The Unintended Reformation*: *How a Religious Revolution Secularized Society* (Cambridge: Harvard University Press, 2012)。与此迥异的解释，参见 Scott H. Hendrix, *Recultivating the Vineyard*: *The Reformation Agendas of Christianization* (Louisville: Westminster John Knox, 2004)。

引发林林总总的改革运动。要求教宗服从教会会议的"教会会议至上主义者"(conciliarist)一度占据上风,而最终胜出的却是"教皇至上主义者"(papalist)。

令人焦虑的一刻发生在 14 世纪,当时有三位教宗同时宣称自己是彼得的继承人。西方教会大分裂(Western Schism,常被称为"巴比伦之囚")始于 1309 年,直到 1417 年的康斯坦茨会议(Council of Constance),也就是路德张贴《九十五条论纲》(Ninety-Five Theses)前一个世纪才告终。1987 年,红衣主教约瑟夫·拉辛格(Cardinal Joseph Ratzinger)在成为教宗本笃十六世之前,这样解释道:

> 近半个世纪间,教会分裂为两三个辖区,互相实施绝罚,因此每位教徒都生活在这位或那位教宗的绝罚令下。总之,无人可以确定,哪位竞争者名正言顺。教会不再能提供确定的救恩;她的整个客观形式都变得可疑。人们不得不到建制外去寻找真正的教会和救恩的真正保障。③

‖15

这只是冰山一角,至少改教家是这么看的。对罗马教廷和修士的讽刺相当普遍。而像路德和加尔文这样的改教家则直指问题的核心:教义。不是随便什么教义,而是福音信息本身。

---

③ Joseph Cardinal Ratzinger, *Principles of Catholic Theology* (San Francisco: Ignatius, 1987),196.

不过,正如**改革**一词所示,改教家没有去创建新的教会,改教运动也没有一味沉迷于批评。从根本上说,运动的目标是建设性的:使基督教王国再次福音化。

首先,宗教改革通过**深化**基督徒的敬虔,促其复兴。人们普遍对圣经无知,路德在其《小要理问答》(Small Catechism)的序言中对此深表忧虑。不过早在一百多年以前,巴黎大学校长,神学家让·热尔松(Jean Gerson)就著文表达不满,说就连很多神职人员也对圣经的基本信息、主要人物以及主要情节一无所知。那些认同宗教改革的人返回本源去重新发现遗失的宝藏,他们对其颇有研究,愿意在其上倾注心血,必要时甚至愿意为之献身。那些认同宗教改革的人还相信,他们第一次真正明白了福音,即神在基督里白白赐下恩典。

宗教改革还透过**扩大**信仰群体的范围,激发了真正的敬虔。整日祷告、默想的修士和修女被称为"出世者"(the religious)。大体而言,他们是代理人,代表平信徒进行属灵操练。当时也有相当于今天脱口秀表演者的角色,修士常常是他们调侃的对象。而改教家招人厌烦,不是因为他们嘲笑人的陋习、懒惰、无知和恶行,而是因为他们挑战隐修呼召本身的合法性。

既然条条道路通总教堂或地方教区,教会领袖觉得有必要颁布法令,要求教徒每年至少参加一次弥撒。即便如此,一般的敬拜者仍然不能充分理解崇拜仪式以参与其中,况且平信徒根本无权领圣餐杯。除却巡游的(托钵修会)传教士到来时,讲道是很少见的。其实弥撒就是一场戏——一桩华丽上演的事件，人们只能隔着帘幕远远观望。人们越来越清楚地看到，基督教的外饰正在褪去，当地（前基督教时期）隐藏的各式各样的民间宗教显露出来，至少在大街上是这样的。正如剑桥大学历史学家帕特里克·柯林森（Patrick Collinson）所言，宗教改革是"再基督教化甚至是初始基督教化运动的一个阶段"，它"阻断了根基更为深厚的世俗化进程"。④

有了福音为源泉，所有信徒都可以借着蒙恩之道，丰丰富富地得着神的怜悯，各人之间并无差别。他们听到了用自己的语言讲解的圣道。帘幕除去，会众参与到公共崇拜当中，领受圣餐——不仅领了饼，也领了杯，并且圣餐经常举行，而不是每年一次。不久之后，就连贫困的圣徒也得到了圣经，并把自己的《〈诗篇〉歌集》（Psalters）带到了教会，他们日常在田间、商店劳作时，或在家中围坐桌旁时，就唱其中的赞美诗。殉道者走过围观的群众时，唱诗赞美神度过生命的最后时刻，这情景屡见不鲜，于是当局决定，在将他们押赴柴堆前割掉他们的舌头。

改教家效法古代教会，撰写了要理问答。十几岁的福音派信徒——不论男孩还是女孩——都十分熟悉信仰与实践的内容和原理，甚至超过很多神父。事实上，天主教反宗教改革运动为阻止归向福音派信仰和实践的浪潮，也制订了自己的要理问答以及其他教

---

④ Patrick Collinson, *The Religion of Protestants*：*The Church in English Society 1559 - 1625*（Oxford：Clarendon，1982），199.

导方案（包括耶稣会[Jesuit order]）。

推倒隔离"全职服侍"的修士与平信徒的那堵墙，不仅深化、扩展了公共敬拜中的敬虔，也给世界带来了自由的呼召观。甚至为了神的荣耀和邻人的益处挤牛奶，也是属灵的行为。

约翰·加尔文与活在神面前

现代世界日益世俗化，这与加尔文的敬虔背道而驰。加尔文不是进步论者（progressive），期望启蒙运动提倡独立自主的个人主义，而是福音派的人文主义者，高喊："回到本源！"他提倡的信仰比当时风行的敬虔要更深、更广。与任何一位奥古斯丁修会的修士一样，加尔文全面审视在神面前的生活（*coram Deo*）。他甚至不会理解我们今天使用的**灵性**一词通常的含义：它就像主观、想象之非理性的私人岛屿，四周被客观、公共之理性的海洋包围着。

改教家用来涵盖基督徒信仰和实践的词是"敬虔"（piety／*pietas*）而不是灵性。然而甚至敬虔一词也在现代性中失去了自己的价值。我们学会了在教义和生活中间画线，而"敬虔"（就像"灵性"一样）被归在账簿的"生活"一栏里。古代教会却不这么看：*eusebia*（对神的正当回应）一词包括教义和生活，把它译为"敬虔"或"正统"（orthodoxy）不会引起任何混淆。加尔文采取的就是这个全方位的视角。教义、敬拜和生活浑然一体。教义总是朝向实践，而实践总是基于正确的教义。事实上，"因信称义……是一切敬虔的总纲"。⑤
敬虔的根源在于相信福音。爱是衡量所有责任的准绳，而新旧两
约中神的道德律具体规定了爱的品格，包括"对神的敬虔"和"对
人的恩慈"。⑥ 加尔文甚至把他的《要义》定位为"基督徒敬虔的
总纲"。

　　如果因为加尔文生活的时代离我们已经久远，给我们理解他的
敬虔观增加了难度；但这也迫使我们意识到这位改教家若知道自己
的基督徒生活观被挑选出来视为独特，会感到多么尴尬。其实，加
尔文主义者这个标签最早出现在 1552 年，得自于路德宗一位叫约
阿希姆·韦斯特法尔(Joachim Westphal)的辩论家。加尔文并不认
为这个词是在表达善意。如下一章所述，加尔文是站在从前的巨人
和改教同道的肩膀上，他的很多观点的形成都受惠于他们，因此将
所有的成就都归功于他的独特天才并不符合事实。

　　总之，对加尔文来说，批评家责之也甚，拥护者誉之也甚。他综
合所有基督教传统中最优秀的思想，并用严谨的解经技艺和福音直
觉加以筛选，这种杰出的能力体现了他的真正天才。他的修辞原则
是"朴实和简洁"。此外加尔文还有一颗被真理点燃的心，因此在很
多情况下，我们读了他的作品就像回到了水井旁，精神得以振
奋——尤其是在我们似乎已经迷路的时候。

18

---

⑤ Calvin, *Institutes of the Christian Religion*, ed. John T. McNeill, trans. Ford Lewis
　 Battles (Philadelphia: Westminster, 1960), 3. 15. 7.
⑥ Ibid., 3. 3. 1; 3. 3. 16.

预料之外

1536 年,脾气火爆的传道人纪尧姆·法雷尔(Guillaume Farel)央求一个年轻的法国人——他写了一本颇受欢迎的小书——留在日内瓦,帮他完成当地教会的改革工作。这位作者就是让·加尔文(Jean Calvin),这本小书就是《基督教要义》第一版,该书在当时是福音派信仰的简要总结。加尔文谦恭地谢绝了这份荣誉,说他只想心无旁骛地追求学问。出人意料的是,那位引导日内瓦接受宗教改革的脾气火爆的传道人威胁他羞怯的法国同胞,说要是他拒绝神的呼召,不来需要改革的地方提供帮助,他的学术研究会招致神的审判。加尔文被法雷尔和其他几个人说服,同意留下,不过起初只是同意担任圣经讲师,可是没过多久,就被加上了惯常的传道和教牧职责。

伯尔尼(Bern)开展了改教运动,而日内瓦基本上是伯尔尼的附属城邦。法雷尔和加尔文希望教会获得更大的自由,不再完全受制于日内瓦的地方官(以及伯尔尼地方官),两人在为此努力一年之后,被赶出了日内瓦。加尔文在斯特拉斯堡(Strasbourg)找到了新家并开展新的事工。在那里,担负领袖重任的牧师马丁·布塞(Martin Bucer)成为他的属灵父亲。正是布塞和他的同伴彼得·马特尔·菲密格理(Peter Martyr Vermigli),后来对英国的改教运动产生了重大影响。加尔文甚至还帮助克兰麦(Cranmer)修订了《公祷书》(Book of Common Prayer)。斯特拉斯堡的改教工作业已成型——这正是年轻的改教家希望日内瓦出现的局面。加尔文做了五百名法国流亡者的牧师，与新婚妻子伊蒂丽（Idelette）开办了一间青年旅社。他还出席帝国会议，修订了《基督教要义》第六章到第十六章，撰写了重要著作《〈罗马书〉注释》。终于，他觉得自己找到家了。

不过，就在加尔文及其同仁被立即逐出日内瓦三年之后，一位使者带着日内瓦官方的请求拜访加尔文："我们代表小议会、大议会、总议会……诚挚地恳求您回来，重负前职，重举前业。"[⑦]据加尔文的继任者西奥多·贝扎（Theodore Beza）记载，因为加尔文已在斯特拉斯堡幸福地安顿下来，所以他"直接表明他不愿回去"。他向一位密友吐露了内心的感受："我宁可死一百次，也不去背那个能让我每天死一千多次的十字架。"[⑧]

日内瓦人请布塞襄助。布塞从法雷尔那儿学了一招，他"举出约拿的例子"，劝加尔文重返前职。[⑨] 加尔文不看好重返日内瓦的前景，他对皮埃尔·维雷（Pierre Viret）说："不是因为我恨恶日内瓦，而是因为我发现那个地方困难重重，觉得自己根本应付不了。"[⑩]至

19

---

⑦ 转引自 Scott M. Manetsch, *Calvin's Company of Pastors: Pastoral Care and the Emerging Reformed Church*, 1536 – 1609 （New York: Oxford University Press, 2012），25。

⑧ T. H. L. Parker, *John Calvin*（Tring, UK: Lion, 1975），96。

⑨ Theodore Beza, "Life of Calvin," in *Selected Works of John Calvin: Tracts and Letters*, ed. Henry Beveridge and Jules Bonnet, 7 vols. （Grand Rapids: Baker, 1983），1: xxxvii.

⑩ Calvin, "To Viret"（Ulm, March 1, 1541），in *Selected Works of John Calvin*, 4: 230. "日内瓦的邀请让我困惑，或者说不知所措，何去何从，我几乎无法决定。"

少他还可以从德国去信回绝日内瓦人，说他还要参加帝国会议，为斯特拉斯堡处理重要事务。⑪ 不过，如他对法雷尔所言，"我们回去时，我们斯特拉斯堡的朋友不会不同意我重返日内瓦的。而且，布塞已经许诺，他会陪着我。"⑫

他的心情似乎糟得不能再糟了。"但是当我想到我不属于我自己时，我就把我的心当作祭物献给主。"⑬这句座右铭镌刻在加尔文的徽章上：一只手托着一颗心。

不久之后，日内瓦的使者乘着华丽的马车，把加尔文和他刚刚成立的家庭接至日内瓦。加尔文在城门口受到英雄般的礼遇。随后的那个主日，他再次登上圣皮埃尔教堂的讲台，没有提他的被逐，没有责骂仍然煽动众人抵制他归来的邪恶对手，也没有对城门口的欢迎表示感激——这欢迎好像是在抵偿那次不合宜的免职。他只是接着从他被迫离开时讲到的那节经文，继续讲下去。

说明加尔文生活与侍奉的一个插曲

一个小插曲可以让我们对加尔文的生活与侍奉有更多的了解。首先，这个插曲显明了他涉足公共争议时表现出羞涩和"懦弱"（至

---

⑪ 他在两个场合这么做过，两次给日内瓦高层写了几乎一样的信。参见 Calvin,"To the Seigneury of Geneva"（Strasbourg, October 23, 1540）, in *Selected Works of John Calvin*, 4：208, 以及（Strasbourg, February 19,1541）,4：225。

⑫ Calvin,"To Farel"（Strasbourg, August 1541）, in *Selected Works of John Calvin*, 4：280.

⑬ Ibid. , 281.

少他是这么看的）。"我必须承认，我生性不是很勇敢，我怯弱、胆 20
小、优柔寡断。"⑭日内瓦这座封闭落后的城市，争论不断，内讧（政治
层面和宗教层面）激烈。而最能挑战加尔文天生的性情和意愿的，
莫过于在日内瓦的侍奉。从他离开法国，到面对无休止的公共争
议，每一份呼召似乎都是压力。但如果是神借着教会的呼声召唤他
投身改教事业，他就可以——其实是必须——接受。说到底，布塞
以约拿作类比还是恰当的。

其次，这个插曲也显明加尔文在日内瓦的侍奉极为复杂。支持
其信念的人一味地称赞他坚定地委身神的话语，而不支持其信念的
人则仅仅视其为毫不手软的独裁者。而真相要比这两种观点更为
复杂。

加尔文连同法雷尔和其他两位牧师之所以被市议会暗中驱逐，原
因之一在于，瑞士改革宗教会的一次会议决定支持伯尔尼对圣餐的要
求，而加尔文等人拒绝在举行圣餐时使用无酵饼，从而引发了一场暴
乱。对加尔文本人来说，直到事件发生，才知道他的同事们的决定。
事后，他认为用不用无酵饼是件小事。不过这件事更多是一个更大争
论的判例，即政治权威在教会事务中是否具有最终决定权，尤其是，伯
尔尼教会和市议会是否可以决定日内瓦教会生活的方方面面。

在某些场合，加尔文表现出年轻人的莽撞，他忠诚而倔强、勇敢

---

⑭ Calvin, preface to *the Commentary on the Psalms*，转引自 Herman J. Selderhuis，
Calvin's Theology of the Psalms(Grand Rapids：Baker Academic, 2007)，27 - 28。

而急躁。不过，他在冲突中逐渐成熟起来，成为善于变通、影响普世教会的领袖。他甚至愿意在他认为很重要的问题上让步，只要让步有望在教会中达成更大的合一。在与各派展开激辩时，他协调沟通的能力迅速提升，而他也越来越善于推进共识，同时又在他认为最重要的问题上不容丝毫含混。当其他人反应激烈、失去冷静时，他却可以发出理性、折衷的柔和声音。加尔文是个复杂的人，身处复杂的环境当中。

21　再次，虽然他的态度有时候显得复杂，甚至前后矛盾，可这个插曲却凸显了他的信念，也就是指引他一生的始终如一、永不动摇、永不改变的北极星：**神的荣耀绝对居于首位，因此神的话语绝对居于首位**。所以一俟他重返讲台，就二话不说，从以前停下来的地方继续讲起。加尔文的整个侍奉生涯就像路德在沃尔姆斯会议（Diet of Worms）上的辩护，可视为在欧洲的君王、教宗和本地的执政官、神职人员面前所作的加长版的"这是我的立场"演讲。就连很多与他论战的人也不得不承认，他的良心所顺从的，的确是神的话语。

牧师加尔文

加尔文是一位牧师。我们可能因为他做的其他事情而记住他，但是当他在起初觉得不适合担任的职分上日渐成熟时，他的核心身份就变成了"圣言和圣礼的执事"。

一方面，这位改教家满有耐心，常常安慰"压伤的芦苇"和"将残的灯火"。事实上，他觉得自己就是"压伤的芦苇""将残的灯火"，他公开提到的更多是自己的缺点而不是优点。他常在自己的著作里谈到从他人获益的时刻：他在某一点上对经文的理解有误，得到纠正，或从他牧区某个信徒那里学到了智慧。⑮

正是因为严肃对待神的话语，在挣扎中向前的天路客们才发现自己的信心和悔改是软弱无力的。加尔文的一贯教导是，基督是罪人的朋友，而牧者的主要呼召是，让良心软弱的人相信，神在耶稣基督里喜悦他们。加尔文绝不会嘲笑、轻看他们。"说到态度，"贝扎回忆道：

> 虽然生性严肃，可在一般的交往中，没有谁比他更得人心。他非常谨慎地包容别人的缺点，从不无理指责软弱的弟兄，让他们难堪，或让他们害怕。不过，他也从不逢迎他们，不会无视他们的不足。⑯

所以，加尔文从不挑剔指责那些像自己一样在教义或生活上**没能遵行神话语的人**。

另一方面，对那些或明显或隐蔽地表现出未能**严肃**对待神话语的人，尤其是教会领袖，加尔文几乎不能容忍。在他看来，神父和修士就是明显的例子。不过，那些接受了清晰的福音信息，却因懒惰、无知或骄傲而未能履行责任的人，更让加尔文恼怒。有些平信徒虽

22

---

⑮ 加尔文在注释《诗篇》115：16 时，给我们讲了一个有趣的例子。我发现 Herman J. Selderhuis 也提到过这一点，ibid. ,3。

⑯ Beza,"Life of Calvin," xcviii.

然从忠实的神仆那里受益,却嘲笑基督及其设立的圣礼,显明他们也未能**严肃**对待圣经。

特别是在神的话语被无视或轻忽的情况下,加尔文的确显得挑剔。贝扎发现,这样的性格甚至在有关他朋友年轻时代的记述中都有提及。在这方面,他的严于律己更胜过他的苛于责人,但他对别人也是严格的。贝扎写道,加尔文去世前诸病缠身,但每当他和其他人恳求加尔文停止口述和写作时,加尔文总是说:"什么?你想让主看见我无所事事?"加尔文确信,当神的话语要求人采取某种立场或行动时,唯一合宜的回应就是顺服:立即而非迟延。比如,他私下责备布塞和路德宗神学家菲利普·梅兰希顿(Philipp Melanchthon)在一次帝国会议上就称义问题向罗马让步太多。伯尔尼伟大的改革宗神学家沃尔夫冈·马斯库勒(Wolfgang Musculus)称加尔文为"时时拉满的弓"。⑰

热衷拉帮结派之辈看似得势时,加尔文却在积极促进普世教会的合一。甚至就在特兰托公会议的咒诅发出之后,他都同意与罗马天主教领袖一同参与普瓦西会谈(Colloquy of Poissy)。虽然由于健康状况欠佳(再加上日内瓦市政领袖担心他的安危),加尔文受到劝阻未能成行,不过贝扎还是代表日内瓦出席了此次会谈。加尔文为了化解路德宗与改革宗之间的冲突而不辞辛劳。梅兰希顿称他为

---

⑰ Philip Benedict, *Christ's Churches Purely Reformed: A Social History of Calvinism* (New Haven, CT: Yale University Press, 2002), 94.

"那位神学家"(The Theologian)。[18]

加尔文称路德为"我永远尊敬的父亲"(my ever-honored father),而这位德国改教家阅读加尔文的著作时感到"特别的欣喜",[19]并托布塞向他致意。路德和波莫拉努斯(Pomeranus)还让梅兰希顿带去他们对加尔文的称赞:"加尔文深得他们的赞誉。"[20]据说路德读了加尔文关于圣餐的论述后,对一位朋友说:"我原本一开始就可以把有关这方面的争议托付给他解决的。如果我的对手也这么做的话,我们就可以很快达成和解。"[21]帕克(T. H. L. Parker)写道:"加尔文在一段文字中批评了路德,这段文字被某些唯恐天下不乱的人拿给路德看,而路德看过后只是说:'我希望加尔文有一天会对我们有更高的评价;但无论如何,他现在就该确信我们对他抱有善意。'"加尔文回应道:"如果我们对这样的谦逊都无动于衷,那我们一定是石头做的。"他在其《〈罗马书〉注释》里为自己的苛责道歉。[22]

1557年,他向梅兰希顿提议:"为结束基督教王国的分裂,召开一次自由的、普世的会议。"大主教托马斯·克兰麦(Archbishop Thomas Cranmer)提议召开一次集合所有福音派教会的全体会议,针对这项提议,加尔文回应说:"如有必要,即使远涉重洋,我也在所

---

[18] Beza,"Life of Calvin," xxxvi.

[19] 转引自 Parker, *John Calvin*, 162。

[20] Ibid.

[21] Ibid.

[22] Calvin,转引自 ibid. ,163。

不辞。"㉓加尔文放下心中的疑虑以及和海因里希·布林格（Heinrich Bullinger）的不稳固关系，率先撰写了一份关于圣餐的联合声明。尽管改教家本人对这份声明并不完全满意，却使得苏黎世放弃了茨温利（Zwingli）的纪念说（memorialism）。

加尔文成为一位保守的改教家，是其气质和信念使然。有很多人凭着热心做了许多他们本不该做的，加尔文常常指出"轻率"是缠累他们的一宗罪。他很快就明白了一个道理：即便在重大事项上，教会的改革也只能经由坚持不懈、富有耐心的教导来展开。不存在"自上而下"的路径；会众，尤其是教会领袖，必须信从由圣经得出的结论。

在关键原则受到威胁的情况下加尔文绝不动摇，可若有人越过"适度"的界线，尤其是就次要问题挑起争议时，他却严加斥责。在法兰克福教会，他责备约翰·诺克斯（John Knox）和其他流亡者就敬拜仪式问题与路德宗展开争论，他警告在伦敦的法国流亡者，切勿强求事事依照他的模式，切勿"把我当成偶像"，"把日内瓦当成新耶路撒冷"。㉔

经过许多论战之后，加尔文的人格和作为牧者的侍奉都日渐成熟，他在遭受攻击时常常闭口不言。与论战中的大多数同时代人不同，加尔文的分辨力日增，对论战有所甄别，对那些显得可疑，有时

㉓ Calvin，转引自 ibid. ,165。

㉔ Calvin，转引自 Irena Backus and Philip Benedict, introduction to *Calvin and His Influence*, 1509 - 2009, ed. Irena Backus and Philip Benedict（New York: Oxford University Press, 2011),10。

候甚至公开与他为敌的人，他仍然称他们为朋友。

　　有大量证据表明，加尔文对阿谀奉承既不耐烦，也不在乎，也有 同样多的证据表明，他总是思想开放，乐于听取批评。纽夏特 (Neûchatel)教会的一位牧师批评了加尔文的一本书中的几个问题，改教家回应道："您的观点并没有冒犯我，相反，我对这样的直言不讳感到非常高兴。我还没有败坏到这样的地步：唯独允许自己拥有表达意见的自由。"㉕

还原真相

　　如果当一名历史名人的代价是被丑化，那么加尔文可能是历史上最著名的领袖之一。鲜有人像他那样遭受敌人流言蜚语持续不断的攻击，时光荏苒，流言仍在，甚至似乎成为了事实。加尔文被蔑称为"日内瓦暴君""新教教宗"，被丑化为扫兴的人，他的乐趣就在于饶有兴味地思考即将沉入地狱者的命运，让他们现在就生不如死。菲利普·詹金斯(Philip Jenkins)无视专家的结论，在他最近写的一本书里再次对加尔文进行这样的毁谤。㉖ 他无法列出一个可以

㉕ Calvin,"To Christopher Libertet"(Basle, September 4,1534), in *Selected Works of John Calvin*, 4：43.

㉖ 参见 Philip Jenkins, *God's Continent：Christianity, Islam, and Europe's Religious Crisis*(New York：Oxford University Press, 2007),260。小说家 Salmon Rushdie 希望伊斯兰教徒也来一场类似的改革，Jenkins 对此表示惊讶，因为在他看来，加尔文"是一位革命家，在日内瓦建立了强势的神权政体，用国家权力强制推行道德和宗教的正统理念"。

证实其论调的脚注,也就不足为奇了。

如果说加尔文压制了日内瓦这一传说在加尔文死后才逐渐成型,那么他同时代的敌人则发明了一套截然不同的丑化。按照罗马天主教辩论家的说法,日内瓦是灯红酒绿之地,是各类享乐主义者的避难所。[27] 的确,日内瓦有酒馆也有戏院,加尔文毫无顾忌地出入这些地方。他甚至责备某位与自己同工的牧师在讲台上批评一出戏剧,因为加尔文认为这位牧师的批评侮辱了演员。他对法雷尔说:"我们的戏剧差点成了悲剧。"[28]《要义》第一个英译本的译者托马斯·诺顿(Thomas Norton),与托马斯·萨克维尔(Thomas Sackville)共同创作了剧本《高布达克》(*Gorboduc*),这是首部用英语写就的被搬上舞台的悲剧。加尔文的朋友贝扎第一次用法语写了

[27] Francis Higman,"The Origins of the Image of Geneva," in John B. Roney and Martin I. Klauber, *The Identity of Geneva: The Christian Commonwealth*, 1564 - 1864 (Westport, CT: Greenwood, 1998). 也见于 Gillian Lewis,"Calvinism in Geneva in the Time of Calvin and of Beza," in *International Calvinism*, 1541 - 1715, ed. Menna Prestwich (Oxford: Clarendon, 1985). Jerome Bolsec 与改教家多次交锋后,成为第一个到处探听加尔文丑闻的人。据 Bolsec 写于 1577 年的传记所述,加尔文在性方面极为放纵(与男女均有染),他既是浪荡子,又是独裁者。虽然严谨的学者已经澄清了这方面的误解,可谣言很难消失。

[28] Calvin,"To Farel"(Geneva, July 4,1546), in *Selected Works of John Calvin*, 5: 61. 市议会征询加尔文的意见,加尔文说他只会与众位牧师口径一致。一位名叫 Michael 的牧师在讲道时抨击演员,导致很多人向加尔文表达强烈的不满。这件事几乎导致一场暴乱。"第二次会谈时,我谨言慎语,竭力平息他们的怒气,因为我确定,他在那样一个不合适的时间选了那样一个主题,的确鲁莽。他的放肆言辞更令人不悦,他所说的,我绝不赞同。""他们语带威胁地声称,如果不是因为敬重我,他们会杀了 Michael…… Viret 在场目睹了一切,依照事先的安排,他又回来了,为的是让我们癫狂的朋友清醒过来。"(5: 62)

一部舞台剧。㉙ 斯皮茨(Spitz)总结道:"加尔文本人有非常好的酒窖。他说,神不禁止我们发笑,神自己就常常一语双关,令人忍俊不禁。"㉚

不过,没有一项指控说加尔文本人在混乱的城市里行为不端,恰恰相反,在他的服侍之下,这座混乱的城市以其公正、文明和日后的好客而声名远播。然而当初,可怜的流亡者涌入这座城市时,常遭傲慢的日内瓦人恶待。为了他们的利益,加尔文殚精竭虑。此外,他还不顾行政官员的抗议,顾念医院中瘟疫病人的属灵需求。玛丽莲·罗宾逊(Marilynne Robinson)提醒我们,加尔文终其一生都对受苦的人们怀着很深的责任感,所以他写第一版《要义》,就是要为受逼迫的人辩护。㉛

关于加尔文,有两种相互冲突的传说。一种说法是,加尔文是道德专制者;另一种说法则认为他是庇佑恶行的堕落教父。这两种截然不同的说法得以流传至今,或者表明了日内瓦的、尤其是加尔文的重要历史地位,对敌对友都是如此。

还有一个流传甚广的传说,就是加尔文烧死女巫、铁腕统治日内瓦。历史学家研究了原始资料,证实这不过是笑谈。要澄清这一点,简单地总结这些历史资料足矣。

㉙ Marilynne Robinson, preface to *John Calvin*, *Steward of God's Covenant*: *Selected Writings*, ed. John F. Thornton and Susan B. Varenne (New York: Vintage, 2006), xxiv.

㉚ Lewis Spitz, *The Protestant Reformation*: *1517–1559* (St. Louis: Concordia, 2003), 159.

㉛ Robinson, introduction to *John Calvin*, xiii–xiv.

日内瓦在接受宗教改革之前，主教也是国家的首领，代表萨伏伊公爵（the Duke of Savoy）的利益。不过主教和公爵之间常因权力而起争执。公爵的专横激起市议会议员去寻求政治独立，就如他们也接受宗教改革一样。

如果有人在加尔文生活的时代走近日内瓦的独裁者，就会发现独裁者正是加尔文的死敌阿米·佩林（Ami Perrin）。此人是个性格暴戾的小丑，加尔文私下称之为"我们滑稽的凯撒"。加尔文拒绝利用自己的职分干预政治事务，政治权力却常常干预教会事务。斯科特·曼内奇（Scott M. Manetsch）写道，市议会甚至"逼迫异教徒和严重违反道德的人"，任命教会职员，干涉教会日程。"在他们看来，日内瓦的神职人员受雇于国家，可以随时解聘……并且无权获得公民议会的任何一个席位。"[32]

加尔文在侍奉生涯的后期，才被日内瓦授予公民身份。他不仅远没有获得政治权力，即便在他声誉正隆时，他想要推动的教会改革方案也未能在市政厅悉数通过。如果教宗认为自己是基督教王国最终的统治者，那么路德宗和改革宗教会便视王侯（或市议会）为他们的"养父"。加尔文联手法雷尔和维雷，为教会谋求更大的独立性。不过甚至在他的《教会法令》（Ecclesiastical Ordinances）通过之后，市议会还想保留革除教籍权（the right to excommunicate，以下简称"除教权"）。加尔文认为，市议会保留除教权会混淆属灵与世俗权柄的界限，

---

[32] Manetsch, *Calvin's Company of Pastors*, 27.

特别是因为它包含了民事处罚,在加尔文看来,这与教会纪律格格不入。

诚然,16 世纪 40 年代,参议员们曾请加尔文起草共和国宪法。不过,请他起草宪法显然不是因为他是新教的阿亚图拉(ayatollah)＊,因为就在当时,他试图为教会的宗教法庭谋求自由处理教会事务,却仍被断然拒绝。毋宁说,这一请求反映了一个简单的事实:加尔文在希腊-罗马民法史和法学方面造诣精深,无人能望其项背。他的第一本著作,即为塞涅卡(Seneca)的《论仁慈》(*On Clemency*)所作的注释,就被法国大学的很多法学院用作教科书。如果有一个时刻,加尔文可能将世人指控他所倡导的神权体系确定下来,那正是这个时刻。结果如何呢? 历史学家威廉·蒙特尔(William Monter)认为:"加尔文似乎只是对法律稍作修改,减轻刑罚力度,同时确保法律面前人人平等,各项法律得以实际执行。"他主张平等、仁慈,反对暴君式的严苛。1568 年,加尔文的朋友热尔曼·科拉东(Germain Colladon)修订了加尔文的草案,"直到共和国终结,加尔文的草案一直是日内瓦公法的根基"。③ 这样的作品简直不可能出自野心勃勃的独裁者之手,相反,它通常被视为早期宪政共和的文献。

后来,阿米·佩林密谋废除宗教法庭(教会领导),(串通法国)彻底控制国家,市议会以煽动叛乱为由对他进行审讯。新一轮选举开始了,此时法雷尔、加尔文和其他几位牧师才获支持开展改教工

＊ 阿亚图拉是对伊斯兰教什叶派领袖的尊称。——译者注
③ William Monter, *Calvin's Geneva* (New York: John Wiley and Sons, 1967), 152.

作。我们肯定会以为,从这个时刻起,独裁的改教家即将现身,随心
所欲地统治国家。事实却不然,市议会认为,再也不能把权力交托
给某一个人。㉞

　　牧师们并没有用密探和秘密警察监控人的一举一动,相反,教会
事务记录"给人这样的印象:牧师们专注于宣教事业,全心投入监督
宣教活动",罗伯特·金登(Robert M. Kingdon)如此记述。㉟近来,
斯科特·曼内奇对教会记录的全面研究表明,日内瓦教会的首要关
切事项,包括"教育愚蒙者、保护弱者、调停人与人之间的冲突"。㊱
在中世纪的欧洲,妇女和儿童的地位低下,常常仅仅被视为财产,教会
记录表明,牧师和长老在寻求解决冲突的方案时,相当耐心和严肃。
事实上,因为用凳子砸妻子而遭质问的商人,"会抱怨'宗教法庭是女
人的乐园',市法官'保护女人,专寻男人的麻烦'"。㊲"宗教法庭恳请
小议会为年轻的女人提供报酬丰厚的工作",还"为无助的孤儿、贫
困的工人、被虐待的囚犯、受鄙视的难民和不能适应社会的人伸张
权利"。㊳ 虽然谣言不绝于耳,可在加尔文服侍日内瓦期间,没有一
个人因亵渎神而被处死,尽管按中世纪的法律,亵渎神是死罪。㊴

㉞ Ibid.，88.

㉟ Robert M. Kingdon, *Geneva and the Coming of the Wars of Religion in France*, 1555
－1563(Paris:Libraire Droz, 2007),31.

㊱ Manetsch, *Calvin's Company of Pastors*, 183－184.

㊲ Ibid.，200.

㊳ Ibid.，215.

㊴ Monter, *Calvin's Geneva*, 153.

　　加尔文和其他几位牧师一再声明,宗教法庭不能实施法律的或非宗教的惩罚,仅可以用"神的话语这把属灵的剑"纠正错误,这"纠正无非是使罪人归回神的药"。《教会法令》和实际案例的记录显示,他们在相当程度上正是按声明的意图行事的。[40] 针对罗马宣称拥有除教权,加尔文争辩说宗教法庭是以警戒悖逆的教会成员的方式来使用基督的钥匙,"呼召其回到救恩"。[41] 加尔文警告说,教会切勿让惩戒沦为"属灵的屠杀"。[42] 他发现,罗马天主教和重洗派的惩戒都有过于严厉之处。

|28

　　呈到教会法庭的很多案件都避不开一个问题,就是确定教区居民对基督信仰的了解程度,他们是否可以领受圣餐。比如,如果他们私下认同罗马天主教或重洗派的教义和实践,就不能领受圣餐,不过这种情况的惩戒方式是教导。还有人因为在做礼拜时耍酒疯(甚至小便)而遭到训戒。[43] 虽然日内瓦的地方法官厌恶在婚礼上裸身跳舞之类的行径,但日内瓦的民法与欧洲甚至意大利的民法并无二致。[44]

　　斯科特·亨德里克斯(Scott H. Hendrix)指出,路德对当时婚礼

---

[40] Manetsch, *Calvin's Company of Pastors*, 184. "在 16 世纪 40 年代,加尔文的宗教法庭暂停了少数日内瓦人的圣餐——平均每年一二十人。"(185)考虑到全体日内瓦人都属于教会,这个数目是非常小的。

[41] Ibid., 189.

[42] Ibid.

[43] Ibid., 193. 的确存在严重滥用惩戒的情况,典型的例子是,一位年轻的丈夫是中学教师,他因自己性无能的事实撒了谎而被停领圣餐。有意思的是,这件事发生在加尔文去世一年之后。这位教师的父母"愤恨地说:'如果加尔文先生在世的话,[宗教法庭]是不会这么做的。'"

[44] Monter, *Calvin's Geneva*, 216.

的糟糕情形深感不安,于是敦促诸侯和地方法官采取更严厉的法律措施:"1539年,他在文中写道,希望成为基督徒的人,要将妓院逐出他们的城镇,而那些容忍此等场馆的人,比异教徒好不了多少。"⑤路德宗教会的章程禁止"公开犯奸淫者、娼妓、暴徒、酒鬼以及其他过着羞耻生活的人"领圣餐。如果经由"一两个传道人严加训戒",他们仍然执迷不悟,那么"他们会被视为非基督徒和受咒诅者,正如基督在《马太福音》18:15—20提及审判时所教导的"。"因为他们公开犯罪,所以要受更重的责罚,在公开改变自己的生活方式之前,他们不得领圣餐。不过,他们可以听道。"⑥

日内瓦也实施了同样的政策——暂停圣餐,但可以继续听道,这样做是期望犯罪者悔改。事实上,据曼内奇所记,加尔文和贝扎在世时,"日内瓦所有受到暂停圣餐处罚的人中,犯有婚前性行为、通奸、卖淫等性犯罪的大约仅占百分之十三"。⑦ 与此不同的是,在罗马天主教和重洗派的惩戒中,开除教籍不仅仅意味着被逐出教会,还要被逐出社群。

由于有意加以限制,开除教籍的惩罚在日内瓦很少见,从1542年到1609年,"在所有禁令中这项处罚大约仅占百分之三到百分之四"。⑧ 而且这关乎个人私事,他人不得置喙;传闲话也会招致宗教

---

⑤ Hendrix, *Recultivating the Vineyard*, 62.

⑥ Ibid., 112,转引自实施于1529年的汉堡教会章程。

⑦ Manetsch, *Calvin's Company of Pastors*, 202.

⑧ Ibid., 193.

法庭的传唤。艾西·安妮·麦基（Elsie Anne McKee）认为，唯有不悔改才会导致被开除教籍。事实上，"悔改的谋杀者可以得到接纳，而不悔改的争吵者却不被接纳。"[49]

需要注意的是，牧师或长老——甚至是加尔文——都不可以单独实施惩戒。相反，只有由宗教法庭的牧师和长老全体达成一致意见后才能采取行动。蒙特尔提醒我们："加尔文是牧师，也是日内瓦牧师团的常任主席，他在日内瓦没有其他性质的权柄。"[50]曼内奇讲到这样一件事：有一次，牧师团依据事实，开除了一位对女仆动手动脚的牧师。那位牧师反应激烈，指控牧师团行事不公，尤其是作为牧师团主席的加尔文，在这件事上滥用职权。在一次紧急会议上，"加尔文请求牧师团裁决，他作为主席和牧师，在事件处理过程中是否有越权行为。""众位牧师请当事人加尔文和费龙（Ferron）离席回避后，讨论了这个案件，最终认定加尔文并无过错，对费龙的指控成立。"最后，有违体统的牧师被市议会停职，离开了日内瓦。[51]独裁者不会请牧师同僚来裁决自己是否越权。宗教法庭也不会徇私偏袒：各类失范的言行会导致牧师遭到免职处罚。[52]

[49] Elsie Anne McKee, "Context, Contours, Contents: Towards a Description of Calvin's Understanding of Worship," in *Calvin Studies Society Papers*, *1995*, *1997*: *Calvin and Spirituality*; *Calvin and His Contemporaries*, ed. David Foxgrover (Grand Rapids: CRC Product Services, 1998), 84n48.

[50] Monter, *Calvin's Geneva*, 107.

[51] Manetsch, *Calvin's Company of Pastors*, 63.

[52] Ibid., 194.

加尔文甚至认为，牧师应当轮流到教区各教会中服侍，好让会众寄望于牧职，而不是寄望于牧者。蒙特尔说，事实上，"有一点值得注意，不管是加尔文还是加尔文的后继者，都没有为了完成泛欧洲的责任而放下日常的教牧工作，这就是加尔文毕生都在与 20 世纪所谓的个人崇拜作斗争的明证。"⑬斯坦福大学历史学家（也是路德宗人士）路易斯·斯皮茨（Lewis Spitz）认为，"虽然有很多人绘声绘色地说日内瓦是神权政体，可加尔文深切关注的，是将教会及其属灵的职能从国家的控制下分离出来。"⑭即便是在米格尔·塞尔维特（Michael Servetus）被焚的悲剧事件阴云般压抑着加尔文的记忆时，这说法依然真确。

塞尔维特案

加尔文在逃离巴黎之前就听说过塞尔维特。事实上，他冒着生命危险，答应与这位口无遮拦的重洗派人士兼反三位一体者私下会面，可塞尔维特却没有露面。塞尔维特在逃到日内瓦之前，在法国坐牢，等候被宗教裁判所处死。到了日内瓦之后，他以为用攻击三位一体教义——"那个荒谬至极的三而一"——来阻止加尔文讲道，就可以使自己免于处罚。不料，他很快就被捕了。⑮

令人畏惧的阿米·佩林自称是"首席市政官"（唯一的统治者），

⑬ Monter, *Calvin's Geneva*, 142.

⑭ Spitz, *The Protestant Reformation*, 159.

⑮ Parker, *John Calvin*, 139.

正是他在对塞尔维特审讯后，于 1553 年 10 月 27 日判处塞尔维特火刑。"对日内瓦司法制度最意味深长的注解，或许出自其最著名的牺牲品塞尔维特。在审讯过程中，他一度被问及是愿意在日内瓦受审，还是愿意被遣返法兰西。塞尔维特跪倒在地，乞求各位先生（*Messieurs*）让他在日内瓦受审。"⑤

佩林和市议会向各个新教城市征求意见，得到了同样的答复：依照基督教王国的习惯法，像塞尔维特这样众所周知的反三位一体者必须在火刑柱上烧死。天主教宗教裁判所在这个逃犯缺席的情况下（*in absentia*）判处他死刑——用文火烧死。⑤ 如果新教甚至能容忍对大公信仰核心的攻击，那直接派遣基督教王国的所有部队去反对共和制度，岂不也是师出有名了？

加尔文一再恳求塞尔维特公开认错，但却白费气力。市政官没有理会宗教裁判所判决的"文火烧死"，不过坚持要判处火刑。蒙特尔提到"加尔文试图将火刑减轻为一般的死刑，但没有成功"。⑤ 甚至"温和的梅兰希顿"也致信加尔文说："关于您的提议，眼下，教会应当感谢您，直到接下来的一个世代仍应感谢您……我也确信，您的市政官在正规审讯之后，如此处罚这个亵渎神的人是合理公正的。"⑤

---

⑤ Monter, *Calvin's Geneva*, 155.

⑤ Parker, *John Calvin*, 145.

⑤ Monter, *Calvin's Geneva*, 84.

⑤ Philip Schaff, "Protestant Intolerance," in *History of the Christian Church*, vol. 8, accessed November 10, 2011, http://www.ccel.org/ccel/schaff/hcc8.iv.xvi.iv.html.

蒙特尔就塞尔维特事件提醒我们："在加尔文居住在日内瓦期间因为宗教观点而被处死的，塞尔维特是唯一的一例，同时也是影响极其重大的案例。在邻近的新教国家，相继有人重蹈他的悲剧。"[60]事实上，整个欧洲，尤其是在加尔文的故乡法国，完全相信三位一体教义的新教徒每天都有人被交付火刑、绞刑架和刀剑。即使在这种情况下，加尔文仍竭尽全力反对任何试图举起刀剑捍卫福音，或是以福音为由举起刀剑保护自己生命的做法。

不过，加尔文更深地介入了这个事件。他写了一篇文章，为塞尔维特之类臭名昭著的反三位一体者被处死刑作了辩护，因此，加尔文就成了塞尔维特事件的一名"共犯"。与其他改教家一样，加尔文显然认为，对塞尔维特的处决与加尔文自己关于基督借着他话语实现其属灵统治权的教导并不矛盾。如果只是因为加尔文身处那样一个时代，就认为他可以从这个事件中免责，这是不对的，尤其是当其他人还在援引这位改教家的著作来捍卫宗教宽容的时候，就更是如此了。不过，即便是在这个可悲的插曲中，加尔文所扮演的也不是独裁者的角色，而是委派给他、也是他愿意接受的角色——基督教王国中的一位牧师。

亨德里克斯评论说："加尔文并未试图让法兰西加尔文化，或让日内瓦的加尔文主义遍及世界。"与路德一样，加尔文传道事工的着眼点在于，在所谓的基督教王国中，重新垦殖基督的葡萄园，将福音

---

60 Monter, *Calvin's Geneva*, 84.

传出欧洲。^⑥ 不过，在他的服侍之下，日内瓦的确提供了一个超越国界的模式。涌入日内瓦的难民——很多是学生——不仅来自欧洲各地，也有来自俄罗斯、克里特岛、马耳他和突尼斯的。第一批新教传教士由日内瓦差往新世界（the New World）——巴西。正如菲利普·本尼迪克特（Philip Benedict）所言，在加尔文服侍期间，日内瓦的人口增加了一倍多。独裁者会限制人口增长，日内瓦人也抱怨说，新共和国的外国难民已经人满为患。^⑥ 鉴于加尔文本人的经历，就可以理解他喜欢用流放、朝圣之旅、宴席、流亡者以及唯独在基督里找到避难所来比喻基督徒生活的原因了。

我们在探究加尔文基督徒生活观的过程中，发现这位教师形成自己的信念，不是出于象牙塔中的思辨或修道院里的冥想，而是出于不断出现的危机、试炼、令人沮丧的挫折以及个人的痛苦经历。这篇导言用一位获得普利策奖的小说家的一段话作为结尾，或许会更具说服力："他的工作功效卓著，对西方世界以及整个基督教世界的文化和思想产生了不可估量的影响；如果不是这样，他的一生堪称巨大的悲剧。"^⑥

---

⑥ Hendrix, *Recultivating the Vineyard*, 94.

⑥ Benedict, *Christ's Churches Purely Reformed*, 108.

⑥ Robinson, preface to *John Calvin*, xv.

第二章 加尔文论基督徒生活：处境

对加尔文的神学和敬虔的某些误解，不仅来自对手，也来自朋友。在加尔文本人处境中审视他的敬虔，是还原真实加尔文的第一步。[①]

公教徒加尔文

首先，存在一个"公教徒加尔文"（Catholic Calvin）。这里的"公教"包括所有基督徒的共识，其含义比**罗马公教**（Roman Catholic）要广。有人说："我从小接受公教信仰，但我现在是基督徒。"虽然我们知道他这么说是什么意思，但这样使用公教这个词会让加尔文感到困惑。加尔文常常认为自己比批评他的罗马公教徒更像公教徒，不过，他并不是持这种观点的第一人。很久以前，东方的教会就曾指出，"罗马公教"从修辞上说是矛盾的。毕竟，"公"意味着普世，而"罗马"只是一部分而非整体。罗马主教原本是主要领袖中的一个。就连6世纪的罗马主教大格列高利（Gregory the Great）也说，"普世的主教"是"一个傲慢的称谓"，而接受这个头衔的主教是"敌基督的

---

① David Steinmetz, *Calvin in Context*, 2nd ed. (New York: Oxford University Press, 2010). 这本书敏锐地将加尔文置于他自己的世界，而不是当今的世界来审视，详实地总结了他对各类问题的见解。

先驱"。② 加尔文认为,当时的教宗是分裂者,改教家们只是在呼吁教会回到本源。

虽然成为神职人员这一人生方向,是加尔文的父亲热拉尔(Gerard)为他指定的,但年轻的让还是满怀热情地走上了这条路。十二岁时,他当上了地方主教的书记,甚至接受了修士的削发仪式(一种独特的发型)。他的天赋和热情赢得了尊贵的蒙特马(Montmor)一家的器重,这家人的帮助使他得以进入巴黎大学最负盛名的学院学习。在马尔什学院(Collège de la Marche),他在名师马蒂兰·科尔迪耶(Mathurin Cordier)教导下,熟练掌握了拉丁文(这位老师后来相信了福音,曾在日内瓦学院任教)。而后加尔文又在蒙太古学院(Collège de Montaigu)学习神学和哲学。他是继伊拉斯谟(Erasmus)之后,刚好在耶稣会的创立者罗耀拉(Ignatius of Loyola)之前进入这所学院学习的。这时,"新学问"(古典人文主义)为这所保守的大学注入了新的能量。严格的院规留给加尔文的记忆,就像留给伊拉斯谟的记忆一样,并不让人愉快。不过,加尔文在蒙太古学院成为古典希腊与罗马文学的研究者,并开始研读希伯来语和希腊语圣经。

御医的儿子尼古拉斯·科普(Nicolas Cop)是加尔文的好友,他就任巴黎大学校长时,加尔文帮他起草了就职演说稿。这次演讲主要是呼吁教会进行改革,由此激怒了学校和王室权贵,两人勉强逃脱。不过他们的藏书被焚。他们一起逃到了巴塞尔,在那里,尼古

---

② *Letters of Pope Gregory the Great*,book 5,epistle 18.

拉斯的哥哥米歇尔（Michel）——一位著名的希伯来语学者——帮助加尔文熟练掌握了希伯来语。

加尔文一边深入研究原文圣经，一边如饥似渴地阅读古代教父的著作，尤其是东方的爱任纽（Irenaeus）、克里索斯托（Chrysostom）和卡帕多西亚教父（the Cappadocians）的著作，以及西方的安波罗修（Ambrose）、希拉利（Hilary）和奥古斯丁的著作。他甚至阅读中世纪教会"较优秀的神学家"的作品，比如托马斯·阿奎那（Thomas Aquinas）、伯尔纳（Bernard）、波纳文图拉（Bonaventure）的见证。在加尔文的圣经注释和神学论述，以及讲论圣餐和灵修一类的作品中，都可以看到这些神学家留下的不可磨灭的印迹。事实上，加尔文常常凭借记忆，几乎一字不差地援引这些人的观点，来呼吁人们支持改革。

法王亨利二世对新教的逼迫政策比他父亲还要残酷，加尔文在给亨利二世的信中说："我们简要表述了我们持守的信仰，相信您会发现这份告白与公教会（Catholic church）的告白一致。"③理查德·穆勒（Richard Muller）提醒我们，虽然改教运动激起了关于称义、圣礼和教会的争论，"而关于神、三位一体、创造、护理、预定以及末后之事的教义，却几乎一程不变地被宪制的宗教改革延承下来。"④后来的改革宗牧师和神学家并不认为自己是加尔文主义者，而是"归

③ Calvin, "To the King of France" (Geneva, October 1557), in *Selected Works of John Calvin: Tracts and Letters*, ed. Henry Beveridge and Jules Bonnet, 7 vols. (Grand Rapids: Baker, 1983), 6: 373.

④ Richard Muller, *The Unaccommodated Calvin: Studies in the Foundation of a Theological Tradition* (New York: Oxford University Press, 2001), 39.

正的公教徒"(Reformed Catholics)。⑤

激进的新教徒——尤其是重洗派——不取法古代。当代重洗派学者伦纳德·费杜文(Leonard Verduin)说,"他们不在乎自己与过去的教会之间有什么延续性;在他们看来,那个教会是'堕落'的族类。"⑥而加尔文却希望与古代教会尽可能保持一致,并继承基督徒信仰和实践的优秀遗产。加尔文谴责教宗喜欢标新立异——炮制出没有圣经根据和古代教会先例的教义和敬拜形式,他对启蒙运动宣称的进步和个人自治理念不抱期望。路德和加尔文是公教徒改教家,而不是激进的现代主义者。

新教徒加尔文

路德出生于德国农民家庭,他为人朴实、合群,有时候喜欢热闹。他讲道、谈话时使用的都是通俗的、有时甚至是粗俗的例子,好让普通的维滕堡人产生共鸣。他在翻译圣经时,竭力从日常德语中搜索常见的词语或短语,来传达原文的意思。他个性鲜明,引人注目,这样的个性在他身上非常自然地流露出来,看来这个性格使路德尤其适合神所分派给他的角色。路德非正式的桌边谈话会被记录下来以飨后代,或许不足为怪。

---

⑤ Richard Muller, *Calvin and the Reformed Tradition : On the Work of Christ and the Order of Salvation*(Grand Rapids: Baker Academic, 2011),54.

⑥ Leonard Verduin, *The Reformers and Their Stepchildren*(Grand Rapids: Eerdmans, 1964),156.

加尔文生于法国的中上层家庭，在名门望族的庇佑下，享受了
特权教育，举止文雅。他矜持、喜欢独处——甚至害羞，不愿写自
传。据同时代人记载说，加尔文待人友善且具亲和力，家里常常访
客不断。在斯特拉斯堡，他和妻子伊蒂丽在他们开办的那间熙熙攘
攘的青年旅馆中，他俩是各项活动的中心人物。然而要是有人晚餐
时在桌边逡巡记录谈话内容，加尔文就会感到不自在。总而言之，
尽管路德对于日常事务一丝不苟，但他在历史舞台上游刃有余，相
比之下，加尔文更愿意安于默默无闻。

除此之外，两位改教家相差二十多岁，在这二十多年间发生了
很多变化（他们二人素未谋面）。路德是奥古斯丁修会的修士，欣赏
德国神秘主义，后来成为改教家的先驱；加尔文在学生时代受法国
人文主义者和早期改教家们的影响，对神秘主义没有兴趣。两人的
处境也不相同。路德改教运动是神圣罗马帝国（主要是德国）的一
个历史事件，路德是这个事件的中心人物，受当时支持改教运动的
王侯保护。而改革宗教会首先出现在独立的城市，这些城市的执政
官通常是在罗马天主教与改革宗公开辩论后才接受了改教思想。
虽然布塞很接近路德，但路德的宗教权威地位无人能比，联合起来
的王侯的政治力量也无法与之相提并论。在已被确立的领袖群星
中，加尔文只是一颗新星。路德在维滕堡无拘无束，有时候甚至还
会干预政治事务。而加尔文在自己开展改教运动的城市是外来者、
流亡者，城市的掌权者甚至还压制他改革教会的意图。

不过，两人也有相似之处。路德的父亲先是命他学习法律，后

来路德却成为神职人员,在加尔文,顺序恰好相反。两人都亲自研究过中世纪晚期表述严谨的神学和实践。其实,这两个人年轻时根本不是叛逆者,且都承认自己忠心顺服罗马。他们自幼接受的教育是中世纪的敬虔,他们一度自责,也谴责他人未能全心地、真诚地遵守中世纪的敬虔形式。

加尔文认信福音后,认同路德的观点,认为谨慎推动改革至关重要。拥护改革宗的波兰国王齐格蒙特·奥古斯特(Sigismund Augustus),被誉为宗教自由事业的先驱。加尔文向他解释说:"(谨慎推动改革的)原因在于,教会的公共治理不可能立刻改变。"⑦加尔文比路德更加重视清除错误敬拜的遗迹,但他建议以宽容和耐心教导来面对分歧。加尔文与路德一样,从未放弃教会,加尔文努力借着回归圣经来改革教会。另外,他与路德一样被教宗革除了教籍,被宗教裁判所搜捕,他的著作被列为禁书。

加尔文还与路德和布塞等改教家一样深信,正统教义是敬虔的灵魂,而非智力游戏。他认为默从的信心(implicit faith)这一教义(即教会教导什么就相信什么)是谦卑外衣下的无知。信心当然需要知识。不过,至终而言,信心就是信靠一个人——这个人就是披戴福音的基督。神的话语要掳获我们的全人,而不单单是我们的思想、意志或情感。其实,"真信心更多在于真实的经验,而不在于漂

---

⑦ Calvin,"To the King of Poland"(Geneva,December 5,1554),in *Selected Works of John Calvin*,6:108.

浮在人头脑中的空洞思辨"。⑧ 他还指出："有些人提出的问题无非是对智力的折磨,我批评过这种好奇心。"⑨神学不是抽象的理论,而是关于万物的最切合实际的知识。

　　事实上,知识和经验不可分割。加尔文一再指出,罗马天主教那些人之所以批评因信称义的教义,是因为他们从未真正在圣洁的神面前经历良心的危机。他们不仅不明白圣经,在属灵经验层面也很幼稚。尽管伪善,"那些头脑不清楚的修士从未经历良心的挣扎……难怪他们会瞎扯律法的完全"。"他们以同样的信心谈论可以用钱买到的天堂,与此同时,他们时刻想着用钱去换地上的事物。"他说,他们没有意识到,"在被基督的血洗净之前,任何一项工作都被罪恶玷污"。⑩ "如果在今世重生是完全的,遵守律法就是可能的……但是难怪他们大胆地谈论着他们不知道的事。对从未尝过争战滋味的人来说,争战是令人愉悦的。"⑪

　　加尔文经历过争战。他与路德一样,比大多数同侪都更加致力于中世纪的敬虔。他希望在神面前**是**个义人。如果如此忠信的年轻人能够成为改教领袖,那是因为他们在罗马式敬虔的操练上比大多数人更殷勤,体会更深,那种敬虔让他们空乏不堪。终于,有人教

38

---

⑧ Calvin, *Institutes of the Christian Religion*, ed. John T. McNeill, trans. Ford Lewis Battles (Philadelphia: Westminster, 1960),1.5.9.

⑨ Calvin,"Psychopannychia," in *Selected Works of John Calvin*, 3: 418.

⑩ Ibid., 145.

⑪ Ibid., 156.

导真理，说我们不能指望用善行去赢得永生的奖赏。特兰托公会议(Council of Trent)对此却达成决议，要讨伐如此教导的人。加尔文在回应这个决议时写道："有人对神的审判从未心生肃然的恐惧，因此他们胆大包天便不足为奇了。"⑫

他给红衣主教雅克波·萨多雷托(Jacopo Sadoleto)写了一封措辞激烈的信，更直接地表达了这种忧虑：

> 萨多雷托，因此我认为，你的神学太过懒惰，那些从未经历良心剧烈挣扎的人，几乎都是这个样子。否则的话，你就不会将基督徒放在如此险峻的滑地上，使他几乎无法站立片刻，因为稍微碰他一下，他就会摔倒。⑬

加尔文想象他正与萨多雷托在审判日站在基督面前，"主啊，我依照自幼所受的教导，常常宣告基督教的信仰"，但他并没有真正明白这信仰。

> 依照所受的教导，我相信，是你儿子的死将我从趋向永死的命运中救拔出来，但是我认为，这份救赎的好处永不可能临到我。我预料将来会有复活的一日，却不愿去想

⑫ Ibid. , 158.

⑬ Calvin,"Reply by John Calvin to Cardinal Sadoleto's Letter," in *Selected Works of John Calvin*, 1: 52.

它,好像那是一件非常可怕的事……是的,他们宣讲你对
人仁慈,却又说唯有以自身行为表明自己配得这份仁慈的
人才能得到。⑭

虽有"间或的安宁,可我仍然远未获得良心真正的平安;每当我
沉迷在自我之中,或者我的心思超乎日常琐事去思想你,就被极度
的惊恐攫住——那是一种任何补赎、任何赔偿都无法消除的惊恐",
人所能做的,唯有不去理会。后来我听到"很不一样的教义",事实
上,这"很不一样的教义"——

将我带回到它的源头……我对这新奇的说法感到不
快,便不愿意听。我得承认,起初我在极力地、愤怒地抵
挡;因为……要我承认我这一辈子都活在无知和错谬当
中,实在是难于登天。有一件事尤其让我讨厌那些教导新
道理的教师,那就是我对教会错误的尊崇。⑮

不过加尔文说,一俟他张耳倾听那些珍视真理的人所传讲的真
理,他就明白过来。"他们提到教会时,对教会尊崇有加,并表现出
一极大的渴望,要培植教会。"⑯

---

⑭ Ibid. , 61.

⑮ Ibid. , 62.

⑯ Ibid. , 63.

确定无疑的福音

"人类当中，就你聪明？"撒但的嘲讽给路德带来的刺痛，加尔文也感受到了。我们确信福音，因为福音清晰启示在圣经里——这与罗马天主教的教导截然不同。

不过，我并不幻想对信仰的认识完全清晰，辨别真假时绝不会犯错，在任何情况下绝不会被骗，也不认为我自视甚高，高高在上俯视整个人类，不在乎任何人的判断，无论是有学问的人还是没有学问的人，都不放在眼里。

当然，比起轻率的批评和挑起纷争，还是搁置判断为好。"我只是认为……神话语的真理性如此昭然，如此不容置疑，无论是人还是天使，都无法否认。"[17]

加尔文认为，改革宗与真正的大公教会根本没有冲突。[18] 他在给萨多雷托的信里放胆直言，"萨多雷托，我们比你们更接近古时，这一点你是知道的"，我们只是想要"复兴教会在古时的样式"，这古时的样式已经"被无知的人曲解"，"而后被罗马教宗及其党羽破坏殆尽，他们真是罪大恶极"。[19] 教会事工的各个层面——教义、圣礼、

---

[17] Ibid. , 54.

[18] Ibid. , 37.

[19] Ibid.

仪式、纪律——都被罗马亵渎了。"我们的信仰由神的使者传布，由圣教父的作品呈现，由古代的公会议证实，而如今的教会，无情地破坏了我们的信仰所认同的一切，你要将这样的教会强加给我吗？"[20]

加尔文对新教运动的重视甚至也在考验他对人文主义的认同。从很多方面来说，荷兰的人文主义者伊拉斯谟（1466—1536）既是宗教改革运动之父，也是反宗教改革运动之父。不过，伊拉斯谟背后的共同生活弟兄会（the Brethren of the Common Life）发挥了更广泛的影响，这个组织也被称为现代敬虔派（*devotio moderna*）。这一点尤其值得一提，因为在我们看来，当代福音派的灵性状态与这个运动的共同之处，要多过与改教运动的共同之处。

弟兄会由杰拉德·格鲁特（Gerard Groote）于 14 世纪创立，代表了神秘主义-敬虔主义者为改教付出的努力。声名卓著的弟兄会成员包括红衣主教、教宗，还有伊拉斯谟、路德、布林格，以及巴尔塔萨·胡伯迈尔（Balthasar Hubmaier）和汉斯·登克（Hans Denck）等重洗派领袖，还有耶稣会的创立者罗耀拉。弟兄会关注的核心问题是"效法基督"——这也是弟兄会成员托马斯·厄·肯培（Thomas à Kempis）那本畅销灵修著作的标题。与弟兄会不同，改教家挑战中世纪教会的**教义**，而弟兄会往往并不关注教会的教义和礼仪。一般而言，弟兄会对自由意志和内在更新的称义持更加乐观的态度。

---

[20] Ibid., 38 - 39.

加尔文来到岔路口时宣称："我是路德的学生。"他在给查理五世的信中说："神唤醒了路德等人,他们擎着火把行在前面,要重新发现救恩之路;我们的教会因为他们的服侍而得以建立和坚固。"[21]

加尔文与路德还有一个相同点,即都认为称义不仅是众多教义中的一条,而且是与罗马的核心分歧所在。他这样谈及称义的教义:"我们同时也当留意基督教是建立在这教义的根基之上,好让我们更关注这教义。除非你先明白你与神的关系如何,和他对你将怎样审判,否则,你就没有救恩的根基,也没有在神面前过敬虔生活的根基。"[22]加尔文一针见血地指出,所有其他的弊端——朝圣、功德、补赎、苦修、炼狱、专制、迷信、偶像崇拜,都出自这个致命的源头:否定称义的教义。至于教宗及其随从,"他们岂不是定意,单单以武力和残暴来维护他们的安全?"[23]

加尔文的敬虔观之特征

最后,加尔文也提供了一种大公福音信仰的独特改革宗形式,甚至在新教内部出现某种程度的分歧时,还为各方逐渐达成共识作出了贡献。一方面,他鄙视新奇之事,只希望所有教会在福音里合一。另一方面,他已经弃绝了罗马教会,但又困扰于新教(包括改革

---

[21] Calvin,"The Necessity of Reforming the Church," in *Selected Works of John Calvin*, 1: 125.

[22] Calvin, *Institutes*, 3. 11. 1.

[23] Calvin,"Reply by John Calvin to Cardinal Sadoleto's Letter," 60.

宗和路德宗)内部出现的对教会领袖的阿谀奉承。他在给萨克森州大法官的信里说:"若我从未与路德有分歧,费心去解释岂不荒唐?"[24]他还对茨温利的追随者越来越不耐烦。据加尔文自己的记述,他对茨温利的作品没什么印象,事实上,他能不理会就不理会。[25]加尔文抱怨道:"谁要是胆敢欣赏路德胜过欣赏茨温利,他们就暴跳如雷。""绝不是要伤害茨温利,但一作比较你就会明白,更俘人心的是路德。"[26]

我们会一一论及加尔文诸多独特的贡献,在此不妨提几点。

首先,加尔文比其他改教家更加坚持认为,信仰和实践必须唯独取决于圣经。不是教宗或王侯,而是基督借着自己的话语决定教会的教义、崇拜、生活和纪律的方方面面。除了圣经,教会没有权柄去约束人们的良心。

其次,"虽可区分却不可分割"的原则贯穿加尔文的思想。普世性的《卡尔西顿信经》(Creed of Chalcedon,451 年)认为,永恒的子披戴了肉身,使神人二性联合于一个位格。而且,二性各自保有自身的特质——没有分割**或**混乱。加尔文借鉴早期教父的观点,构建了自己的基督论,而他的基督论——和"虽可区分却不可分割"这个原则一起——不仅影响了他如何看待圣餐中的救赎实体与受造物

---

[24] Calvin,"To Francis Unhard"(Geneva, February 27,1555), in *Selected Works of John Calvin*, 6:154.

[25] T. H. L. Parker, *John Calvin*(Tring, UK: Lion, 1975),162.

[26] Calvin,转引自 ibid. ,154。

层面的记号之关系,也影响了他如何看待神与世界的关系、基督拯救的职分与教会事工的关系以及基督与文化的关系。另外,他的神学完全以三位一体论为架构,而且非常关注圣灵的工作,这一点在他对圣餐的论述中尤为明显。他强调基督肉身升天的重要性。基督升天了,还要以肉身形式再来,而基督的升天为圣灵在当下将我们与基督联合的工作开辟了空间。

第三,加尔文是圣约神学家的先驱,强调神在基督里的应许是根基,圣徒的相通是果效。横跨新旧两约的恩典之约一脉相承,这个观点在他关于基督徒生活的教导中随处可见。这不仅为支持给圣约中的婴孩施洗提供了论据,而且是一面释经学透镜,加尔文借助这个透镜来解释整本圣经,并将圣经教导应用到家庭和个人的日常生活中。加尔文从教会层面来理解敬虔,对圣约的强调在他独特的敬虔观中占据核心地位。个人操练很重要,但教会的集体敬拜就像源泉,神的美好恩赐从中涌出,流向家庭和个人,又借着他们流向世界。简言之,个人的敬虔出自公众的敬虔,而不是相反。集体敬拜包括会众唱诗赞美,而恩典之约在新旧两约中一以贯之,也赋予《诗篇》在信仰复兴的美好时代以优越地位。总之,至少在加尔文看来,敬虔不仅仅是出自教导,也是"受到感动":我们如何祷告,也就如何相信(*lex orandi*,*lex credendi*)。真正的教义不仅可以得自直接的教导,还可以得自公众敬拜、圣徒团契、家庭生活和每日的工作。阅读《诗篇》,用《诗篇》祷告,唱咏《诗篇》,曾是宗教改革所提倡之敬虔最突出的特征。

　　这些特点在随后的章节中会越发清晰地表现出来。现在，我们以加尔文本人在讲课前所作的祷告，来开始我们的加尔文灵性探索之旅。"愿主施恩，好让我们以真真确确日益炽烈的爱，来默想他属天智慧的奥秘，好让他得荣耀，我们得教诲。阿们。"

第一部分

活在神面前

第三章　认识神与认识自己

至少在大众想象中,尤其是在我们自恋的文化中,加尔文的神学极为强调以神为中心,以至于没有给人留下余地。因此,加尔文的神学被视为冰冷的、理性主义的神学。在威严致人目眩、主权至高无上的神面前,我们只能俯首躬身。

然而,只要读读《基督教要义》开头的第一句话,就会得出不同的结论:"我们拥有的一切智慧,也就是真正的、可靠的智慧,几乎都包含两个部分:认识神和认识自己。"这两者"不可分割"。①

神照自己的形象和样式创造了我们,为的是让我们进入约的关系,也就是说,我们受造,不是为了自己,而是为了神,为了彼此。加尔文显然想起了奥古斯丁在《忏悔录》开篇所写的一句话,这句话甚至是直接向神发出的祷告:"你为你自己造了我们,我们的心若不在你里面安息,就不得安宁。"②神不需要我们,是他自由地选择要创造我们,与我们立约。因此,每当我们想到神,就禁不住想到自己——

① Mary Potter Engel 通常把加尔文的思想称之为"具有动态视角的架构"(a dynamic perspectival structure),恰如其分地反驳了那种对加尔文作品"中心议题"(也就是预定论)的常见看法,参见 *John Calvin's Perspectival Anthropology*(Atlanta:Scholars Press,1988),xi。

② St. Augustine, *Confessions*, trans. R. S. Pine-Coffin(New York:Penguin Classics,1961),21.

反之亦然。认识神与经历神二者不可分割。

> 你怎么能想到神却不立刻意识到——既然你是神的
> 工作,那么因着神创造的主权,你必须服从他的命令? 甚
> 至连你的生命也是属他的? 你所做的一切都应该与他有
> 关? ……首先,敬虔的人不会为自己臆造任何一种神,而
> 是仰望独一无二的真神,他也不会按自己的愿望描述这位
> 神,而是满心相信神自己的启示。③

标准的中世纪教科书起首就问:"何为神?"换句话说,神之为
神,其本质是什么? 这基本上是个哲学问题,不用考察神在圣经中
的启示,就可以从哲学层面回答。谈到我们自身时情形也一样。
"何为人?"就是讨论是什么使我们区别于其他被造物,甚至使我们
的内在自我区别于我们身体的本质。中世纪神学通常会论及灵魂
的高贵,认为灵魂就像某种"神圣的火花",永不消失,永不熄灭,然
而人类的肉体就其特征而言更像野兽。这与希腊人的思想一致。

而在圣经中,这个问题的背景一直是实实在在的圣约历史。加
尔文坦言:"神是什么? 提出这个问题的人不过是在玩弄猜想的文
字游戏。对我们而言,认识神是怎样的神、什么与他的属性相称是

---

③ Calvin, *Institutes of the Christian Religion*, ed. John T. McNeill, trans. Ford Lewis Battles (Philadelphia: Westminster, 1960),1.2.2.

更重要的……**简言之，认识与我们无关的神有什么用呢？**"④加尔文又说："企图查明何为神的人疯了，因为神的本质当使人敬畏，而不是让人研究。"⑤"其实，神的本质无法测透；所以他的神性远超过人的认知能力。但神所创造的每一件作品都刻上了他荣耀的记号，这记号清清楚楚，连文盲和无知者都无法以无知作借口。"⑥

　　事实上，加尔文的这一要点不仅得自圣经，还得自古代教父，尤其是东方教父。他们认为，我们可以照着神的作为来认识他，但绝不可能按着他的本质来认识他。⑦ 虽然我们不敢就神的**本体**（is in himself）之所是妄作推测，不过我们可以从圣经得知他的**大体样式**（is like），换句话说，可以从圣经得知他的属性。"之后他又提到神

47

---

④ Ibid.，粗体为作者所加。参见《基督教要义》Battles 译本该章的注释 6。Battles 在这个注释里暗示，加尔文提出这一批评，是指向茨温利。加尔文在 1552 年 1 月写给茨温利的继任者海因里希·布林格的信中，批评了茨温利谈论神护理的一本著作，说这本著作充斥着"令人费解的悖论"（*Corpus Reformatorum*：*Johannis Calvini opera quae supersunt omnia*，14.253）。

⑤ Calvin，*Institutes* 1.2.2.（译文据作者所引英译本略有改动。——译者注）

⑥ Ibid.，1.5.1.

⑦ Gregory of Nyssa，"On 'Not Three Gods' to Ablabius," in *A Select Library of Nicene and Post-Nicene Fathers of the Christian Church*，series 2，vol. 5，trans. S. D. F. Salmond（Grand Rapids：Eerdmans，1973），3；John of Damascus，"An Exact Exposition of the Orthodox Faith," in *A Select Library of Nicene and Post-Nicene Fathers of the Christian Church*，series 2，vol. 9，trans. S. D. F. Salmond（Grand Rapids：Eerdmans，1973），1. 参见 B. B. Warfield，*Calvin and Augustine*，ed. Samuel Craig（Philadelphia：Presbyterian and Reformed，1956），153。如 Warfield 所言，"他对任何一种先验地确定神本质的方式都持否定态度，而要我们从神在他的作为中给予我们的自我启示来认识他，获得经验性知识。"总体来说，加尔文和传统信仰在"本质为何"这个问题上谈得不多，可参阅 Warfield 在这方面的精彩概述（139—140）。

的属性,显明的不是他自在的本质,而是他如何对待我们,好让我们对神的认识不是某种虚无缥缈的玄思,而是一种生动的体验。"⑧神的启示是真正的知识,但神赐我们启示不是为了满足我们的好奇心,而是为了满足我们与他和好的迫切需要。

　　我理解认识神的意思是,人不但要意识到神的存在,也要明白认识神会如何使人得益处,并教导人如何荣耀他。简言之,就是**认识他对我们有什么益处**。诚然,我们若前后一致,便不会说:在没有信仰或敬虔的地方会有人认识神。⑨

　　因此,加尔文的目标不是发现"什么"(what),而是发现"谁"(who),不是发现本质,而是发现在历史中的行动主体(active agent)。这就需要故事而不是猜想。我们借由这位赐予者送出的礼物而认识他,并看自己为那些礼物的受益者。

　　因此,加尔文的观点与流行的夸张说法相去甚远,那流行的说法认为神无比威严,遥不可及,在他面前人不过是虚影。安德烈·比勒尔(André Biéler)简明扼要地说道:"新教改革不仅重新发现了神,也明确回答了这个问题:'人是谁?'"⑩ T. F. 托伦斯(T. F.

---

⑧ Calvin, *Institutes* 1. 10. 2.

⑨ Ibid. , 1. 2. 1.

⑩ André Biéler, *The Social Humanism of Calvin*, trans. Paul T. Fuhrmann (Richmond, VA: John Knox, 1961),9.

Torrance)这样评论加尔文的路径：

> 合乎圣经的对人的认识，得自以下途径：（a）律法；律法使人借着对照他原初的样式，即其存在之律，而知道自己的本相……（b）福音；不仅为人揭示他［在基督里］的实际身份，也使他重生，得以成为神要他成为的样式。⑪

因此，对加尔文来说，人类学"没有独立的地位"。⑫ 唯有在一个人的身上，我们才能清晰地认识神并认识自己，这个人就是耶稣基督，他既是神也是人。

我们在思考这些问题时，如果采取这样的方式，即寻求那种"认识了能使我们得益处"的真理，而不是那种"仅仅漂浮在人的头脑之中"的空洞猜想，我们就不再拥有决定权了。真理一定会让我们惊讶，甚至震撼。它会就近我们，事实上是嵌入我们。而加尔文所谓的敬虔正是此意。甚至异教徒对超自然的人或事所生发的惊奇，也残存着加尔文所说的这种敬虔。他说，"即使没有地狱"，敬虔的人"仍丝毫不敢冒犯他［神］"。"我们应该更加留意：人们对神都有模糊、笼统的尊敬，但很少有人真正敬畏他。"⑬

认识神与认识他人一样，需要智力的参与，但认识神首先是一

---

⑪ T. F. Torrance, *Calvin's Doctrine of Man*(Westport, CT: Greenwood, 1957),13.

⑫ Ibid., 14.

⑬ Calvin, *Institutes* 1.2.2.

种基于可靠交流基础上的爱与信任的关系。神对我们说话,首要目
的不是给我们信息,而是在审判和恩典中与我们相遇。

敬虔是子女对父母或臣民对君王充满爱心的尊敬,它是一种关
系性的认识,需要全人——理性、意志、感情和身体——侍立在神面
前,等着聆听他乐意启示给我们的关于他自己和我们的信息。在这
件事上,我们绝不是超然的观察者或旁观者。加尔文在《要义》中的
论证思路,呼应了保罗在雅典的演讲(徒17)以及他在《罗马书》前三
章的论证。艾西·麦基完成了一项出色的工作,将加尔文的论证总
结为从敬虔的最大圆周到特定一点的逻辑推展,这特定的一点,就
是"披戴福音的基督"。⑭

人人都认识神

如今很多人认为,福音提供了与神的个人性关系。而加尔文认
为,与神的个人性关系是已然的事实。人人都是在与神的盟约关系
中受造,并且生来就认识神。加尔文说:"在人类心智中,事实上借
着自然本能,都有对神的意识(*sensus divinitatis*),这是无可争辩
的。"⑮其实,《要义》的这一整节几乎一直在评论西塞罗的《论诸神》
(*On the Gods*)。有人抵挡这种无所不在的启示,甚至要否定神的存

---

⑭ Elsie Anne McKee, "Context, Contours, Contents: Towards a Description of Calvin's
Understanding of Worship," in *Calvin Studies Society Papers*, 1995, 1997: *Calvin
and Spirituality*; *Calvin and His Contemporaries*, ed. David Foxgrover (Grand
Rapids: CRC Product Services, 1998), 69.

⑮ Calvin, *Institutes* 1.3.1.(译文据作者所引英译本略有改动。——编者注)

在。"然而,正如一位著名的异教徒所说,就是最原始的部落、最不开化的民族也深信有一位神。"这种深信证明,"神的存在皆刻在每一个人的心中。事实上,甚至连偶像崇拜也充分证明这种意识的存在"。⑯

　　甚至在堕落后,这种对神的感知也"无法抹去","这信念是与生俱来的"。⑰ 即便在古希腊,无神论都极为罕见。"虽然迪亚哥拉(Diagoras)之流嘲笑每个时代的宗教信仰,狄奥尼修(Dionysius)也对神的审判嗤之以鼻,但这只不过是苦毒的嘲讽罢了,因为良心受责备的痛苦比烙铁烙人还厉害。"这是"当人在母腹里时便早已存在的"。⑱ "天文学、医学和所有自然科学"还可以提供"无数证据"。

　　　　的确,那些多少受过一些文科(liberal arts)教育的人
　　　　能借此更深入地了解关于神智慧的奥秘。然而他们的无
　　　　知使他们无法充分领略神在创造中的工作,以迸发出对这
　　　　位工匠的尊崇。⑲

　　所有受造物都会将我们引向神。在可以证明神存在的"无数证据"中,加尔文提到了"天文学、医学和所有自然科学",却没有提到

---

⑯ Ibid.

⑰ Ibid. , 1. 3. 3.

⑱ Ibid.

⑲ Ibid. , 1. 5. 2.（译文据作者所引英译本略有改动。——编者注）

哲学,这一点相当有意思。他关注的是神显明的作为,而不是他不可言喻的本质。他所遵从的是更趋实证主义的路径:研究"易于亲眼看见、亲手指出的"事物。对神的观念,我们应当从周遭的事实中归纳,而不是在自己的猜想中推导。"我们不应该绞尽脑汁地思考何为神,而应该在他的作为中去认识他。"我们要得到的"不是那种空洞的思辨,仅漂浮在人的头脑之中,而是只要一经接受、扎根在心中,就能结果不止的认识"。[20] 我们不是以"任意妄为的好奇心深入考究神的本质",而要定睛于他的作为,"他借着他的作为使我们亲近、认识他,并在某种程度上亲自与我们交通"。[21]

我们到神向我们显明自己的地方寻求他,就会得到完全切合实际的认识。这不仅是沉思把我们引向敬畏的真善美,而且是认识我们的创造者、救赎主,使我们得救。"这种对神的认识不但会激励我们敬拜他,也会使我们醒悟并激发我们对永世的盼望。"[22]我们是神创造的高峰,是神的形象和代表。[23] 不过,我们出身的高贵也衬托出我们堕落的深重。

人人都在不义中压制真理

鉴于我们在神面前的堕落光景,加尔文说,每当我们略微意识

[20] Ibid., 1.5.9.
[21] Ibid.
[22] Ibid., 1.5.10.
[23] Ibid., 1.5.3.

到真神的同在，我们的良心就会充满恐惧，我们就会逃跑。㉔ 我们不去面对，而是虚构一个我们可以操控的神的形象（或是理念，或是实体）。普遍启示（general revelation）中有足够的证据让我们确信，有一位慷慨、公义、智慧、大能的创造主。然而罪恶的人类"在这耀眼的剧场中被弄瞎了心眼"。㉕

　　堕落的人类需要特殊启示，因为我们自然倾向于任意曲解神和自己，也是因为神唯独在福音里向罪人宣告他拯救的意图。在罗马天主教的神学里，普遍启示是通往救恩的垫脚石。而在加尔文看来，普遍启示是我们上吊自尽用的一根绳子。我们的起点不是完全的无知——对神没有认识，或者与神没有关系——而是确定的知识和经验，只是我们故意将其错解、歪曲、糟蹋，进而崇拜偶像，不敬拜神。诚然，普遍启示可以发挥更为积极的作用。我们不可能同时抹去一切，所以不信者的心里仍然残存着对神的认识。写在良心上的道德律，在异教社会相对的公义和秩序中，仍然清晰可见。不过，如果没有福音，我们会从这份启示走向偶像崇拜。

　　对神和我们自己的这一认识，基本上表明了律法的第一重功用——将我们拖出偶像崇拜和自我信靠，好让我们奔向基督。㉖ "因

────────

㉔ Ibid., 1.3.2.

㉕ Ibid., 1.5.8.

㉖ 加尔文在《要义》2.7.6 中这样描述律法的教导之功："既然它表明了神的义，即神唯独悦纳的义，他就警告、教导、使人知罪，并定每一个人的罪。"除此以外，律法还可以以民事处罚限制罪恶，以及引导信徒。这"三重功用"为梅兰希顿首先提出，并且在《协同书》(Formula of Concord)第六条中宣告。

为我们总是自以为公义、正直、聪明和圣洁，这种骄傲是每一个人与生俱来的——除非有充分的证据指控我们是不义、污秽、愚蠢和不洁的。"[27]如果我们只是念及今生的世俗之事，"我们必然得意洋洋、自吹自擂，视自己为半个神明"。

> 然而一旦我们仰望神，思想他的属性，以及他的公义、智慧和权能是何其完美——而这一切正是他要求我们的标准，那么，先前令我们欣喜的假冒之义，如今显出其极邪恶的真面目，被我们视为污秽；先前我们视为智慧的，如今我们因发现它的愚妄而感到作呕；先前看似大有能力的，如今显明是最软弱无能的。[28]

如保罗所言，普遍启示让所有人都"无可推诿"。它显明了神的能力、公义、良善、威严，我们应该由此看清我们的心何等堕落。然而事实并非如此，我们设计出可随己意操纵的偶像。"他们并不按神启示的那样接受他，反而想象他就是他们在自己假想中所形塑的那位。"[29]加尔文的敬虔突然显出"神的自我启示"和"人自己的形塑"的绝对区别。

对神的这种认识虽然根深蒂固，人却"**自甘昏昧**"，"以为神在天

---

[27] Ibid., 1.1.2.

[28] Ibid.

[29] Ibid., 1.4.1.

上袖手旁观……好放纵私欲也不受罚"。[30] "因他们以为任何对宗教的热诚,不管有多么荒谬,都足以蒙神悦纳……由此可见,迷信表面上在竭力讨神喜悦,其实只是在虚伪地嘲弄神。"[31]在靠行为称义的理念中(无论什么形式),偶像崇拜最为明显。所有文化和宗教,其核心都有取悦神的规章和仪式。"他们甚至更加放荡、懒惰地沉溺在自己的污秽中,因为他们妄想借着玩一些可笑的赎罪游戏而尽他们对神的本分。"[32]可悲的是,堕落人心的这种倾向可见于中世纪教会的方方面面。中世纪教会中的大多数人都习惯了这种恶臭:"他们因为因循成习而变得麻木不仁,坐在自己的粪便中,却仍然相信四周都是玫瑰。"[33]

所以加尔文认为,"所有迷信都始自宗教"——我们扭曲了"对神的感知",即为迷信。[34]偶像崇拜在自然神论和泛神论之间摇摆,要么将神关在天上,要么将受造物等同于创造主。[35]

> 由此可见,在创造宇宙的作为上,有众多的受造物闪
> 烁着造物者的荣耀,但这一切竟都是枉然的。虽然众受造

152

---

[30] Ibid., 1.4.2. 粗体为作者所加。

[31] Ibid., 1.4.3.

[32] Ibid., 1.4.4.

[33] 转引自 Philip Benedict, *Christ's Churches Purely Reformed: A Social History of Calvinism* (New Haven, CT: Yale University Press, 2002), 86。

[34] Herman J. Selderhuis, *Calvin's Theology of the Psalms* (Grand Rapids: Baker Academic, 2007), 75。

[35] Calvin, *Institutes* 1.5.5.

物四面照着我们，却仍无法引领我们走上正道。虽然它们闪现微光，但在它们更明亮地照耀之前就熄灭了。[36]

注意以上动词皆为主动语态。加尔文认为，在寻求真理的事上并没有中立一说。我们不是神的朋友，在等待我们的挚爱显明出来，而是神的敌人，在躲避四面包围我们的显而易见的真理。既然"主没有触碰到其内心，主的话就像是对聋子唱歌"，那么我们没有听见，也只是因为我们的邪恶。[37] 神创造的世界是座"不可思议的剧场"，而我们堕落的心灵和思想则是"迷宫"——加尔文很喜欢用这个比喻来描述人的愚蠢与迷失。在我们有罪的思想这个迷宫中，"人心不但无知、黑暗，而且急躁肤浅"。[38]

从这些评论可以看出，加尔文对普遍启示的肯定不逊于罗马天主教。他也像罗马一样极力教导我们，人**天生**就有能力去领受神在自然中的启示。不过，两者的重大区别在于，他深信堕落之后，我们理解和接受神在自然中所显明的真理的**道德**能力，被彻底败坏和扭曲了。罗马天主教神学没有坚定地从人的堕落这个视角来看问题，把这种自然能力与认信真理的道德能力混为一谈。因此，罗马天主教神学认为，从未听过福音的人，仍然可以因为"遵从内心的指引"

---

[36] Ibid. , 1. 5. 14.

[37] Calvin, *Commentary upon the Epistle of Paul the Apostle to the Romans*, in *Calvin's Commentaries*, vol. 19, trans. John Owen (Grand Rapids: Baker, 1996),88.

[38] Calvin, *Institutes* 1. 5. 12,14.

而得救(这个通行于中世纪的原则近来被纳入新版《天主教会要理问答》[*Catechism of the Catholic Church*])。㊴ 恩典帮助我们复归本位,坚固我们的意志,使我们更加愿意遵从已有的启示。本然状态的人可以追随自己看到的启示之光而得到拯救。这个观点很大程度上也为现代的新教所接受。事实上,弗里德里希·施莱尔马赫援引加尔文所说的人人都有"对神的感知",来支持他的理念,认为人人都有宗教情感,每一特定宗教都有自己的表达方式。从普遍启示到特殊启示,就像转动调光器,使弱光变为强光。

不过,加尔文对此提出了两点异议。第一,他不相信,人堕落以后,还能借由对普遍启示的诠释去认识真正的神。第二,即便我们准确理解了普遍启示,但相较于特殊启示,普遍启示不仅是**更为暗淡**的亮光,而且是**性质不同**的亮光。

> 按照自然秩序,宇宙的构造是我们学习敬虔的学校,并因此进入永生和至极的喜乐。然而在人堕落后,我们的眼目所及尽是神的咒诅……即使神乐意用各种方式向人彰显他父亲般的慈爱,人仍无法仅凭观察宇宙推知神就是父。我们的良心反而借我们的罪指控我们:神离弃我们、

㊴ 梵蒂冈第二次公会议重申了这个观点(事实上扩展到包括非基督徒的得救):"原来那些非因自己的过失,而不知道基督及其教会的福音的人,他们诚心寻求天主,在天主圣宠的感召下,实行天主的圣意。这样的人是可以得救的。"(《教会宪章》[*Lumen Gentium*] 16)

不认我们为他的儿女完全是公义的。此外,我们也是迟钝
和忘恩负义的,因我们被弄瞎的心眼不能明白真理……

　　所以,尽管十字架的道理与人的智慧敌对,但我们若
真想归向我们所远离的造物主,好让他重新做我们的父,
我们就应当谦卑地接受这道理。在亚当堕落后,离开中保
没有任何关于神的知识能使人得救。⑩

　　静谧的黄昏、巍峨的阿尔卑斯山脉、破坏力惊人的地震——倘若
得到正确解释,这些受造物的迹象就可以使我们感知神的能力和威
严,甚至是他的良善和慈爱。然而神要怎样处置反叛后的罪人,自然
界并未揭示。于是,加尔文尚未开展核心论证,就觉得应该提前说明:

　　若不是中保基督使我们与神和好,无人能体会神是父
亲、救恩的泉源,或赐福者……主既然在创世之工和圣经的
一般教导上,乃是先彰显他造物者的职分(林后 4:6),所以
我们现在要先讨论对神双重认识[*duplex...cognitio*]的第
一部分;第二部分我们将在适当的时候讨论。⑪

　　在律法的影儿和预先言明的应许的引导下,对基督的信心在怀

---

⑩ Calvin, *Institutes* 2.6.1.

⑪ Ibid., 1.2.1.

着盼望期待未来的以色列人中存留下来。[42] "除非神在基督里与我们相遇,否则我们无从得知自己是得救的",满足了这个条件,神才能被视为信心的对象。加尔文还说:"爱任纽所说的也是这个意思,他说:无限的天父在基督身上成为有限的,他这样俯就我们,免得我们的心无法承受他极大的荣耀……其实,这经文纯粹是指人唯有借基督才能认识神。"[43]

荣耀和十字架

加尔文从公元 2 世纪教父爱任纽学到的最后一点,为改教家的敬虔引入了至关重要的主题。路德在《海德堡辩论》(Heidelberg Disputation,1518)中作出了一个极为著名的区分,即"荣耀神学家"和"十架神学家"。[44] 无所遮掩的灵魂沿着猜想、功德和神秘体验的梯子向上攀爬,要与无所遮掩的神联合。修士作为荣耀神学家,试图离开世界,就是离开特定历史事件中的身体及其感觉,升到天上。而神往下降,披戴肉身,临到我们的世界,躺在马槽里,挂在十架上。我们冒冒失失地往上升,就会与他擦肩而过。荣耀神学家作判断是

---

[42] Ibid. , 2. 6. 2 - 3.

[43] Ibid. , 2. 6. 4.

[44] 参见 Walther von Loewenich, *Luther's Theology of the Cross*, trans. Herbert J. A. Bouman (Minneapolis: Augsburg, 1976); A. E. McGrath, *Luther's Theology of the Cross: Martin Luther's Theological Breakthrough* (Oxford: Basil Blackwell, 1985); B. A. Gerrish, "To the Unknown God: Luther and Calvin on the Hiddenness of God," *Journal of Religion* 53(1973): 263 - 292。

依据现象,即事物的表面状况。而十架神学家相信自己从神的话语中听到神的应许,即便情势似乎有悖于应许。要解释加尔文的敬虔与我们熟悉的很多路径(甚至是福音派圈子里的很多路径)之间的根本差异,以上区别具有决定性作用。

加尔文认同路德所作的区分,认为偶像崇拜是荣耀神学的本质。如赫尔曼·塞尔德惠斯(Herman Selderhuis)所言,这一点在加尔文的《〈诗篇〉注释》(*Commentary on the Psalms*)里尤其明显。威严无比、超越万物的神俯就我们。即便在普遍启示中,我们也不应该"飞上云霄"。

> 有人想要一览无遗地目睹他的威严,这无疑非常愚蠢。我们要安享他的亮光,他必须有所遮掩,然后出现在我们眼前。也就是说,他希望我们在世界的美丽架构中看见他,我们必须望向世界,绝不能过于好奇、轻率,去探究他的隐秘本质。[45]

如果我们要认识这位神是我们在天上的父,我们只能到一个地方去寻求他,而他已经在那里找到我们,那里就是披戴**人类肉身**的永恒之子。[46] 我们企图升到天上,找到居于荣耀当中的神,而他唯独

---

[45] Selderhuis, *Calvin's Theology of the Psalms*,19,转引自加尔文对《诗篇》104:1的注释。

[46] Ibid. ,49.

显明于微小甚至可鄙的事物当中——比如十字架。神在我们不去理会的地方启示自己，不是要戏弄我们。恰恰因为神有怜悯，所以在此世的微末之事中显现，在基督里显为至高。那些神学家称"神"为信心的对象，却忘了我们唯有借着他差来的耶稣基督才能认识他。[47]

具讽刺意味的是，批评家加诸加尔文身上的"罪名"，即对神至高无上的威严作冰冷、抽象的推测，其实正是加尔文对罗马教导的批判。加尔文（在为《诗篇》118篇所作的注释中）说："我们之所以赞美神，更明确的理由在于他的怜悯，而不单单在于他的能力和公义。"显出"对神性情的冰冷而狭隘的认识"的，其实是中世纪的灵性观。[48]

要与神和好，"他们不但要认识神为创造者，也要认识他是救赎者，无疑地，这两种认识都是从圣经来的。"[49]由福音而来的对救赎主的认识"才能复苏灵魂"。[50] 要认识神，认识我们自己，我们就不能仅仅满足于听听教义，读读论证所用的经文，而是必须知悉揭示神和我们双方身份的整个故事。下一章照着加尔文的理解概述了这个故事。

———————————

[47] Calvin，*Institutes* 3.2.1.

[48] Selderhuis，*Calvin's Theology of the Psalms*，49. 参见加尔文对《诗篇》118：1的注释。

[49] Calvin，*Institutes* 1.6.1.

[50] Ibid.，1.6.1–3.

第四章 演员和情节

如果这个世界是"不可思议的剧场",那么圣经就是剧本,我们可以借由圣经了解核心情节和人物。请记得我们的论述范围,即加尔文对基督徒生活的论述,以下内容仅作为简述,来引出这位改教家的核心议题,即中保基督。我们仍然遵从加尔文本人的论证思路,从最为一般的"对神的意识"到信心的特定对象——"在披戴福音的基督里"的神。

剧本

加尔文认为,关于圣经的教义,从来不是独立条款;**唯独圣经** (*sola scriptura*)这个要点从来都与救恩相连,而救恩的传递,唯独借着恩典,唯独倚靠基督,唯独透过信心,并且唯独为了神的荣耀。

诚然,我们的头脑要确信,圣经是神的话语,但加尔文强调,最重要的是,我们的良心要确信,救恩来自神,而不是我们自己。虽然圣经的作者代表神,但圣经终究"不是使徒的信息,而是神自己的信息。福音并不是地上之人的声音,乃是天上之神的声音"。[1] 而这位

---

[1] Calvin, *Institutes of the Christian Religion*, ed. John T. McNeill, trans. Ford Lewis Battles (Philadelphia:Westminster, 1960),4.11.1.

说话的神有三个位格。圣经具有权威,因为圣经来自父,也同样因为子是圣经的内容,圣灵是使圣经生发效力的行动主体。② 对加尔文来说,圣经之所以是神的话语,是因为圣经来自父,传讲了子,由圣灵默示,并且是圣灵光照我们,使我们可以理解圣经,接受圣经。③

　　加尔文最为关注的是教牧和实践。他提出这样一个问题:圣经说,神会在基督里恩待我们,喜悦我们,但如果我们不相信神发出了这个应许,且要实现这个应许,那么我们的心怎能确信神真的会在基督里恩待我们,喜悦我们?④ 既然我们升不上去,神就屈尊俯就我们的能力。与救恩本身一样,圣经也不能部分归功于神,部分归功于人类。不是教会创造了圣经,而是圣经创造了教会。"信道是从听道来的,听道是从基督的话来的。"(罗 10:17)诚然,还没有圣经,也就是还没有完整的成文正典,就有了教会。不过,在还没有这两者之前,就有了神的道。⑤ 因此,自然可以说,神借由在世的使徒持

---

② Ibid., 1.7.3.

③ 加尔文对《提摩太后书》3:15—16 的注释,参见 *Calvin's Commentaries*,vol. 21,trans. William Pringle (Grand Rapids: Baker, 1996),248 - 249。加尔文认为,圣经的权威得到了普遍承认。不过他进而追问:"如果有人只是关注让人好奇的问题,会怎么样呢? 如果他拘泥于律法的字面意思,不寻求基督,会怎么样呢? 如果他得出违背律法的解释,曲解律法的原本含义,会怎么样呢? 正是出于这个原因,他将我们引向了圣经的目的,也是圣经的总纲,即信基督。"不过使徒保罗又说,圣经是神借由圣灵的能力默示的。"这个原则将我们的信仰与其他信仰区别开来。也是因为这个原则,我们知道神对我们说话,并且深信先知没有随自己的意思说话,而是作为圣灵的媒介,只将上面吩咐他们宣讲的说出来。"

④ Calvin, *Institutes* 1.7.4.

⑤ Ibid., 1.7.1 - 2.

续给出了启示,而不需要进一步的启示来证实这个信念。"唯有当
信徒深信圣经是来自天上的启示时,圣经在信徒心中才拥有至高无
上的权威,就像他们在天堂听到神活泼的话语一般。"⑥

　　与此同时,神还使用受造物层面的途径来俯就我们。我们要间
接地认出我在第二章提过的"虽可区分却不可分割"这个准则了。
圣经不同于神的本质,但圣灵使人的话语成为超凡智慧的载体。加
尔文这位一丝不苟的释经家,在多处注释中指出了存在的问题、明
显的差异,以及人类作者之有限的其他证据。经文的彻底人性化,
非但不令人难堪,反倒证明神恩慈的俯就。启示总是经过变通的话
语,甚至如加尔文所言,是"儿语",神在"儿语"中"屈尊俯就"。⑦ 但
即便借由启示,信徒也无法"臻至[神的]至高境界",只能领受"迁就
我们的理解力"的真理。⑧ 圣经"屈就我们微弱而有限的领悟力,只
用人的方式说话"。⑨ 不过,这样的软弱也隐藏着赐人生命的大能:
十架神学——神在爱中降卑、俯就。神的话语清晰而确定,由先知
和使徒的口说出,是我们听得懂的。也就是说,"他不但教导他的选
民要仰望一位神,同时也教导他们所当仰望的神就是他自己。"⑩

　　神对我们说的话简单明了,既说给有学问的人,也说给没学问

---

⑥ Ibid. , 1. 7. 1.

⑦ Ibid. , 1. 13. 1;3. 11. 20.

⑧ Ibid. , 1. 17. 13.

⑨ 加尔文对《诗篇》106:45 的注释,载于 *Calvin's Commentaries*, vol. 6, trans. James
　　Anderson (Grand Rapids:Baker, 1996),242。

⑩ Calvin, *Institutes* 1. 6. 1.

的人,这就惹恼了当下的心高气傲者。是的,圣经不会满足我们的好奇心,或回答我们的所有问题。不过加尔文警告我们:"在圣经的真道上跛行,也远胜过在歧途上疾行奔跑好。"⑪正如我们厌恶神在道成肉身之基督的软弱里所给出的最重要的自我启示,我们也忘了,神正是借由圣经的简单明了,自己降卑,赐下恩典,俯就我们。总之,圣经既出自人手又与其神圣来源完美统一。正如我们在道成肉身这个事实中所见,软弱不一定包含罪性,有限不一定意味着错误。⑫

问题不在于理性本身,而在于那些使用理性者,他们不合理地用理性来审判说话的神。"如果我们只接受人类理性的偏爱,我们岂不是疯了?如果神话语的权威性也只局限于我们的喜好,那还有什么权威性可言?"正是因为在这些方面不愿意接受圣经平白简明的教导,许多天主教神学家才去"转投异教哲学阵营",鼓吹"自由意志"和"靠行为称义"。⑬

圣经是神的话语,不仅因为圣经来自父,论到子,而且因为圣经由圣灵默示,是圣灵光照我们,使我们可以理解圣经,相信圣经。与论述其他问题时一样,加尔文在这个问题上同样强调圣灵的位格和工作——圣灵不否定外在话语,而是作为外在话语的主和赐予者,借其运行。圣灵的工作使有罪的受造物成了神的代表,使他们的见

---

⑪ Ibid. , 1. 6. 3.

⑫ 除了前面的引述之外,出处同上,1. 6. 2;1. 7. 1—5;4. 8. 8—9。

⑬ 加尔文对《诗篇》105:25 的注释,载于 *Calvin's Commentaries*,6:193。

证免于错谬。是圣灵使我们从内心里相信,我们听到的不仅是人的话语,甚至也不仅是教会的话语,而是神的话语。

> 我们若要**善待自己的良心**——免得我们的良心因为疑惑、动摇或最小的障碍而跌倒——我们的信念就不应该建立在人的理智、判断或猜测上,而应该建立在圣灵隐秘的见证上。⑭

在这个语境下,加尔文反对这个观点:圣经是教会之书,由教权创制并赋予权威。唯有神自己才能使我们深信,作为外在话语的圣经由圣灵默示,具有权威。人的见证取决于神的权威,而不是相反。如果我们只有人的见证来证实我们的信仰,我们的良心就无法平安。

加尔文不是说我们要让不信者等候圣灵的隐秘见证。事实上,他接着又说,在情势所迫时,我们应该用大量的证据驳斥"蔑视神的人"。⑮ 事实上,圣灵也使用外在的证据。加尔文尤为关注历史证据:应验了的预言、神迹,尤其是基督的复活,以及懦弱的门徒结果变成使徒的奇迹。⑯ 其实,一旦圣经的权威唯独牢牢基于神,即便是教会的见证也可以一同提供确证。⑰

---

⑭ Calvin,*Institutes* 1. 7. 4. 粗体为作者所加。
⑮ Ibid.
⑯ Ibid. , 1. 8. 2 - 13.
⑰ Ibid. , 1. 8. 12 - 13.

加尔文强调圣灵在使我们信服圣经真理方面所起到的关键作用,他同时也警告我们,绝对不能将圣灵与圣言分开。圣灵在我们的内心确证外在圣言的真实,但不添加任何内容。[18] 事实上,这位改教家在给红衣主教萨多雷托的信中写道:"我们被两个教派攻击,而这两个教派表面看起来似乎判若云泥。""表面上看来,教宗和重洗派会有什么相似之处呢?"不过,他们的武器却是一样的。

> 因为重洗派过度高举圣灵,无疑常常贬低、隐藏了圣言,这就给他们的错谬留下了空间。而你,萨多雷托,将圣灵与圣言分开,在门槛上绊倒了,这就为你的冒犯圣灵之举付出了代价。[19]

狂热者把圣灵与外在的圣言对立,设计出"各种抵达神的方法"。这样的人"与其说是被错谬辖制,不如说是被狂热裹挟"。"近来,某些浅薄之辈冒了出来,不可一世地高举圣灵的教导职分,鄙视读经,嘲笑那些仍然顺服圣经之人的单纯,说他们仍然遵从那没有生命、叫人死的字句。"[20]加尔文谈到这一点时,心里指的肯定是托马

---

⑱ 加尔文对《诗篇》119:18 的注释,载于 *Calvin's Commentaries*,6:413 - 414。

⑲ Calvin,"Reply by John Calvin to Cardinal Sadoleto's Letter," in *Selected Works of John Calvin: Tracts and Letters*, ed. Henry Beveridge and Jules Bonnet, 7 vols. (Grand Rapids: Baker, 1983),1:36.

⑳ Calvin, *Institutes* 1.9.1.

斯·闵采尔（Thomas Müntzer）这样的极端重洗派人士。㉑ 加尔文说，圣灵的工作不是在原有的启示上加添什么，而是"把福音所教导的教义印在我们心里"。㉒ 我们"在神的道中认出圣灵的形象时，我们就会毫无疑惧地完全接受圣灵"。㉓

最后一点，圣经所论——它的核心信息——无外乎披戴福音的基督。㉔ 圣经将信心引向基督——尤其是引向"基督的献祭，并圣餐、洗礼（为了证实他的真道）"。㉕ 威廉·尼泽尔（Wilhelm Niesel）评论说：

> 与路德宗神学一样，改革宗神学认识到，由圣经向我们说话并产生信心的，是神的道，而神的道就是基督自己。

㉑ Thomas Müntzer, "The Prague Protest," in *The Radical Reformation*: *Cambridge Texts in the History of Political Thought*, ed. and trans. Michael G. Baylor (Cambridge: Cambridge University Press, 1991), 2-7；也见于同一本书中，Müntzer, "Sermon to the Princes," 20。

㉒ Calvin, *Institutes* 1.9.1.

㉓ Ibid., 1.9.3.

㉔ Herman J. Selderhuis, *Calvin's Theology of the Psalms* (Grand Rapids: Baker Academic, 2007), 126-127. Selderhuis 指出加尔文释经学与路德释经学的相似之处："加尔文很谨慎，没有贸然地到旧约中寻求基督论层面的信息。"他研究任何一段经文，都既参照直接的语境，也参照救赎故事的脉络。"不过他断言，旧约经文本身重在指向基督。加尔文从基督论层面解释经文的释经学钥匙正是这一原则：凡在旧约中没有应验的，必然指向基督。"其实这个原则不太可能独属于加尔文或路德。参阅《第二纪里微提信条》(Second Helvetic Confession)第五条。自加尔文时代以来，这一条一直是改革宗体系据以确认圣经所论无外乎基督的标准。（纪里微提是瑞士古名，现在此信条常被直接称为《第二瑞士信条》。——编者注）

㉕ Selderhuis, *Calvin's Theology of the Psalms*, 125，对《诗篇》51:9 的注释。

但圣经向我们说话这个过程，我们无从掌控，我们无从在掌控这个过程的基础上，通读圣经，验证圣经是否"阐明基督"。加尔文通读圣经，是希望在其中找到基督。[26]

圣约之主

虽然人人都有对神的一般意识，但唯有圣经揭示了真正的神，这位神不仅有一个本质，而且有三个位格。"除非我们明白这三个位格，否则在我们的脑海里就只有神这空洞的名字飘来飘去，对真神没有任何概念。"[27]加尔文建议，在这个问题上，我们同样必须"审慎而克制地展开哲学思考"，并且"以简洁的形式来领受有用的知识"。[28]

加尔文与奥古斯丁这样的西方神学家一样，强调父、子、圣灵所共享的合一本质。不过，东方教会对位格差别的重视，也给他留下了深刻印象。尼撒的格列高利（Gregory of Nyssa）说，在神性的所有外部工作中，果效"源自父，由子起始，由圣灵成全"。[29] 加尔文一

---

[26] Wilhelm Niesel, *Reformed Symbolics*: *A Comparison of Catholicism*, *Orthodoxy and Protestantism*, trans. David Lewis (Edinburgh: Oliver and Boyd, 1962), 229.

[27] Calvin, *Institutes* 1. 13. 2.

[28] Ibid.（译文据作者所引英译本略有改动。——编者注）

[29] Gregory of Nyssa, "On 'Not Three Gods,' to Ablabius," in *A Select Library of Nicene and Post-Nicene Fathers of the Christian Church*, series 2, vol. 5, trans. S. D. F. Salmond (Grand Rapids: Eerdmans, 1973), 334.

再用到这个表述。神的三个位格在创造、救赎、使人成圣的工作上是不可分割的，并以各自特有的方式参与所有工作。[30] 当我们断言神的本质是合一的同时，加尔文说："我们若不理会圣经向我们所启示的分别也是不对的。这分别就是：圣父是三位一体所有作为的起始并且是万物的源头；圣子是三位一体的智慧和谋士，他极有秩序地安排万物；圣灵则是三位一体所有作为的大能和果效。"[31]与别处一样，这里的原则是，"虽可区分却不可分割"。他得出结论："这就表明古时神学家的观点需要调和，否则多少有些彼此冲突。"[32]

"出于父，借着子，经由圣灵"，这个表述在加尔文思考的所有问题中一再出现，即便在没有说明的情况下，也有所预设。我们经由内住的圣灵，借着作为中保的子，向父祷告。因此，加尔文思考的每一个主题，都以神三位格之间的动态交流与合作来架构。总之，对加尔文来说，三位一体不仅是我们认同的一则教条，而是我们在其中生活、动作、存留的实存世界的核心所在。

圣约之仆

人作为神形象的承载者，具有与生俱来的尊贵，对此加尔文不吝赞美之词：人人都是"神的全能、良善，以及智慧少有的例证。并

---

[30] Calvin, *Institutes* 1. 13. 19.

[31] Ibid. , 1. 13. 18.

[32] Ibid. , 1. 13. 19.

且人本身充满神迹,值得我们终生思想,只要我们不抗拒这思想".③③

正如我们在上一章所见,加尔文认为,神是在圣经中启示了他的形象——他的属性,而不是他隐秘的本质,同样他也是在圣经中向我们揭示了我们自己的形象。生而为人的意义,只有从创造、堕落和救赎的历史中才能晓得。

首先,加尔文在一定程度上突破了传统观点的限制,即认为神的形象仅指灵魂——更不用说灵魂被视为永恒的神圣火花的观点了。值得注意的是,这种看法非常顽固,直到今天还有人持这种观点。不正是灵魂使我们有别于动物而有几分像神吗?但加尔文认为,堪称"精工妙制"的,不仅有灵魂及其理性能力,还有人的身体及其感知能力。③④ 灵魂确有神的形象,但也"延及人的所有美好":清晰的理性、敏锐的感觉,甚至是身体的美。③⑤ "人的身体结构所显明的精妙"让加尔文惊叹。③⑥ 因为这种完整性,人类是"大地最为辉煌的装饰,最为煊赫的荣耀"。③⑦ 灵魂不是人神圣的部分,它本身并不是永恒和不朽的。"如果神收回他的恩典,灵魂无非是一口气,就如身体不过是尘土。"③⑧"虽可区分却不可分割"这个原则再次出现。身

㉝ Ibid., 1.5.3.

㉞ Ibid., 1.5.2.

㉟ Ibid., 1.15.3.

㊱ 加尔文对《诗篇》139:6 的注释,载于 *Calvin's Commentaries*,6:210。

㊲ 加尔文对《诗篇》24:1 的注释,载于 *Calvin's Commentaries*,vol. 4, trans. James Anderson (Grand Rapids: Baker, 1996),402。

㊳ 加尔文对《诗篇》103:16 的注释,载于 *Calvin's Commentaries*,6:138。

体有别于灵魂，两者甚至会在人死亡的时候分开；然而，等到复活时两者重新联合，这种中间状态才会终止，永恒的荣耀才会来到。

第二，基于对神形象的理解，加尔文重新整合灵魂和身体。此
64 外，加尔文还将自我与他人整合在一起。这样一来，我们自己的身份不仅得到恰当的表达，还具有了社会性。说加尔文的解释代表了“关系性无意识意象(imago)的诞生”或许夸张。[39] 不过，这个夸张说法并非无中生有。即便继承了奥古斯丁的遗产，加尔文也反对那种重灵魂而轻身体的倾向：以灵魂为“更高的世界”，以身体为“较低的世界”。[40] 相对来说，我们的身份并不取决于我们是**什么**——使我们区别于世上其他一切的东西，而取决于在圣约戏剧中我们是**谁**。这“形象”更多关乎上帝在亚当里所赐给人类的呼召而不是人类所拥有的能力。换句话说，神的形象相对来说不仅在于我们**里面**的东

㊴ Stanley Grenz, *The Social God and the Relational Self* (Louisville: Westminster John Knox, 2001), 162. 他引用了 Paul Ramsey 的话：“从这个视角来看，神的形象包括人在神面前的位置，或者确切地说，神的形象因为人在神面前的位置而在人的身上反映出来。”而 David Cairns 认为，加尔文甚至比路德更进一步，他作为改教家，“自奥古斯丁以来，比任何一位伟大的神学家都要关注神的形象(*imago dei*)”，这一点极为突出。“继而，Douglas Hall 称，在对神的形象的关系性认识产生的过程中，加尔文比路德更为重要。”不仅如此，加尔文还提出了末世论(未来-预期)视角。

㊵ Calvin, *Institutes* 1.15.5. 加尔文在这里驳斥了 Osiander“灵魂注入说”(infusionism)的观点。鉴于加尔文所受过的教导以及早年关注过的问题(即他在他的第一篇神学论文《灵眠》[*Psychopannychia*]中对“灵魂沉睡说”的反驳)，灵魂之本质关乎上帝的形象。加尔文对这个问题的复杂研究很少涉足，兴趣缺乏，令人难以置信。“信从哲学家对‘灵魂’的定义是愚昧的。”(1.15.6)这不是说要全盘否定哲学层面的探讨。“然而，就任凭那些哲学家精细地讨论这些机能！为了敬虔的缘故，我们只要下一个简单的定义就够了。”(Ibid.)他避开了“无益的问题”，说认识到灵魂包含“理性和意志”(1.15.7)就足以实现我们的目的了。

西,更在于我们**之间**的关系(也就是与神和其他受造物之间的关系)。因此,世界被造时建立人性和社会的是神的律法——良心的声音,即神对我们最初的要求,使我们对他和其他人负有责任。

虽然哲学家对我们有所教导,但唯独从圣经的圣约历史叙事中,我们才能真正知道我们是谁。加尔文说,神形象的正确定义"最好是由"在基督里"复原的人性来确立"。毕竟,亚当、夏娃,还有他们的后裔都与神疏远了。

> 所以,虽然我们承认在人堕落之后,神的形象没有完全被毁灭,但这形象已败坏至极,所存留的部分也是残缺得可怕。因此,我们得救的开端就是在基督里重新获得神的形象。基督被称为第二亚当,也就是因为他使我们重新获得真正的和完整的正直。[41]

"穿上新人,这新人是照着神的形象造的"(弗 4:24),这条命令说的就是这个意思。[42] 圣经告诉我们,我们是怎样脱离从前的光景,以后又是怎样不再和现今一样了,甚至我们和堕落前的人也不一样。基督是神的形象,他披戴我们的人性,将人性带离亚当所处的过渡状态,带入永恒的荣耀里去。"由此可见基督是神形象最完美的彰显,

65

---

[41] Calvin, *Institutes* 1.15.4.
[42] Ibid.

若我们效法这形象,就得以在真敬虔、公义、纯洁以及智慧上恢复神的形象。"⑬我们再次看到这个事实,要想真正认识神、认识自己,必须仰望基督。

亚当受造时,神就与他立了约,他有使命在身。加尔文常常引用爱任纽的话,他与爱任纽一样,强调指出亚当和夏娃原初的状态是开始,而不是目标。亚当是我们在约中的代表,被赋予公义、圣洁、健全的心智和身体、对神和邻舍的爱,完全有能力将我们的族类——甚至所有的受造物——带入神自己的安息那永远的欢乐中去。⑭倘若亚当持定公义和不朽,他本可以为他的后裔赢得吃生命树果子的权利。

因此,一方面,在加尔文的思想中,自主的人性没有立足之地。我们拥有的所有道德能力都是恩赐,而不是既定的事实。另一方面,加尔文不同意奥古斯丁的这一观点:需要有外加的恩赐施予亚当的人性,才能使他听从神。⑮据中世纪神学的教导,亚当有了外加的恩赐(*donum superadditum*),要么提升自己,随从刻在头脑中神的形象,超越身体及其情欲的辖制,要么任由较低级的本性拖着自己下沉。身体的情欲常被描述为将我们引向罪恶的"引火柴"。如果我们只随从更高尚的自我——理智或灵魂,就会有一条脱离世界和肉体的路,向上通往荣福直观(beatific vision)。这基本上是柏拉

---

⑬ Ibid.

⑭ Ibid. , 1. 14. 20.

⑮ Ibid. , 1. 16. 8.

图主义者的二元论,认为有高等(属灵的)世界,有下等(属肉体的)世界,荣耀神学家提倡的离地上腾的灵性观就借助于这种理念。

在加尔文看来,这种观点必然让人以为,罪之所以产生,是因为神造的人性有缺点。

> 因他不仅被卑贱的感官冲动诱惑,他的思想也被难以言喻的不敬虔占据,傲慢甚至也渗透到他的心中。所以,我们若将罪所产生的败坏局限于感官的冲动;或仅仅局限于他们所谓的"情欲",称之为吸引、引发和牵引人犯罪的"引火柴",都是毫无根据和愚昧的。⑯

66

他接着说:"所以,人的沉沦是由于人本性的罪,而不是神的作为,因为人之所以沉沦仅仅是由于他从原先的景况中堕落了。"⑰

加尔文高度评价被造伊始的人性,同时也是在捍卫神作为创造主的完全。即便是路西法(Lucifer)原本也不是邪恶的。"因为不管是由人或魔鬼的堕落和邪恶所产生的罪行,并非出自被造的本性,而是本性堕落后的败坏。"⑱他将这一点与"摩尼教的错误"区别开

---

⑯ Ibid., 2.1.9.(译文据作者所引英译本略有改动。——编者注)

⑰ Ibid., 2.1.10.(译文据作者所引英译本略有改动。——编者注)

⑱ Ibid., 1.14.3.他在《要义》2.1.11还说:"我们称人的败坏是自然的……仅仅是为了免得有人认为这败坏是由于人的恶行才得来的,而事实上这败坏是借遗传而来的。"(译文据作者所引英译本略有改动。——译者注)

来。"若我们想证明有任何缺陷是天生的,这也是污蔑神。"⑭事实上,加尔文走得更远,他甚至断言:

> 在此正直景况之下,只要人愿意,就能**借着神所赐的自由意志获得永生**。在此提说神隐秘的预定并不恰当,因我们现在的主题不是探讨可能会发生的事,而是人起初的本性如何。所以,只要亚当愿意,他就可以站立得住,而他跌倒也是自己的选择。⑩

破碎的形象: 已遭破坏但并未完全被抹除

为什么神任由亚当跌倒?加尔文坚持认为,我们不知道,因为圣经并未揭示答案,"这个问题表明,人过于好奇,要妄加揣测"。"但我们不要忘记我们的败坏是因为我们本性的堕落,免得我们指控那创造我们本性的神。"⑪将邪恶归因于神是"亵渎"。⑫

虽然亚当有为我们、也为自己获得永恒喜乐的道德能力,但自从他堕落后,我们就失去了这种能力。

---

⑭ Ibid., 1.15.1.

⑩ Ibid., 1.15.8. 粗体为作者所加。

⑪ Ibid., 2.2.10.

⑫ Ibid., 3.23.4 - 5.

这就是哲学家们如此迷惑的原因,他们企图在废墟中寻找房屋,在混乱中寻求秩序。他们主张:除非人有选择善恶的自由,否则就不是理性的动物,若人无法按自己的计划决定自己的生活,那善恶就不存在了。若人没有堕落,那么哲学家们这样说是合乎逻辑的,但既然他们对人的堕落一无所知,就无怪乎他们将天地混为一谈![53]

总之,"哲学家"未能将人性受造时"高贵、尊荣的地位"与"受可耻、蒙羞的奴役"的被掳状况区别开来。[54] 他们没有关注救赎历史!毕竟对他们来说,灵魂属于永恒的王国,不属于历史的变迁。

就像人性最初是完整的,所以败坏既包括"整个灵魂"的败坏,也包括"整个身体"的败坏。[55] 总之:

因人的意志被罪的权势捆绑,无法趋善,更不用说行善。虽然趋善就是归向神的起始,并且圣经说归向神完全是神的恩典……尽管如此,罪人仍有自己的意志,不过是急迫寻求犯罪的意志。当人沉湎于犯罪时,并没有失丧他的意志,而是失丧正直的意志……每一个人都拥有意

---

53 Ibid., 1. 15. 8.

54 Selderhuis, *Calvin's Theology of the Psalms*, 78, 对《诗篇》8:7 的注释。

55 Ibid., 对《诗篇》119:37 的注释。

志，……择恶源于败坏的本性，择善源于神的恩典。(56)

有人说，加尔文首创了“全然败坏”(total depravity)的观念，是历史上对人性最为悲观的人。其实，加尔文认为，神已经赋予亚当的美好本性不需要外加的恩赐，相较于一般的中世纪神学家，他更加肯定神创造的人性。路德说，神的形象因为人的堕落而彻底毁掉
68 了。(57) 重洗派走得更远，认为人性等同于“邪恶”，称不信的人“极为可恶”，“只能做出可恶的事来”。(58) 而加尔文说，神的形象“暗淡”了，却并没有“毁掉”。(59) 事实上，加尔文责备重洗派，说他们否定圣灵的普遍恩典，而异教徒在科学和艺术、哲学和医学、法律和政治上取得进步，无不表明圣灵的普遍恩典。因此，加尔文曾经近乎激动地谈及“世俗作家发出的令人钦佩的真理之光”，这使我们明白，人心“尽管从整体性上而言已堕落和扭曲，却仍然披戴和装饰着神卓越的赏

(56) Calvin, *Institutes* 2. 3. 5.

(57) Martin Luther, *Lectures on Genesis Chapters 1 – 5*, in *Luther's Works*, American Edition, 55 vols., ed. Jaroslav Pelikan and Helmut T. Lehmann (Philadelphia: Fortress; St. Louis: Concordia, 1955 – 1986), 1: 63 – 64. 加尔文与路德在这个问题上的分歧是定义的分歧。事实上，加尔文在为《创世记》所作的注释中说，人失去了神的形象。他在这里说到的神的形象，(与路德一样)是指一个人美善的道德性和践行神圣呼召的能力。二人都认为，我们失去了这种道德的完美性。

(58) *The Schleitheim Confession*, trans. John Howard Yoder (Scottdale, PA: Herald, 1973), 12.

(59) Calvin, *Institutes* 1. 15. 4. 参见 Michael Horton, "A Shattered Vase: The Tragedy of Sin in Calvin's Thought," in *A Theological Guide to Calvin's Institutes: Essays and Analysis*, ed. David W. Hall and Peter A. Lillback (Phillipsburg, NJ: P&R, 2008), 151 – 163。

赐……因此,我们从他们身上得知,主在人类本性丧失了它的纯真良善之后,仍留给人诸多的恩赐"。⑩ 事实上,我们残存的尊贵——甚至是美善的道德性——足以刺痛我们的良心,它提醒我们,我们是怎样顽梗地背弃了恩典的赐予者。

原罪

据加尔文的解释,堕落有双重影响:亚当的罪咎(guilt)传递给了所有人,继而,他的败坏(corruption)感染了所有人。"这就是教父所说遗传在人身上的'原罪'。'罪'这词表示人类从起初善良和圣洁的本性上堕落了。"⑪

据罗马对原罪的理解,我们都继承了亚当的败坏,如果照着这样的败坏行事,就会导致罪恶和灭亡。而加尔文却与路德一起颠倒了这个顺序。他(以《罗马书》5 章为重要根据)申明了自己的主张:先是亚当的**罪咎**传给了全人类,之后才有了全人类的**败坏**和死亡的刑罚,这就像有了基督的义,我们才得以更新,而不是相反。⑫ 至于灵魂是怎样代代遗传的,加尔文不过分追问,不愿陷入过于精细的历史争论,他所做的,只是凭着圣经认定,亚当在约中代表人类。⑬ 原罪既包括罪咎,也包括败坏。⑭

---

⑩ Calvin, *Institutes* 2.2.15.(译文据作者所引英译本略有改动。——编者注)

⑪ Ibid., 2.1.5.

⑫ Ibid., 2.1.6.

⑬ Ibid., 2.1.7.

⑭ Ibid., 2.1.8.

加尔文承认罗马天主教神学有可取之处："诚然，他们与我们一样持守原罪教义，但后来就原罪的影响问题作了修正，认为人的能力不过是被削弱了，没有完全败坏。"

于是，他们认为，人染有原初的败坏，后果就是，能力弱化，无法行得正直。但在神恩典的帮助下，他仍然可以有所作为，有所贡献。我们不否认，人被圣灵引导时，人的行为出于自愿，出于自由意志，但我们再次申明，全部人性都败坏了，人凭自己根本没有能力行得正直。⑥

对加尔文来说，全然败坏不是说我们要多坏就有多坏，而是说，即便是我们最好的思想、情感、意愿和行为，也全都亏缺了神的荣耀。"没有义人，连一个也没有。"（罗 3：10）有一种流行的观点认为，凡转向神的人，神就伸手提供赦免，这就是神使人重生的恩典。加尔文反对这一观点。我们的意志被造时，有能力自由择善，事实上是自然而然就倾向于善，如今却被罪捆绑了。⑥ 这再次说明，问题

---

⑥ Calvin, "The Necessity of Reforming the Church," in *Selected Works of John Calvin*, 1：159. 现代神学家 Henri de Lubac 提醒我们，这依然是罗马的教导："她（罗马）从一开始就教导我们，人性确实是得了病，衰弱了，但并未完全败坏。人的理性是脆弱而摇摆不定，但不至于彻底错谬，神不可能完全向其隐藏。"*Catholicism：Christ and the Common Destiny of Man*, trans. Lancelot C. Sheppard and Sister Elizabeth Englund (San Francisco：Ignatius, 1988),283。
⑥ Calvin, *Institutes* 2.3.10.

不在于按着本性说我们是**什么**，而在于，在展开的情节中，作为神国度集体的、个体的背叛者，我们是**谁**。意志不是被罪拦阻，而是被罪捆绑，直到神这一方独力施为，用恩典使其复原。⑥⑦

加尔文注释《罗马书》时，紧随保罗的逻辑着重指出，外邦人因为败坏，"故意"欺骗自己。第二章"针对伪君子，他们炫耀外在的好行为，惑人眼目，甚至以为自己可以在神面前蒙悦纳，就好像他们已经给了他充足的赎价"。⑥⑧ 我们认为一些人比另一些人更有美德。"然而我们毫不怀疑这两种人都在普遍的堕落光景之中。"⑥⑨因此，在表达人类公义和评判的法庭上，人可能有各种不同的看法。而在神的裁决面前，所有人都要闭口无言。

罗马将罪分为致命（杀死灵魂）的罪与可恕（不那么致命）的罪，加尔文没有找到这么划分的圣经依据。他认为这么做没有任何圣经根据。罗马的做法，只会让人认为罪没有那么严重，进而认为罪人没有必要完全仰赖基督的功德。加尔文说："神的儿女要坚信，所有的罪都是致命的。"

因罪违抗神的旨意，就必然激怒神，也就违背律法，而一切违背神律法的人都毫不例外落在神的审判之下。圣

---

⑥⑦ Ibid., 2.3.14.

⑥⑧ Calvin, *Commentaries upon the Epistle of Paul the Apostle to the Romans*, in *Calvin's Commentaries*, vol. 19, trans. John Owen (Grand Rapids: Baker, 1996), 68 – 72.

⑥⑨ Calvin, *Institutes* 2.3.4.（译文据作者所引英译本略有改动。——译者注）

徒的罪是可赦免的,这并不是因为他们是圣徒,而是因为神的怜悯使他们得赦免。⑩

恩典

《罗马书》1—3章不仅是揭露人的邪恶,"保罗是要教我们明白,在哪里可以寻得救恩"——即,"唯独在神的恩典中",是在基督里,而不是在我们里面。⑪加尔文词锋所指"现今的帕拉纠主义者,就是索邦(Sorbonne)的哲学家"。⑫有些人没有慎重对待自己的罪恶光景,反而认为罪不过是有罪的行为或趋向,通过合宜的教导和努力就可以克服,这样的人永远不会奔向基督。

> 保罗将律法的义与福音的义作了比较,将前者置于行为当中,将后者置于基督的恩典当中(罗 10:5 等经文)。他没有将福音的义一分为二,一半给行为,另一半给基督,而是将其完全归给了基督,好让我们在神面前被判为义。⑬

中世纪教会教导说,圣徒已建起了功德库;教宗管理"中央银

---

⑩ Ibid., 2.8.59.

⑪ Calvin, *Calvin's Commentaries*, 19:68.

⑫ Calvin, *Institutes* 2.3.13.

⑬ Calvin, "The Necessity of Reforming the Church," 161-162.

行",各位神父督管分行。当然,如果没有恩典和基督的功德,就没有谁配得直接从神那里来的任何东西。⑭ 不过,是恩典给了我们能力,使我们能行出好行为,因基督的工作,神才可以接纳我们的不完全。根据这种观念,不仅圣徒配得他们的救恩,而且他们的服侍超出了本职的呼召,会产生另外的功德,存入功德库。教会可以利用这个功德库——其实就是开支票,让那些按神父吩咐补赎的人来兑现。

这条教理让福音形同虚设。加尔文说,这条教理不过是近来的很多发明之一而已,只会让奥古斯丁和教宗利奥一世(Pope Leo I)向中世纪晚期的观点发难。⑮ 我们所有的行为——即便是我们最好的行为——没有一项是无罪的,因而不可能是功德之举。"但是,神一旦收纳了信徒,就不仅接受并爱他们本人,也接受并爱他们的行为,还要屈尊俯就,用奖赏来嘉誉他们的行为。"⑯换句话说,事实上是称义使我们的行为得蒙悦纳——我们得蒙悦纳,不是为了称义,而是慷慨的天父给我们的奖赏。我们的好行为所固有的缺欠"被基督所献的祭遮盖了",慷慨的天父悦纳我们的好行为,唯独是因为基督的功德。⑰ 罗马教导我们,基督的赎罪使我们获得了建立自身功德的可能,而加尔文坚持认为,基督的赎罪完全排除了这种可能。

改教家与罗马的分歧,不仅在于恩典的充足性问题(唯独恩典,

---

⑭ 罗马天主教神学将功德分为义理功德(condign [pure] merit)和情谊功德(congruent merit,神同意用救恩来报答人的善行)。

⑮ Calvin,"The Necessity of Reforming the Church," 164.

⑯ Ibid., 164 – 165.

⑰ Ibid., 165.

sola gratia），也在于恩典的本质问题。罗马天主教神学认为，恩典被注入灵魂，使之得医治。人与这具有更新能力的恩典合作，就可以获得最终的救赎。圣礼的功能很像静脉注射针管，它将恩典注入有点虚弱的灵魂中。人越是与恩典合作，所领受的恩典就越多。

改教家在圣经中发现，恩典有截然不同的定义。从圣约的背景看，恩典不是冷冰冰的物质，而是一方给另一方的礼物。而最最要紧的是，恩典就是基督本身，父的一切珍宝都藏在他里面。恩典是父的**恩惠**和**礼物**，在子的里面，由圣灵借着福音传递。恩典首先是神的恩惠，赐予本应承受他愤怒的人，同时也是他给人的礼物，即称义的身份和内住的圣灵，圣灵使我们重生，并确保我们可以复活从而进入永生。在加尔文看来，我们得到的恩典，不是作为辅助，为我们的属灵攀登提供助力，好让我们可以与神联合，而是白白的恩赐——神借由他的灵使我们与基督联合。

护理

72

激进的启蒙运动尽管摈弃了三位一体和神迹，以及由子的道成肉身和拯救之工所带来的特殊启示和救赎，却意图维护"良善护理"的观念。不过，对加尔文来说，护理不是一个笼统的概念。他认为，除非我们借着子的中保工作亲身经历到神是我们的父，否则"至高的君王"或"天地的创造主"于我们不过是偶像而已。[78]

---

[78] Calvin，*Institutes* 2.6.4.

加尔文认为,神的护理不仅是我们要认同的一条教义,而且是我们要在患难中紧握的生命线。我们必须相信,正是因为这个世界看上去一片混乱,神才看顾这个世界的。⑦ 这位改教家常常亲历苦难,以及失丧、威胁和挫败,不断听到不幸和殉道的消息,这样的经历一再将他引向这个主题。他紧紧地倚靠神,可以说是向他求救。神的护理是生命线,不是因为加尔文认为世界风平浪静,而是因为他觉得自己像一艘小船,在险恶世情的浪涛中颠簸。我们不能因为世上有罪就指责神,但与此同时,罪也不在神的旨意之外。⑧

这位改教家着重指出,生命是短暂的,那些没有在生命中尝过神恩慈滋味的人是贫穷的,在加尔文的《〈诗篇〉注释》中,他特别强调了这一点。信徒理解护理的最大益处在于,认出神是慷慨的父。塞尔德惠斯(Selderhuis)曾说:"因此,相较于没有神而失丧的悲剧,加尔文更加重视没有神而活着的悲剧。"在他们的认识中,神从来都不是父亲。⑧

得胜的爱

对加尔文来说——就像在圣经的世界里——爱并不违背律法

---

⑦ 参见 Calvin, *The Secret Providence of God*, ed. Paul Helm (Wheaton, IL: Crossway, 2010)。对加尔文观点的有益探讨,载于 Susan E. Schreiner, *Theater of His Glory: Nature and the Natural Order in the Thought of John Calvin* (Durham, NC: Labyrinth, 1991)。

⑧ Calvin, *Institutes* 1.18.4.

⑧ Selderhuis, *Calvin's Theology of the Psalms*, 63;参见加尔文对《诗篇》89:47,115:16,104:31 的注释。

和秩序。爱会在混乱不堪的地方恢复秩序,在自私自利的地方恢复公义,在充斥着排挤和不安的地方恢复团契关系。因此,加尔文关于这个世界的基本前设是,这世界植根于爱(不是暴力),生出爱的秩序(不是狂暴的混乱)。这个前设不仅塑造了他对人类关系的看法,也塑造了他对自然研究的看法。神起初就赋予了受造物各不相同的特性:这个命令,"地要生出……"(创1:24),以及这个命令式的宣告,"要有……"(1:3,6,14),"地要生出菜蔬",各从其类,"神看着是好的"(1:12)。虽然神有时候直接使用("要有……"一类的)神迹,不过他通常是用护理来做工的——借着作为中保的子,经由在自然和历史中做工的圣灵,来托住万有。

秩序绝不等同于单调。加尔文写道:"冬去春来,春去夏来,夏去秋来,按照既定的秩序周而复始地运转。然而在季节固定的循环中,仍有很大的变化,因此我们深信每年、每月甚至每日都受神特殊护理的掌管。"⑧自然神论者描绘的神像制作一块手表那样创造了世界,上好发条,然后就不管它了。这种神是没有立足之地的。

加尔文认为,世界是神赐予的一份礼物,但神并非给了我们后就不管了。世界不是自因自存(self-caused)或独立自足(self-contained)的。是的,神也使用受造物作为管道(means),但这绝不意味着他没有用自己的护理来托住宇宙。加尔文甚至用引人注目的细节,表达了对

---

⑧ Calvin, *Institutes* 1.16.2.

自然及其进程的惊讶之情。^㉝神**可以**立即采取直接行动,作为自然和历史中的日常事件的唯一动因。可是,他却选择通过途径来工作。而途径并不是最终根源。受造物层面的途径应当将我们引向神。

因此,神秘地超离人间去亲睹神,这是误入歧途。神总是在我们这个世界,借着我们所熟悉的一切将自己启示给我们。"加尔文认为,想要寻求神的面,人不应该望天,而应该望地。""我们的确可以在大自然中听到神的声音,但要想明白神说的是什么,就必须去教会。而且,神在大自然中吸引人关注他的存在,是通过恐吓人的方式,但在教会中,他友善地邀请人到他身边去。"^㉞当我们作为神的儿女聚集在一起,领受他的良善和救恩时,我们所遇到的是一位慷慨的父亲,即便是在我们的患难中也是如此。

荣耀神学家根据外表做出判断,认同看似圣洁的工作。他们的道德假设就是义人被称义,罪人被定罪。因此,神的护理所加给我们的艰难处境会让我们惧怕神的愠怒。然而,真正的神躲在其外显的愤怒这张"面具"后面,其意图我们并不知道。唯有在神应许的话语里——也就是在披戴福音的基督里——我们才能认识真正的神。塞尔德惠斯说:

> 加尔文在这里采用了路德曾用过的观点,来解释一个

74

㉝ Ibid.
㉞ Selderhuis, *Calvin's Theology of the Psalms*, 71 – 72.

现象：神表现出来的样式，不同于他真正的样式……神从
本性上说是有怜悯、有慈爱的，而他的愤怒只是偶尔的。
当神发怒，实施报复时，他是在以非同寻常的方式说话，事
实上显出的是另一种性情。他自有一种倾向，就是乐于饶
恕，乐于用饶恕将我们吸引到他那里去。[85]

从这方面看，约伯的"朋友"是典型的荣耀神学家。加尔文在注释
《诗篇》18：26 时说，我们很容易这样理解试炼——根据表象，而不
是根据神的话语所阐明的现实："神动了真格的，向他们怒吼，他们
就被惊恐攫住，失去分辨力，看不见他真正的性情，转而以为他是另
一种性情，因为在他们的设想中，这种性情除了凶暴、残忍、残酷之
外，别无一物。"[86]

　　无论从表面看上去神怎样向信徒发怒，这都是不可能的，因为
我们现在在基督里都是他的孩子。我们必须倚靠他的应许，绝不能
以表象来判断我们与神的关系。[87] 我们不必去寻找神；他已经来寻
找我们了。对神来说，帮助穷困者是再自然不过的事。[88] 塞尔德惠
斯指出：

---

[85] Ibid. , 50.

[86] 加尔文对《诗篇》18：26 的注释，载于 *Calvin's Commentaries*，4：287。

[87] Selderhuis, *Calvin's Theology of the Psalms*, 51.

[88] 加尔文对《诗篇》85：1 的注释，载于 *Calvin's Commentaries*，vol. 5，trans. James Anderson (Grand Rapids：Baker, 1996),380 - 381。

> 在加尔文看来……这源于"神乐于救人的性情"……加尔文说,"既托举他的仆人脱离泥潭,又释放他们脱离坟墓",这都是神自身的性情使然。这位改教家还将使死人复活称为顺应神本性的工作。不仅如此,讨伐不义在神也是惯常之举……加尔文频繁提及神的仁慈性情,要让他的读者确信,神乐意恩待我们。[89]

我们的心败坏了,一遇到问题,我们就责备神,好像他才是直接原因,而一切顺利时,我们会无视他的介入。与那些漫画式的描述相反,加尔文并不认为神是历史中的唯一行动者。他与托马斯·阿奎那一样,区分了主因和次因,认为罪和罪咎要全部归咎于人类。[90] "护理决定万事如何发生,有时通过中介,有时不通过中介,有时反乎任何中介。"加尔文称之为"决定性原则"(determinative principle)。[91] 医治我们的既有医生,也有神,一方是次要或辅助的原因,另一方是首要或终极的原因,而将所有荣耀归给神,并不是要否认这一点。婴儿的孕育、生长、出生是自然过程,不是神迹彰显。神在他的一般护理中,透过人来做工并给人思考、行动、意愿的自由。然而自始至终,神——作为父、子、圣灵——的主权掌管整个过程,

---

[89] Selderhuis, *Calvin's Theology of the Psalms*, 54.

[90] Calvin, *Institutes* 3. 23. 7.

[91] Ibid. , 1. 17. 1.

贯穿于整个过程之中，并借由整个过程实施。[92] 他在我们的生活和我们的世界中直接行动，以神迹做工时，我们承认他的主权；他藏在受造物的后面，戴着"面具"开展护理之工，从而看顾我们时，我们同样承认他的主权。

加尔文并不是宿命论者，完全不准谈及巧合或运气。事实上他这样说道："虽然神根据一种不可失败的方式，以自己的美意预定万事的发生，但从人的角度来看，一切都是偶发的……（因为）大多数发生之事的秩序、原因、目的以及必然性都在神的旨意中，向我们是隐藏的。"万事不仅仅**看似**偶发；确切地说，万事**就是**偶发的——但这是对我们而言，而不是对神而言。"因为不管从它们本身的性质，或按照我们自己的了解和判断来看，它们就是突然发生的。"[93]

有一种观点认为，神武断地决定了一切。这是"邪恶的亵渎"。如果是这样，神就成了邪恶的源头，我们就成了他在空中抛来抛去的球。[94] 加尔文说，虽然万事服从神的命令，恶和罪却要归咎于撒但和人类。[95] "我们也不主张那'绝对权能'（absolute might）的幻想，我们应当对这亵渎的想法深恶痛绝，我们不相信某种没有律法、随

---

[92] Selderhuis, *Calvin's Theology of the Psalms*, 91.

[93] Calvin, *Institutes* 1.16.9.

[94] Ibid., 3.23.2, 4 - 5. 也参见 Calvin, *Sermons on Job*, trans. Arthur Golding (Edinburgh: Banner of Truth, 1993), 415: "而巴黎大学的博士说神专权独断，任意而为，有鉴于此，我们要说，这实在是妄言，是邪恶的亵渎，因为信的人就是一刻也不该让自己生出这样的想法。"

[95] Calvin, *Institutes* 2.4.2.

意行事的神。"不过,"我们也否认人能靠自己的知识做判决"。⑯ 因此,违背公义来命令什么事情,并不在神的能力范围之内,同样,审判神也不在我们的能力范围之内。

加尔文注释圣经,尤其是注释《诗篇》时,多次提及苦难,常常有自传性质的味道。他与《诗篇》作者一样,认为我们是"千万次冒死,而他是命悬一线",⑰所说的都是亲身经历。这不是诗人在故作悲哀,而是在描述生活——至少是生活的一个重要方面,加尔文亲身经历的就是这样的生活。不过,正是我们作为受造物的(不用说,也是堕落的)危险状况促使信徒坚信,神一直在行动。令人诧异的是,人或是活得漫不经心,"好像是在安宁的巢中",或是"宁愿痛苦地死去",也不愿在所有的境遇中将自己交给神。⑱

这一神圣的行动主义在这位改教家所提倡的敬虔中是一个关键点。而且,加尔文强调神的主权,旨在安抚良心,而不是恐吓良心,这一点也至关重要。如塞尔德惠斯所言,加尔文反对那种异教的世界观:世界由邪恶的创造主和良善的神分地而治,良善的神要救赎我们脱离受造的秩序。勿宁说,"神和撒但,秩序和混乱,堕落和更新,是彼此对立的。"在这种对立中,神总是能胜过罪对自然的腐蚀。"最让加尔文担心的,就是这样一种观念:神和受造物可以以

---

⑯ Ibid. , 3. 23. 2.
⑰ 加尔文对《诗篇》31:5 的注释,载于 *Calvin's Commentaries*,4:502。
⑱ Ibid.

某种方式彼此分开。"⑨⑨

　　加尔文就像与伊拉斯谟论战时的路德一样，称神可以"在天上无所事事"的观念为坏疽般扩散的新"伊壁鸠鲁主义"。古代的伊壁鸠鲁派教导我们，神（如果他们存在的话）不在意人的忧患，不参与世界的日常事务。而斯多葛学派则采取另一个极端观点，他们认为，自然中的一切都是神圣的，发生的每一件事都是命定的。关于神护理的圣经教义也在矫正斯多葛式的宿命论："因那为我们生命设立界限的神，同时也将我们的生命交托我们自己保护；他也为我们安排极好的能保守这性命的方式；他也赐给我们预料及预防危险的能力，免得这些危险在我们没有察觉时夺去我们的性命。"因此，我们必须使用他提供的预防措施和救济方法。⑩ 神已然设定了我们的未来，并在积极地予以实现。"同时，敬虔之人也不会忽略次要的起因。"⑩⑪如此看来，神并未由着我们处于被动状态，而是使用次要原因实施护理，激励我们担起责任，代表他展开行动。加尔文既反对自然主义，也反对宿命论。

　　自然主义哲学发端于那个时代，在人文主义者中间尤为盛行，最终在激进启蒙运动的自然神论中得到更加充分的表达。加尔文认为，这种日渐增长的自然主义情绪只会让世上的敬虔消失殆尽。⑩⑫

　⑨⑨ Selderhuis, *Calvin's Theology of the Psalms*, 86.

　⑩ Calvin, *Institutes* 1. 17. 4.

　⑩⑪ Ibid. , 1. 17. 9.

　⑩⑫ Selderhuis, *Calvin's Theology of the Psalms*, 92, 对《诗篇》121：3 的注释。

亚里士多德认为神是"不动的推动者"（unmoved mover），加尔文不认同他的观点。[103] 在加尔文看来，"天堂不像伊壁鸠鲁派幻想的那样是一座豪宅，神在里面闲散无为、纵情欢乐，而是宫廷，神从里面发出政令，治理整个世界。"[104]不过，神不仅**统治**受造物，而且像一位关切子女的父亲一样，**临在**于自然和历史中。要记得加尔文是心系三位一体的：父统治受造物，受造物在子里面得以维系，圣灵在受造物里面做工，使受造物向神的计划说"阿们"。加尔文指出，《诗篇》作者称神为王（诗 74∶12），"显而易见，这里用在神身上的王这个称谓，所指的不应该仅是他的主权"。甚至可以说，他的主权"也是为了维护和确保他百姓的平安"。[105]

当然，对神的护理如此信任，会招致众所周知的异议。而对加尔文来说，另一种选择——也就是相信，临到我们的悲伤不在良善而智慧的神的旨意之中——将我们丢给了这样一位神：我们不能向他祷告，不能到他那里哭泣，不能信靠他。加尔文从未将神的护理仅仅视为教义，而是视之为生命风暴中的锚。这条教义与别的教义一样，不是为了满足我们的好奇心，而是为了让我们在实际生活中确信，即便在我们看不到神的信实之时，神依然信实。

加尔文非但没有忽视斯多葛主义幸福中的悲剧，反而承认，"猛

———————

[103]　Ibid. , 91.

[104]　加尔文对《诗篇》33∶13 的注释，载于 *Calvin's Commentaries*，4∶549。

[105]　加尔文对《诗篇》74∶13 的注释，载于 *Calvin's Commentaries*，5∶173。

烈摧毁人的生活的可怕混乱,会将神护理的秩序遮掩"。⑩ 太阳虽然在发光,云却可以将其遮掩。我们的经历是真实的,但不足以判断神的行事方式。焦躁不安时,"我们应该深信,神的一贯职责,就是帮助苦痛的人。"⑩再次申明,我们没有理由消极无为,原因在于:神在做工,所以我们自己也可以有所作为。事实上,神是借着我们做他自己的工。因此,"那些知道神养育我们直到我们死时、甚至直到我们死后的人,他们'不会因为恐惧而分心,不再履行自己的职责'"。⑩"企图推翻护理教义的人,哪怕只是要稍加破坏的人,都为祸不浅,他们是在将神儿女真正的满足从他们那里夺去,用痛苦的不安折磨他们的灵魂"。⑩

避开迷宫

没有神的护理,我们就会陷入"迷宫",面对"深渊"。不过,如果我们试图探明神的隐秘旨意,我们就步入了迷宫。⑩ 我们会变成荣耀神学家,根据表象作判断,而不是根据神启示的话语。我们不应该去揣摩或期待个人性的启示,而应该关注神为使我们获得救恩(借由圣言和圣礼)以及地上福乐(职业、友谊以及其他我们与非信

---

⑩ Selderhuis, *Calvin's Theology of the Psalms*, 93,转引自加尔文对《诗篇》92:6 的注释。

⑩ Ibid., 94,转引自加尔文对《诗篇》10:1 的注释。

⑩ Ibid., 95,转引自加尔文对《诗篇》31:5 的注释。

⑩ Ibid., 113,转引自加尔文对《诗篇》107:42 的注释。

⑩ Ibid., 117-118.

徒共享的一般恩赐)而提供的途径。⑪ 因此,我们得蒙引导,唯应在神的启示中,也就是"在律法和福音中"(加尔文语),探明神的旨意。"神掌管宇宙奇妙的方式之所以被称为深渊,是因为虽然它向我们是隐藏的,但我们仍应以敬畏的心赞美它。"⑫"即使我们真的能明白神为了考验我们的信心而故意隐藏的奥秘,于我们也毫无益处。"⑬

我们千万不要忘了,邪恶似乎已然大胜,神的救护之工似乎最是隐没不彰的所在,就是十字架上。⑭ 神对自然和历史的一般意义的统管,与他**施行拯救**的旨意不可分割。我们在这世上"不起眼的地方"看见了神——在伯利恒肮脏的马槽中;在他疲惫不堪地去往耶路撒冷的路上;在十字架上,他因遭弃绝而大喊——同样,我们相信,他最是在什么地方隐迹藏身,就最是在什么地方与我们同在。

面对苦难,敬虔者的通常反应往往是惊讶:"我做了什么?""神为什么惩罚我?"因为他已经启示了我们得救赎这个核心事件的意义,所以我们绝不能将试炼理解为神的"报应"。而昌盛也未必意味着神的恩待。我们作判断不能根据表象,即我们在事物的表面所见到的,反而要在一切境遇中,倾听神在福音里应许的怜悯。⑮

加尔文强调,苦难绝不表示神向我们发怒,更不表示我们不是

---

⑪ Calvin, *Institutes* 1. 18. 4.

⑫ Ibid., 1. 17. 2.

⑬ Ibid., 1. 14. 1.

⑭ Ibid., 3. 8. 1.

⑮ Selderhuis, *Calvin's Theology of the Psalms*, 102,转引自加尔文对《诗篇》91:15 的注释。

选民。⑯试炼是天父的工作间,不是审判官的威吓。看似瞄准了我们心脏的箭,其实对准的是缠累我们的罪,为的是让我们得释放。⑰"有时候,即便神救我们脱离痛苦,也是在最后一刻,好让我们唯独将自己交托给他——这会让我们深刻地体验到何谓成长。"⑱事实上,加尔文说:"确切地说,神不会对选民发怒,他会像用药物治病一样,用痛苦来医治他们的疾病。"基督已经平息了神对我们的愤怒,因此,神所加诸我们的试炼,完全是为了我们的益处,而不应视为对我们的罪的报应。⑲

我们可能永远不知道,某次特定的试炼怎样被神用作了特效药。是的,我们可能也永远不知道,苦难是否直接来自神,但是,知道他让苦痛和不幸一同效力,使我们得益处,使他得荣耀,就足够了。神永远不会给我们一道他无法治愈的伤口。而且,如加尔文所言,"神的儿子不仅与我们一同受苦,而且在我们里面受苦",他借由他的灵激励我们,使我们即使在身遭不幸时,也可以从心里呼叫:"阿爸,父!"⑳

这样来理解护理,我们不仅不会责备神,也不会责备伤害我们的人。约瑟之所以能够善待他的弟兄,原因在于,虽然他们的动机

---

⑯ Ibid.，105,对《诗篇》41:2 的注释。

⑰ Ibid.，101.

⑱ Ibid.，转引自加尔文对《诗篇》27:5 的注释。

⑲ 加尔文对《诗篇》74 篇的注释,载于 *Calvin's Commentaries*，5:161。

⑳ Calvin, *Commentary Upon the Acts of the Apostles*，vol. 2, trans. Henry Beveridge (Grand Rapids: Baker, 1974),297.

歹毒，神的旨意却贯穿于他的苦难，转恶为善。"简言之，当人恶待我们时，我们不应牢牢记住他们的恶行（因这样做会增加我们的痛苦和刺激我们去报复），反而要仰望神，并且确信无论我们的仇敌如何邪恶地冒犯我们，都是神所允许的，也是出于神公义的安排。"[120]因此，我们没有活在对恶人的愤恨当中——不是因为我们超然于愤恨之上，而是因为我们知道，超然于愤恨之上的那位是谁。[121]

---

[120] Calvin，*Institutes* 1. 17. 8.

[121] 加尔文对《诗篇》26：3 的注释，载于 *Calvin's Commentaries*，4：439 - 441。

第二部分

活在神里面

第五章　中保基督

我们作为神照自身形象和样式创造的人,活在神的面前(*coram Deo*)。不过,我们受造的目的,还有更伟大的目标,即活**在**神里面,尽最大限度与他联合。但是既然神有无上威严,我们是有限的,这种联合怎么可能? 何况神是圣洁的,我们是有罪的。极端的神秘主义者极为大胆,他们无视这种危险及圣洁的神和有罪的受造物之间的迥异,以向内寻求的方式向上攀升,好像要在自己的里面找到神一样。而中世纪的敬虔观认为,"是的,他被称为救赎主,但这么说的意思是,人也要借由自己的自由意志,救自己脱离罪和死的捆绑。不错,他被称为公义和救恩,但正因如此,人仍要靠着自己的功德,自己拯救自己。"①

加尔文的答案是,绝非如此。我们是借由耶稣升到神那里去的,他不仅是天梯的一根横木。他就是天梯!② 加尔文说:"既然我们没有能力升上去见神,倘若威严的神不下来寻找我们,我们的光景必然是无望的。"他还说:

---

① Calvin,"The Necessity of Reforming the Church," in *Selected Works of John Calvin*: *Tracts and Letters*, ed. Henry Beveridge and Jules Bonnet, 7 vols. (Grand Rapids: Baker, 1983),1: 192.

② 加尔文对《约翰福音》1: 51 的注释,载于 *Calvin's Commentaries*, vol. 17, trans. William Pringle (Grand Rapids: Baker, 1996),80 - 81。

所以，神的儿子为我们成为"以马内利"（就是"神与我们同在"的意思）是必须的，如此，他的神性和人的人性就得以互相联合。否则不管人如何亲近神，与神的联合如何紧密，都不足以使神喜悦与人同住……

因此，借这凭据，我们相信自己是神的儿女，这是因为神的独生子按照我们身体的样式为他自己取了肉身，成为我们肉中的肉、骨中的骨，好使我们与他合而为一。③

加尔文认为，信心的对象不仅是"神"，而且是**三位一体**的神。不过，这仍然不是使人得救的信心所瞄准的靶心。三位一体的神**在基督里**启示自己。④ 不过这还不够确切：基督不仅是促使我们与神联合的帮助者，不仅是众多代求者中的一个，也不仅是卓越的榜样，供我们效仿，好与神认同，他还是道成肉身、施行拯救的神，**正如披戴福音的他所展示的**。⑤

基督既是**与我们同在的神**，也是**与神同在的我们**，要与神联合、获得拯救，道路只有一条：与基督联合。在基督里就是活在神里面，而不仅是活在神**面前**，因为基督既是圣约的圣主，也是圣约的仆人。"他甘愿取得人的本性，为要使我们与神的性情有份，神子成为人

---

③ Calvin, *Institutes of the Christian Religion*, ed. John T. McNeill, trans. Ford Lewis Battles (Philadelphia: Westminster, 1960), 2.12.1 - 2.（译文据作者所引英译本略有改动。——编者注）

④ Ibid., 3.2.1.

⑤ Calvin, *Institutes* 3.2.32.

子，以便能与我们一样。"⑥我们与他联合，就得以进入他与圣父和圣灵享有的亲密关系之中。

基督的位格和职分

加尔文通过思考基督的三重职分，将他的位格和工作合并起来。"父神赋予基督三种职分——先知、君王、祭司。"⑦我们得救这个终极目标，亦即照着基督的完美形象被重新创造，就是借由这三重职分实现的。我们已经在加尔文的思想中听到了古代教会教导的回响，特别是 2 世纪教父爱任纽强调的"再现"（recapitulation，字面意思是"重新做头"）。亚当的堕落不仅影响了自己，也影响了后裔，同样，基督"复活也不仅是为了自己；他来是要恢复在亚当里损毁的一切"。⑧

作为先知，耶稣启示父，与在他之前的所有先知都不一样，因为他在永恒中与父同在，并与父享有同样的神性。事实上，所有的先知都是指向他的。⑨ 耶稣基督也是君王，虽然这个国度在如今是属灵意义上的，而不像在旧约中，是地理-政治意义上的。⑩ 加尔文再次提醒我们，要超越一般意义上的神主权，将这种统治权柄（lordship）明确定位于基督里面——不仅是作为神的基督里面，而且是作为人的基督

---

⑥ Ibid. , 2. 12. 2.

⑦ Ibid. , 2. 15. 1.

⑧ 加尔文对《哥林多前书》15：21 的注释，载于 *Calvin's Commentaries* , vol. 20, trans. John Pringle (Grand Rapids：Baker, 1996),25。

⑨ Calvin, *Institutes* 2. 15. 2.

⑩ Ibid. , 2. 15. 3.

里面："是的,我们承认神是统治者,但神是在基督的里面实施统治。"⑪
他是教会唯一的头,严格意义上的真教会唯有在他的带领下才能合
一。⑫ 现在,基督的国度总是遭到攻击,而且所遭受的攻击常常极为
猛烈,但这个国度注定要征服一切,因为它的君王已经得胜。⑬

虽然基督作为先知和君王的服侍对我们极为重要,但加尔文认
为,圣经尤其关注的是他作为祭司的服侍。"因此我们要记得,全部
福音主要在于基督的死和复活。"⑭不过,加尔文也提醒我们,基督的
救赎之工并非始于十字架。他的道成肉身,在地上三十多年的生
活,不仅是他为赎我们的罪而死的前提条件。取了和我们一样的人
性,在主动的顺服中成就所有的义,对我们的得救而言不可或缺。⑮
"简言之,自从基督降世取了奴仆的样式,他便开始偿付释放人的代
价,为要救赎我们。"⑯

基督的位格:"虽可区分却不可分割"

在新教信徒中,影响最为深远的争论源于基督论方面的分
歧,也就是对基督位格的不同解释。鉴于基督位格的重要性,下
面我简要概述一下这些不同观点。基督位格的要点在于《卡尔

---

⑪ Calvin, *Calvin's Commentaries*, 20：32.

⑫ Calvin, *Institutes* 2.15.3.

⑬ Ibid.

⑭ Calvin, *Calvin's Commentaries*, 20：19.

⑮ Calvin, *Institutes* 2.12.3.

⑯ Ibid., 2.16.5.

西顿信经》中"虽可区分却不可分割"的原则,这个原则贯穿加尔文的整个神学体系。卡尔西顿公会议(451年)应对了诸多危险:轻视基督的人性(幻影说和诺斯替主义)、将两性分离(聂斯托利派[Nestorianism])、将两性混淆(一性论)。加尔文援引这份大公信经来纠正当时的错误。这份信经看似小体字的附属说明,但加尔文的基督论所包含的内容,决定了加尔文的基督徒生活观。

86

　　重洗派往往否定基督人性的真实和拯救功效,从而将基督的神性与基督的人性**分割**开来,加尔文竭力避开的第一个危险就是这种倾向。早期的异端邪说"幻影说"(docetism,源自意为"显现"的动词)受希腊哲学影响,宣称耶稣只是看起来像是真正的人。加尔文在《要义》中对基督位格的全部论述,与爱任纽的《驳异端》(*Against Heresies*)相似,先用很长的篇幅总结了道成肉身之前的救赎史——他急欲将基督的位格建立在以色列的历史之上。

　　即便是重洗派学者也承认,重洗派运动得助于希腊的精神-物质二元论。[17] 他们的敬虔和救赎观的核心在于,"全人更新,'人的所有意愿都被根除、摧毁'"。[18] "这份恩典使人完全圣化,脱离了'人的东西'。"[19]在这个前提之下,让神与"人的东西"认同会很困难,这不

---

[17] Thomas N. Finger, *A Contemporary Anabaptist Theology*: *Biblical*, *Historical*, *and Constructive*(Downers Grove, IL: InterVarsity, 2004), 563.

[18] Ibid.

[19] Ibid., 474.

足为怪。波兰改革宗领袖约翰·拉斯科(John à Lasko)在门诺·西门(Menno Simons,门诺会创始人)的著作中看到了这个问题,而加尔文又对这个"幻影说"式的基督位格观提出了自己的批评。^⑳ 在门诺看来,圣子披戴了"属天的肉身",而没有从童贞女马利亚取得人性。门诺还认为,人性本身是败坏的,而加尔文反驳了他的观点,认为他混淆了人性和罪性。^㉑ 神真的全方位地俯就我们了吗? 我们真的可以说,耶稣不仅象征着"神与我们同在",事实上他就是"神与我们同在"吗? 加尔文认同古代的那则格言——"他未取得的,他就不能医治。"^㉒如果基督不具有与我们一样的人性,那他就不能在圣约中代表教会,就没有"在人的肉身中付出代价(赎清人的罪)",也就没有从死里复活。^㉓ 加尔文强调,耶稣"出于犹太人",也会"饥饿、口渴、寒冷,也有人性的其他弱点"。^㉔

---

⑳ Calvin, *Institutes* 2.13.4.门诺·西门著文反驳改革宗领袖约翰·拉斯科,称"整本圣经根本就没有说,道取了我们的肉身……;也没有说,神性以神迹的方式与我们的人性联合"("The Incarnation of Our Lord," in *Complete Works of Menno Simons*, trans. L. Verduin, ed. J. C. Wenger Scottsdale[PA: Herald, 1956],829)。Verduin(那篇文章的译者)认为,"门诺·西门追随 Melchior Hofmann,放弃了关于道成肉身的正统观点"(Leonard Verduin, *The Reformers and Their Stepchildren* [Grand Rapids: Eerdmans, 1964],230)。对重洗派的基督论而言,这么做并非必需。可是,"门诺·西门(可能是重洗派继承者中最富影响力的作家)从霍夫曼那里继承了'基督幻影'。主要是因为门诺的影响,'基督幻影说'才进入了重洗派的思想脉系,在一定范围内产生了影响。"不过,今天的重洗派信徒大都持守正统观点。

㉑ Calvin, *Institutes* 2.13.4.

㉒ Ibid., 2.13.3 - 4.参见 Gregory of Nazianzus, "Letter 101," in *Nicene and Post-Nicene Fathers*, series 2, vol. 7(Edinburgh: T&T Clark, 1989),440。

㉓ Ibid., 2.13.1 - 2.

㉔ Ibid., 2.13.1.

　　重洗派学者费杜文一方面说,门诺是从其他重洗派领袖(尤其是霍夫曼)那里接受了这种观点,一方面又指出,这种观点并未得到后来者的广泛持守。费杜文认为,改革宗的回应显明了更深的分歧。在重洗派领袖看来,加尔文和其他改革宗领袖——罗马天主教和路德宗也一样——将神与受造的人认同,重生的信徒与堕落的教会和"基督教王国"认同。在费杜文看来,门诺是基于这个原因才一味强调"基督论方面的非连续性"。[25] 概括地说,费杜文误解了加尔文以及改革宗的观点。不过,他的确点明了神与受造界之间的"非连续性",当我们将精神与物质、灵魂与肉体、教会与国家、不可见教会与可见教会、神的救赎之工与外在的蒙恩之道联系起来时,会清晰地看到这种"非连续性"。总之,神与世界的联系破裂了。

　　甚至茨温利的思想中都有二元论倾向,虽然他在这方面不像重洗派走得那么远。他将救赎功效全部归给了基督的神性,可见他有将基督的神人二性分开的聂斯托利派倾向。[26] 于是,这种倾向使他得出结论:属灵的恩典不能以受造物为途径来传递。[27] 因此,加尔文与路德一样,反对任何分割基督二性的做法。

---

[25] Verduin, *The Reformers and Their Stepchildren*, 256.

[26] Ulrich Zwingli, *The Theology of Hyldrich Zwingli*, ed. W. P. Stephens (New York: Oxford University Press, 1988), 204: "同时我们必须留意,基督成为我的拯救,所凭借的是他借以从天降下的那部分本性,而不是他借以由无罪童女而生的那部分本性,虽然他必须借这部分本性受苦、受死。"

[27] Ibid. 茨温利认为,信心"将我们引向看不见的事物,也将我们的盼望系于此。因为它不住在可感知、有形体的事物当中,与其毫无共同之处"。

加尔文还说:"另一方面,我们不应当将'道成肉身'[约 1:14]解释为道变成肉体或与肉体混合。"而应该是"从前是神儿子的如今成为人子——并不是借着本质的混合,而是位格的联合。我们相信他的神性和人性如此紧密联合,以至于各自独特的本质虽未受损,这两种本性却联合为一位基督"。㉘ 加尔文在这里虽未点明,不过所指的一定是路德的观点——至少是其后继者以日益加大的力度予以捍卫的观点。这种观点认为,基督被视为无所不在(ubiquity,意为"有能力存在于所有地方"),可以亲自临在于圣餐的饼和酒中,因为他的神性(无所不在)遍布他的人性。因此,加尔文也反对将神人二性**混淆**的做法。

"虽可区分却不可分割"是原则。圣经一再将神人两种特质归于**一个**位格,亦即耶稣基督。㉙ 因此,我们完全相信,"教会,就是他用自己血所买来的"[徒 20:28],以及"荣耀的主钉在十字架上"[林前 2:8],"生命之道,就是我们……亲手摸过的"[约壹 1:1]。㉚ 既然马利亚的孩子是道成肉身的神,那么她就是神的母亲。㉛ "我们必须远离聂斯托利(Nestorius)的谬论,他分裂基督神和人的本性而不是对此做区分,以致捏造了两位基督!"㉜然而圣经从没有在哪一处

㉘ Calvin, *Institutes* 2.14.1.(译文据作者所引英译本略有改动。——编者注)

㉙ Ibid. , 2.14.3.

㉚ Ibid. , 2.14.2.

㉛ 参见加尔文对《路加福音》1:34、43,11:27 的注释,载于 *Calvin's Commentaries*, vol.16,trans. William Pringle (Grand Rapids:Baker, 1996),40-41,49-50。

㉜ Calvin, *Institutes* 2.14.4.

说，**这一性**的特质被传给了**另一性**。加尔文并未深究，他与卡尔西顿公会议同样深信，"两性的区别不因联合而消失，各性的特点反得以保存"，不仅是"不能分割"，而且是"不相混乱"。让加尔文忧心的是，重洗派和路德宗以不同方式贬低了基督真正的人性——或是借由对基督二性的二元论式分割，或是借由对基督二性的混乱。奥西安德尔将路德的基督论推到了极端，宣称基督的神性吞没了他的人性，削弱了人的实存性。③ 这样的观点被路德宗视作异端。

加尔文强调，神的超越性不是指与我们之间的**距离**，而是指与我们之间的**区别**。子道成肉身，完全与人性联合，与此同时，他仍然照着他的神性超越万有。加尔文这样总结道："这是奇妙无比的：神的儿子从天降临，却没有离开天堂，甘愿为童贞女所生、生活在世上、悬挂在十字架上；然而，他却仍如起初一般，继续充满天地！"㉞虽然有些路德宗人士称这样的说法为"加尔文主义分外说"（Calvinistic extra/*extracalvinisticum*），不过事实上这番表述几乎逐字引用了阿塔那修（《论道成肉身》[*On the Incarnation of the Word*]3.17）和巴西尔（《论圣灵》[*On the Holy Spirit*]8.18）的话。

为什么要穷究基督论的细枝末节？除了基督论本身至关重要

89

---

③ Ibid., 2.12.6.
㉞ Ibid., 2.13.4.

之外,基督论还为我们协调处理一系列主题奠定了基础。将神圣的
与人的-受造的分割开来——更糟糕的是使两者彼此对立——会让
我们远离那在基督、外在的道和圣礼中临到我们的神。于是,我们
为了寻见他,或是升上诸天,或是潜入心灵深处,然而神并未应许要
在这两个地方与我们在平安中相会。而在另一个极端,我们面临这
样的危险:一味使神圣的事物崩解,化为受造的事物。罗马天主教
神学就是这么做的,比如它宣称,圣礼本身可以使人重生和称义(*ex
opere operato*,意为"为之,则成之")。

　　正是因为重视基督真正的人性,加尔文才认为,基督复活与我
们复活之间的连续性,正是福音本身的核心所在。如果荣耀基督的
人性与我们的人性之间不具有连续性,也就是说,基督的人性被神
性特质所吞没,那么教会就与其复活的头失去了联系。具讽刺意味
的是,路德和茨温利或是将基督的人性压入他的神性,或是重视基
督的神性,轻看他的人性,至少在这个方面,二人经由不同的途径得
到了相似的结论。基督的人性与其神性联合而有别,路德与茨温利
的观点都倾向于贬低其人性的救赎功效。

　　我们将在之后的章节看到,"虽可区分却不可分割"的卡尔西顿
原则,不仅引导了加尔文对圣礼的思考,而且引导了他对基督徒信
仰和生活的方方面面的思考。唯有**神**可以拯救我们。然而,唯有**道
成肉身**的神可以彻底拯救我们。㉟

㉟ Ibid.

基督的救赎之工

福音的核心是 *solo Christo*（唯独基督）。罗马一向坚持认为，基督是我们得救的**必要**根基；而这个 *solo*（唯独）补充的信息是，基督还是我们得救的**充足**根基。在基督之外，找不到祝福或功德，找不到盼望的缘由，甚至在父或圣灵的里面也找不到。加尔文多次概述过整全的福音，在最富感染力的一次概述中，他几乎就"唯独基督"这个要点倾情而歌。㊱ 因此，离了披戴福音的基督，我们无由上升，无由趋向更高的真理。神已经临到我们，在他儿子里面成就了我们所需的一切。加尔文提醒我们："因为保罗并没有说神差派基督帮助我们自己获得义，而是派他成为我们的义。"㊲

加尔文将得胜意象与替代救赎结合了起来。显明基督战胜了死亡和阴间权柄的，不仅仅是基督的复活，十字架本身就是一个宝座："基督在十字架上击败了死亡和魔鬼，那个十字架是最为宏伟的审判庭，最为庄严的宝座，是气度非凡的夸胜，是华贵无比的战车。"㊳

加尔文非但没有忽视其他方面，比如，基督胜过了死亡和撒但的权柄，宇宙焕然一新，反而认为，基督承受了我们当受的咒诅，是这些更为广泛的果效得以产生的**基础**。毫无疑问，"信徒的所有智

㊱ Ibid., 2. 16. 19.

㊲ Ibid., 3. 15. 5.

㊳ 加尔文对《歌罗西书》2：15 的注释，载于 *Calvin's Commentaries*，vol. 21，trans. William Pringle（Grand Rapids：Baker，1996），191。

慧都包含在基督的十字架中"。㊴ 加尔文甚至将"降在阴间"解释为基督在十字架上担负罪恶——"因这教义对基督的救赎而言并非无关紧要"。㊵ "显然,除非基督的灵魂一同受刑,否则他所救赎的就只是人的身体"。㊶ 他不但为了救赎我们献上自己的身体,"他的灵魂也遭受了神所咒诅和离弃之人所当受的可怕折磨"。㊷ 在基督的死中,我们不仅发现了补偿(赎罪),还发现了消除神愤怒的白白的、最终的、充足的**挽回祭**。㊸ 这不仅是必要条件,使得神在我们与恩典合作的情况下拯救我们成为可能,也是充足的根基。换句话说,基督的死和复活成就了我们的救恩。㊹

　　基督的工作既包括道成肉身,也包括升天。事实上,基督的升天在加尔文的思想和敬虔观中,比之在其他改教家的作品中,所占比重更大。毕竟,是基督的升天重申了他和与他同为后嗣者之间不可分割的联系。毫无疑问,"基督在他升天之后才真正开启他天上的国度"。㊺ 基督的升天有自身的独特意义,不是复活的补遗或惊叹号,而是救赎史上的新事件。基督的升天同时也意味着,我们虽然与基督联合,但他如今不再以肉身的形式住在地上,直到他再来。㊻

㊴ Calvin, *Calvin's Commentaries*, 20: 74.

㊵ Calvin, *Institutes* 2. 16. 8.

㊶ Ibid. , 2. 16. 12.

㊷ Ibid. , 2. 16. 10.

㊸ Ibid. , 2. 12. 3.

㊹ Ibid. , 2. 12. 5.

㊺ Ibid. , 2. 16. 14.

㊻ Ibid.

不过,加尔文并未就此止步。两位天使在基督升天时应许门徒说,他怎样离去,在世界的末了还要怎样再来(徒1：11),不仅如此,耶稣也应许他们说,他要与他们——和我们——同在,直到世界的末了(太28：20)。这怎么可能？这只有靠圣灵的能力才能实现,圣灵可以使我们与升天的基督联合。基督以这样的方式亲自在地上掌权,并借由圣灵大能的作为,分发战利品。有一天,他还要重返地上,施行审判,并在全地做王,直到永远。[47]

而现在,基督的至高王权并不见于每日的新闻当中;我们以已经成就的事件为基础,靠着应许活着。[48] 我们处在幕间休息期间,在此期间,未来世代的权能借由圣灵的隐秘工作,临到我们身上,不过,促使肉体在个人层面、也在全世界范围内展开争战的,正是这个事实。我们活在"已然"与"未然"之间的隐约张力中。而这份张力在加尔文的敬虔观中处于核心位置,他强调基督的升天,正是这个关键因素将我们置于两个世代的喧嚣而变易不居的交汇处上。

与基督联合

永恒的子道成肉身,亲自与我们永远联合。他披戴肉身,废去了亚当的悖逆,成就了所有的公义;他背负了我们的罪,从死里复活,胜过了罪和死。神成了与我们认同的那位,这是好得无比的消

---

[47] Ibid.

[48] Ibid., 2.16.17.

息,然而我们唯有与他联合,才能获得此中的益处。加尔文这样解释道:

> 只要我们仍与基督无关、与他隔绝,那么基督为了人类的救恩所遭受、所行的一切,对我们就没有任何益处。因此,为了与我们分享父所赐给他的,他必须成为人并与人同住。因此,他被称为"我们的元首"[弗4:15],以及"在许多弟兄中做长子"[罗8:29]。⑩

加尔文阐述了我们与基督联合的富足,他的阐述在今天依然是历久弥新的一件珍宝,继续施惠于我们的敬虔。

　　路德因为强调在与基督的婚姻式联合中债务和财富的"奇妙易位"而闻名。他甚至承认,首先提出这个说法的人并不是他。他在自己的论著《驳反律法主义者》(*Against the Antinomians*)中指出,"这则教义不是我提出的,是圣伯尔纳提出的,事实上,这是整个基督教世界的信息,是所有先知和使徒的信息。"⑩路德比伯尔纳更进一步,因为他认识到,这种婚姻首先是司法意义上的——我们的罪归算给了基督,基督的义归算给了我们——然后(作为结果)才

---

⑩ Ibid., 3.1.1.

⑩ Martin Luther,"Against the Antinomians," in *Luther's Works*, American Edition,55 vols.,ed. Jaroslav Pelikan and Helmut T. Lehmann (Philadelphia:Fortress;St. Louis: Concordia,1955–1986),47:110.

有不断生长的信靠的关系，才有爱和善行，联合才会越来越落在实处。[51]

路德没有否定信徒实有的义（成圣），他说，归算给我们的基督的义是"我们实有的义的基础、原因和来源"。[52] 他在《基督徒的自由》（*The Freedom of a Christian*）中写道：

> 因此我们认为，基督徒不是活在他自己里面，而是活在基督里面，活在邻舍中间。否则他就不是基督徒。他借着信心活在基督里面，借着爱活在邻舍中间。借着信心，他超越自己，升入神里面。借着爱，他俯下身来，活在邻舍中间。不过，他永远活在神和他的爱里面。[53]

信心不仅足以使人称义，还是信徒得以更新变化、服侍他人的恒久动力。路德说，信心不仅使人称义，还"使灵魂与基督联合，就像新娘与新郎联合一样"。"在这一点上，幸福交换发生了……基督，这位富有、尊贵、善良的新郎，娶了贫穷、可厌、邪恶的小妓女，救她脱离一切罪恶，用美好的东西装饰她，这难道不是一个美满的家

---

[51] 路德为重视联合这个主题，这一点极为明显，比如他的论文，"The Freedom of a Christian," in *Luther's Works*，31：351。

[52] Martin Luther，"Two Kinds of Righteousness," in *Luther's Works*，31：298.

[53] Ibid.，371，参见 Cornelis P. Venema，"Heinrich Bullinger's Correspondence on Calvin's Doctrine of Predestination," *Sixteenth Century Journal 17*，no. 4(1986)：435－450。

吗?"⑤称义和成圣都源于我们与基督联合。

加尔文也在《要义》的相关章节中表明,他受惠于伯尔纳——至少有二十九处直接引用了伯尔纳的话。⑤ 不过加尔文不只援引了伯尔纳的见解,还广泛参考了其他资源。除了奥古斯丁、伯尔纳和路德,他还感谢菲密格理这样的同仁,因为他们为他理解与基督联合这条内涵丰富的圣经教义提供了帮助。加尔文关注升天和五旬节在联合中的决定性作用,由此可以看出,他与菲密格理等人在与基督联合这个问题上别有所重。

使徒保罗认为:

> 所以你们若真与基督一同复活,就当求在上面的事,那里有基督坐在神的右边。你们要思念上面的事,不要思念地上的事。因为你们已经死了,你们的生命与基督一同藏在神里面。基督是我们的生命,他显现的时候,你们也要与他一同显现在荣耀里。(西3:1—4)

在加尔文看来,这不是主张神秘的默观。相反,使徒让我们的

---

⑤ "The Freedom of a Christian," in *Luther's Works*, 31: 351.

⑤ Calvin, *Institutes* 3. 20. 1. 提及伯尔纳的次数,参见 François Wendel, *Calvin: Origins and Development of His Religious Thought*, trans. Philip Mairet (New York and London: Harper & Row, 1963),127n43。全面了解伯尔纳对加尔文的影响,请参见 Dennis J. Tambarillo, *Union with Christ: John Calvin and the Mysticism of St. Bernard* (Louisville: Westminster John Knox, 1994)。

注意力集中在荣耀了我们的肉身后升到天上的基督身上。保罗是在将我们的心引向天堂,而我们的先驱基督已经以肉身的形式先于我们到了那里,在恩典中做王,直到他在荣耀中再来。⑤ 永恒的子先是降下来拯救我们,然后差他的灵来使我们与基督一同复活,一同坐在天上。如菲利普·沃克·布廷(Philip Walker Butin)所言,"这样看来,路德宗眼光'向下',重视道成肉身,加尔文眼光'向上',以同等的力度重视复活和升天。在这个问题上,加尔文的理解补足、完全了路德宗的理解。"⑤我们可以补充说,加尔文还非常重视五旬节,因为既然加尔文在探讨我们怎样与基督联合,与他一同承受父的基业时,尤为重视圣灵的工作。思想基督和他的恩赐是基督徒生活中的乐事。我们接下来探讨我们从基督领受的产业。

---

⑤ 加尔文对《歌罗西书》3:1—3 的注释,载于 *Calvin's Commentaries*,21:205 - 207。

⑤ Philip Walker Butin, *Revelation*, *Redemption*, *and Response*: *Calvin's Trinitarian Understanding of the Divine-Human Relationship* (New York: Oxford University Press, 1995),118.

第六章　与基督联合所获得的恩赐

我们为什么要在谈基督徒生活的一本书中花这么多时间来探讨加尔文教义的重点？再次申明，我们应该明白，在他看来，这些真理并非只是一些基本事实，仿佛我们对它们表示认同之后，就可以转向更高、更实际的利益。对加尔文来说，基督徒生活就是每日以这些真理的宝藏为生。我们永远不能离开福音，反而要越来越深地扎根于福音的沃土，结出爱和善行的果子。

在与基督的联合中，最为宝贵的恩赐是基督自己，他将他自己和他的恩赐一并给了我们。加尔文在《要义》中探讨与基督联合的益处时，并非从拣选开始。诚然，他将拣选理解为神出于恩典在永恒中的决定。不过，他关注的总是教牧和实践层面的问题，而不是理论思辨。福音被传给每个人。借着福音，罪人被召、称义、更新、得荣耀。为什么有的人信，而有的人不信？[①] 加尔文正是基于这个问题探讨拣选。因此，我们会随着加尔文的思路展开探讨。

有效的呼召与作为恩赐的信心

圣灵使我们与基督联合的关键在于，有效的呼召或重生。加尔

---

① Calvin, *Institutes of the Christian Religion*, ed. John T. McNeill, trans. Ford Lewis Battles (Philadelphia: Westminster, 1960), 2. 24. 4, 6.

文认为新生命纯粹是恩赐,甚至领受新生命的信心也纯粹是恩赐。我们不是因为相信而重生;我们是因为从上面领受了新生命而相信。

重洗派"狂热分子"将外在的圣言与圣灵分离。加尔文反对这一观点,并与路德一样强调,圣灵随己意将他的工作与外在的圣言结合起来。不过,他与奥古斯丁一样在圣经中发现,外在的呼召与内在或有效的呼召截然不同。[2] 请再次回想"虽可区分却不可分割"的原则。神以受造物为途径来施行他的话语,却仍然保有主权性的自由。福音传给每一个人,这是圣灵使他的选民得以重生的途径,但除非圣灵在我们心里做工,救我们的思想和意志脱离罪和死的捆绑,否则福音即便临到我们,我们也会充耳不闻。福音的传讲并不是魔法;福音并不会自动生效。确切地说,是圣灵在自己选择的时间和地点,借着福音使罪人重生。

加尔文从未使用"不可抗拒的恩典"(irresistible grace)这个术语,而是称恩典为有效的恩典,因为神的话语从未失败,总能实现自己的意图。若由着我们自己,我们总是会抗拒的,但是等到圣灵使我们重生,我们的意志获得释放,而并非遭到强迫,我们会甘愿降服。[3] 因此,救恩自始至终出自神的作为(神恩独作),并非源于神与

---

[2] Ibid., 3. 24. 8. 参见 Augustine, "To Simplician—On Various Questions," in *Augustine: Earlier Writings, Selected and Translated with an Introduction*, ed. John H. S. Burleigh (London: SCM, 1953), 395。

[3] 与其他地方一样,《要义》第3卷第24章自始至终都在强调这一点。

人类的合作(神人合作)。

称义

译为"称义"(justification)的希腊文单词是严格的法庭用语,指依法判决一个人在法律面前是公义的。令人遗憾的是,由哲罗姆(Jerome)于4世纪完成的圣经武加大译本将希腊语动词 *iustificare* 译成了"**使之公义**"。伊拉斯谟指出了这个错误,当时的罗马天主教学者同样指出了这个错误。但由于各种原因,有了正确的解经,却没有继之以正确的教义,罗马将称义理解为逐渐成为公义的过程。重洗派也没有摆脱这样的神人合作式的思想,他们常常走得更远,断言信徒个人的圣洁可以使人称义。对于他们的前辈是否忽视了称义,或者发现称义这条教义"简直让人难以接受",重洗派学者的意见并不一致,但他们关注的焦点是,效法耶稣的样式,以及灵魂与神联合的过程。④

根据罗马天主教官方教义,**初始的称义**唯独是借着恩典,那是在举行洗礼的时候,水洗去了原罪。虽然恶欲(放纵情欲的倾向)还在,但没有化为行动就不是罪。等到你完全接受了教会的教导,遵循定规,为特定的罪而苦修、补赎,**渐进的称义**就开始了。你盼望借由恩典驱动的行为,达到**最终的称义**,但罗马天主教认为,要求得

---

④ Thomas N. Finger, *A Contemporary Anabaptist Theology*:*Biblical*,*Historical*,*Constructive*(Downers Grove, IL:InterVarsity, 2004),109.

到蒙拣选、最终称义的确据，是狂妄之举。无论如何，即便是我们当中最好的人，在被迎入神的同在之前，都要在炼狱里暂时接受惩罚。

总之，在罗马看来，称义是成为圣洁的过程，也就是成圣的过程。据《罗马书》4：5所言，神称**罪人**为义。但在罗马天主教的教义中，这是不可能的；神只能称已为义者为义。他们得以在神面前成为公义，不是借由归算来的——存入的——外部的义，而是借由因顺服而得并不断积增的内在的义。

相比之下，改教家在称义和成圣之间做出了**区分**，却没有使两者**分割**。我们被律法显明的神的义定了罪，却披戴了福音显明的基督的义，它是白白的礼物。我们的罪存到了基督的账上，基督的义存到了我们的账上。路德在解释《罗马书》4：7的时候说，我们必须与基督联合，因为"我们所有的良善都在我们之外，所有的良善都是基督的"。⑤ 信徒既是被称义的，又是有罪的，他们如今确信的是，自己不被定罪了。末日的判决现在已经作出，所以，相信基督已经承担了所有刑罚——暂时的或永恒的，基督已经在凡事上顺服，基督的义已经遮盖了所有内在的罪，这不是想当然，而是真正的信心。我们现在就**已经**完全被称义了，所以活在自由和确信当中，并非**为了**称义这个目标而活。

---

⑤ Martin Luther，*Lectures on Romans*，in *Luther's Works*，American Edition，55 vols.，ed. Jaroslav Pelikan and Helmut T. Lehmann（Philadelphia：Fortress；St. Louis：Concordia，1955 - 1986），25：267.

加尔文说:"因信称义和因行为称义……有天渊之别。"⑥他在其他地方还说:"人强行将自由意志的能力与神的恩典混合就是败坏神的恩典,就如人用泥水冲淡葡萄酒。"⑦"因此,我们对称义的解释是我们在神面前被悦纳为义人。可以说,称义包含赦罪和将基督的义归给人。"⑧加尔文用这个定义表明,称义根本不包含信徒的道德转变,遑论其功德。在我看来,加尔文对称义的教导在他的释经作品中最为丰富,他对相关章节的高度重视在近来的争辩中仍有重大影响。他还从教父那里获得支持,同时也承认,他们并不总是意见一致。不过,加尔文的基本思路在路德 1519 年的讲章小册子《两种公义》(*Two Kinds of Righteousness*,文中思想在他 1535 年的《〈加拉太书〉注释》中更加完备)中就已显明。

称义问题不能被视为学术争论而不加理会。对每一个信徒来说,称义都是利害攸关的大事。我们在加尔文为《诗篇》所作的注释里发现,他感受到了大卫的焦虑。当我们的心因为罪的重负而恐惧,"冰冷的思辨"爱莫能助。如果我们不去攫住"信心在成文圣言里所发现的",也就是"在基督里向我们显明的那丰盛得无可言喻的恩典",我们"要么战兢,要么动摇"。有人认为相信很容易,这样的人从未经历上述焦虑。事实上,"我们发现,最大的艰难,莫过于承

---

⑥ 加尔文对《诗篇》143 篇的注释,载于 *Calvin's Commentaries*,vol. 6,trans. James Anderson (Grand Rapids: Baker, 1996),251。

⑦ Calvin, *Institutes* 2.5.15.

⑧ Ibid., 3.11.2.

认他怜悯我们"。⑨ 良心的恐惧袭来。"没有把握，没有平安。我该怎么想？我该相信什么？我该到哪里求助？"⑩魔鬼不会设法诱惑我们放弃敬拜，只会促使我们"去寻找另一个神"，或诱使我们相信，这位神"必须用另一种方式来安抚，或者蒙他恩待的确据不在律法和福音之中，必须到别处寻找"。⑪

如果没有称义的确据，即便借着祷告来到神面前，也"类似于将木柴加到火上"。⑫ 宣扬恐惧只会让所有的真敬虔从世上消失。⑬ "简言之，意识到神的审判却无望获得赦免，会让人恐惧，这份恐惧又会自然而然变为仇恨。"⑭我们必须不断听到应许；否则的话，"如果我们要时时担心神的恩典突然消失，不再为我们存留，我们定会发现自己的光景极为悲惨"。⑮

不过，称义告诉我们，神如何既称罪人为义（罗 3：26），同时又依然是公义的。如果没有外来的义归算给我们，我们会怀疑，神向**我们**是否真有恩慈。对于像加尔文这样经历过这种怀疑和焦虑的人来说，称义不可能只是众多教义中的一条。加尔文认为，罗马的

---

⑨ 加尔文对《诗篇》103：8 的注释，载于 *Calvin's Commentaries*，6：133。

⑩ 加尔文对《诗篇》103：8 的注释，载于 *Calvin's Commentaries*，6：368。

⑪ 加尔文对《诗篇》103：8 的注释，载于 *Calvin's Commentaries*，vol. 5, trans. James Anderson (Grand Rapids：Baker, 1996)，166 – 167。

⑫ Herman J. Selderhuis, *Calvin's Theology of the Psalms* (Grand Rapids：Baker Academic, 2007)，270.

⑬ Ibid.

⑭ Calvin，转引自 ibid. ，217。

⑮ Calvin，转引自 ibid. 。

教导是,基督的献祭赦免了罪恶,却没有免去罪罚。对罪人来说,这哪里是好消息?⑯

　　加尔文一再说基督以**善功**拯救了我们。我们得救,的确是因为行为——也就是完美遵从神的律法——但是,是因为基督的行为,不是我们的行为。他不仅在十字架上替我们担当了罪孽,还借由自己的生活替我们成就了所有公义。耶稣身为我们的救主,不仅是发出命令的神,而且也是成全我们作为受造者受命完成之任务的仆人。⑰ 因此,说宗教改革的称义教义构成一种法律拟制*,罗马的这一指控其实并无根据:基督履行了盟约元首(covenant Head)的职分,以其功德论,理应获得绝对公义的地位,他的身体,即教会,也当分享这地位。说我们在基督里算为义,不是法律拟制,就像说我们在亚当里算为有罪,或基督因为我们的罪归给了他,而为我们成了罪一样(林后5:21),不是法律拟制。

　　如我们所见,改教运动发起的辩论,不仅关乎称义的原理,而且关乎广义的恩典。就何谓信心的问题,改教家与罗马也有分歧。对

---

⑯ Calvin, *Institutes* 3.4.30.

⑰ François Wendel, *Calvin: Origins and Development of His Religious Thought*, trans. Philip Mairet (DurHam, NC: Labyrinth, 1987),260. 我阐述了加尔文在这个问题上所持的一个观点,参见 *Lord and Servant: A Covenant Christology* (Louisville: Westminster John Knox, 2006)。

* 法律拟制(legal fiction),指根据实际需要,把某种事实看作另一种事实,使其与另一种事实产生相同的法律效果。这里指罗马天主教指责宗教改革的称义教义——一个罪人被称为义人没有实质,神这样称罪人为义是莫名其妙和不公义的。——编者注

罗马来说，信心就是认同教会的一切教导（默从的信心，implicit faith）。因此，信心在未由爱形成（或完全）之前，并不能完全使人称义。信心由爱形成时就成了有功之举，据此称义被并入了成圣。罗马天主教神学直到今天还将使人称义的信心定义为顺服的爱，只在这个意义上认同"因信称义"。加尔文不同意这种观点，认为信心不是盲目认同教会的所有教导。"我们若因此将所谓谦卑的无知称为'信心'，这是极其荒谬的！"[18]确切地说，信心是认识福音，认同福音的信息，唯独信靠基督。

正是凭着这样的信心，我们在没有任何爱或善行的情况下，接受了神称人为义的判决，就是要我们张开空空的手去拥抱基督。"就称义而言，信心完全是被动的，因为信心不提供任何能使我们重新蒙神悦纳的事，反而是从基督那里领受我们一切所缺乏的。"[19]撇开了美德或可以改善固有道德状况的行为，"信心以另一个人的义来装饰我们，它所寻求的这义是神所赐的礼物。"[20]我们借以称义的信心在爱上是**积极的**，但在**使人称义的行为上并不积极**：

> 因此，信心并非关于神及其真理的未经证实的知识，
> 也并非神及其话语是真理这样的简单信念，而是对神怜悯

[18] Calvin, *Institutes* 3. 2. 3.

[19] Ibid. , 3. 13. 5.

[20] Calvin, *Commentaries upon the Epistle of Paul the Apostle to the Romans*, in *Calvin's Commentaries*, vol. 19, trans. John Owen (Grand Rapids: Baker, 1996), 159.

的确定认识：神的怜悯出自福音，使人的心灵安息，使人的
良心在神面前平安。概言之，如果救恩在于遵从律法，灵
魂就没有把握得救，是的，神给我们的应许都会落空：如果
我们只能回到行为中去找救恩的理由或确据，我们一定会
变得悲惨，一定会失丧⋯⋯因为律法所招致的无非是报
复，它带不来恩典。[21]

　　加尔文与路德一样，认为信心**就是**确据。相信基督，不仅是实
实在在确信神普遍的怜悯和恩典，也是实实在在确信神对我(pro
me)的特殊恩惠。因为相信基督，我知道我是选民，在末日审判之前
就已经被宣告为公义了。罗马称为推测的，改教家称为信心。《日
内瓦要理问答》(Geneva Catechism)这样描述信心，"确知并坚信神
对我们怀着父亲般的善意，正如他在福音中宣告，他为基督的缘故，
要做我们的父，我们的救主"。[22] 信心不仅朝向神，一般而言甚至也
朝向他的话语。[23] 确切地说，使人得救的信心"是接受披戴福音的基

---

[21]　Ibid. , 171.

[22]　Geneva Catechism, 1536, in *Selected Works of John Calvin: Tracts and Letters*, ed.
　　Henry Beveridge and Jules Bonnet, 7 vols. (Grand Rapids: Baker, 1983),2: 132: 信
　　心是"对神向我们所怀恩慈的确凿而确定的认识，基于在基督里白白赐下之应许的真
　　实性，由圣灵启示给我们的思想并印在我们心上"。也见于 Calvin, *Institutes* 3. 2. 7:
　　"[信心]是神对我们施慈爱的稳固、确定的知识，这知识建立在神在基督里白白赏赐我
　　们之应许的真实性上，且这应许是圣灵向我们启示并印在我们心中的。"

[23]　Calvin, *Institutes* 3. 2. 1.

督"。㉔正如周毕克(Joel Beeke)所言,对加尔文来说,"信心作为恩典,来自于父,借着子,由圣灵赐下,而信徒又借圣灵与子团契,继而与父和好,与父同行。"㉕"加尔文着重指出,神使自己'在基督里变小了',好让我们理解'唯一可以安抚我们良心的那位,就是基督',并逃到他那里去。"㉖

不过,我们对这一确据的主观体验时强时弱。终其一生,信徒总是会在怀疑和焦虑的时刻问自己一个问题:"我作为一个罪人,怎么可能蒙圣洁神的悦纳?"㉗其实加尔文承认,在每一位基督徒身上,"不信总是掺杂着信心。"㉘他一再提醒我们,使我们称义的,不是信心的品质,而是信心的对象。"我们的信心从来都不是完全的……我们在一定程度上是不信的人。"㉙应许是可靠而稳固的,我们对应许的理解却在变化。㉚ 加尔文还说:"信徒因畏惧神而同时拥有确实

㉔ Ibid.，3.2.32.

㉕ Joel R. Beeke, "Calvin and Spirituality: Making Sense of Calvin's Paradoxes on Assurance of Faith," in *Calvin Studies Society Papers*，1995，1997：*Calvin and Spirituality*；*Calvin and His Contemporaries*，ed. David Foxgrover (Grand Rapids: CRC Product Services，1998)，23.

㉖ Ibid.，24.

㉗ Ibid.，13n2："路德为获得信心和确据备受煎熬,这一点众所周知,对此路德本人和他人有详实记述,可是 J. H. Merle D'Aubigne 提供的证据表明,加尔文的'内室成了上演煎熬的剧院,煎熬的剧烈程度一如爱尔福特(Erfurt)斗室内的情形'。"

㉘ Calvin, *Institutes* 3.2.4.

㉙ 加尔文对《马可福音》9：24 的注释,载于 *Calvin's Commentaries*，vol. 16，trans. William Pringle (Grand Rapids: Baker, 1996)，325。

㉚ Calvin, *Institutes* 3.2.4，15.

的安慰。""畏惧和信心同时居住在同一个人的心里。"㉛如周毕克所言,"人的内心一般不犹疑,却有犹疑的可能。人的内心有平安,但也可能杂有焦虑。信徒拥有可靠的保障,却会摇摆、战兢"。信心本身与信徒的体验不同。㉜神保证他向我们怀着善意,虽然这份保证是客观而确定的,我们的主观体验却在变化。㉝不过,最终决断权永远在神手中。我们无论如何都要抓住福音。因此,有客观的应许,再由圣礼加以认同,在我们的整个天路历程中都极为重要。㉞

"那奖赏呢?"加尔文的批判者追问道。这位改教家的回应是:"由奖赏导出功德,这样推论荒谬至极。"㉟《罗马书》2:13 说:"不是听律法的……乃是行律法的称义。"加尔文知道中世纪是怎样解释这句经文的。他说:"他们歪曲这段经文,要建立因行为称义的道理,即使他们遭到小孩子的嘲笑,也不冤枉。""保罗的意思很清楚,他是要说明,他的读者其实和外邦人一样,同在律法的咒诅之下,因为他们未能遵从律法。""所以,必须寻求另一种义。"㊱当保罗反对由律法到信心的称义途径时,他指的不仅是仪式,而且是全部律法(包括道德律)。㊲"原因在于,即便人可以由律法或行为而得到义,所得

㉛ Ibid. , 3. 2. 23.

㉜ Beeke, "Calvin and Spirituality," 18.

㉝ Ibid. , 14 - 24.

㉞ Ibid. , 19.

㉟ Calvin, *Calvin's Commentaries*, 19:90.

㊱ Ibid. , 95 - 96.

㊲ Ibid. , 151.

到的义也必然是内在于人本身的东西;但他们借由信心,却从另一人那里得到了他们本身所缺少的东西。因此,因信心而来的义被称为归在人身上的义,是中的之言。"㊳

荣耀神学家看的是外表。我们凭直觉相信,好人上天堂,坏人下地狱;在审判的时刻本性不义的人,神不可能称之为义。然而福音是反直觉的。信心与亚伯拉罕一起,抓住了应许,拒斥一切人的"可能性":

> 我们周遭的一切都在否定神的应许。他应许了不朽,我们四周却满是死亡和腐坏;他宣称他算我们为义,我们身上却满了自己的罪恶;他说他以恩慈温柔待我们,从表面来看他却在向我们发怒。我们该怎么办?我们必须闭上眼睛,不看自己以及与自己相关的一切,不让任何事情拦阻或阻止我们相信神是真实的。㊴

诚然,神借着他的灵更新我们,但这不是称义,称义唯独在于白白的赦罪和义的归算。㊵"法利赛人"与漫不经心的不信者一样,不明白借由称义而与神达成的和平。㊶ 我们自己无论怎样"预备",都

㊳ Ibid. , 155.
㊴ Ibid. , 180.
㊵ Ibid. , 186.
㊶ Ibid. , 187.

不能使我们"接近"神。[42] 我们无论怎样更新——即便是借由圣灵的恩典——也不能使我们配得称义。[43]

成圣

很多人认为,一个人是跟随罗马还是跟随改教运动,要看这个人是看重称义还是看重成圣。其实,唯有改教家的解释包含了两者。我们因信与基督联合,基督的义归给我们,使我们称义,基督的义加给我们,使我们成圣。改教家在这一点上意见一致。加尔文非常清楚他赋予称义的重要地位:称义是"基督教真理的首要信条",是"信仰环绕旋转的最重要的铰链",是"整个救赎论的首要信条,全部信仰的根基",是"敬虔的总归"。[44] "什么时候拿去了对称义的认识,什么时候基督的荣耀就消失了,信仰就废弃了,教会就毁掉了,得救的盼望就完全破灭了。"[45]加尔文在给红衣主教萨多雷托的信中说,称义是"我们之间首要的、最为激烈的争议点"。[46]

同时他又着力指出,我们与基督联合,既是为了称义,也是为了成圣。不过,这与路德的观点并无二致,路德早在他的《论两重公

---

[42] Ibid. , 188.

[43] Ibid. , 186.

[44] Calvin, *Institutes* 3. 2. 1;3. 11. 1;讲解《路加福音》1：5—10 的布道词,载于 *Corpus Reformatorum：Johannis Calvini opera quae supersunt omnia*, 46. 23;以及 *Institutes* 3. 15. 7。

[45] Calvin,"Letter to Cardinal Sadoleto," in *Calvin's Tracts and Treatises*, trans. Henry Beveridge, vol. 1(Grand Rapids：Eerdmans, 1958),41.

[46] Ibid.

义》(*Sermon on the Double Righteousness*,1519)中就表达过这样的看法。与路德一样,加尔文在探讨《罗马书》6章与基督联合这个问题时,遵从保罗的思路,来回应那些认为我们可以不成圣而称义的人。[47] 他的回答与保罗的回答一样:"……毫无疑问,我们受洗时披戴了基督,而我们受洗的目的在于——与他成为一。"这样看来,我们受洗时,不仅罪得赦免,同时也如同与基督一起复活、获得新生命一样,"旧人被治死了"。[48]

反律法主义和律法主义联起手来,迫使我们作出错误的选择:救恩是神赦免的问题还是道德转变的问题? 在加尔文看来,这个问题给人设了陷阱。他的理由是,"彼此连接的事物不会互相毁坏"。[49] 唯独借着信心达致的司法意义上的称义,不是成圣的敌人,而是成圣的基础。[50] 我们再次遇到了"虽可区分却不可分割"这个原则:

———————

[47] 加尔文对《罗马书》6章的注释,载于 *Calvin's Commentaries*,19:218-231。

[48] Ibid.,220,对《罗马书》6:3的注释。加尔文与路德之间是有分歧的,尤其是在恩典可否失丧这个问题上,但称一个为"联合"神学家,称另一个为"称义"神学家,并无根据。两者都认为,与基督联合是所有属灵福分的根源,同时认为,称义是成圣的逻辑基础。对这一点的论述,尤见于 Richard Muller, *Calvin and the Reformed Tradition: On the Work of Christ and the Order of Salvation* (Grand Rapids: Baker Academic, 2012), 202—243,281;参见 J. V. Fesko, *Beyond Calvin: Union with Christ and Justification in Early Modern Reformed Theology* (Göttingen: Vandenhoeck & Ruprecht, 2012)。

[49] Calvin, *Institutes* 3.2.25.

[50] 更多关于这个主题的论述(尤其是关于加尔文与奥西安德尔辩论的论述),参见 Michael Horton, *Covenant and Salvation: Union with Christ* (Louisville: Westminster John Knox, 2007),143-144。

103 　　两种福分虽是单独存在，却也在基督里密不可分。你愿意在基督里被称义吗？那么你必须先拥有基督，而你若拥有他，必定参与他的成圣，因为基督不是分开的［林前1：13］。既然基督将这些福分和自己一同赐给信徒，所以他不可能只使我们称义而不使我们成圣。由此可见，称义伴随善行，但这却不是因为善行而称义，因为在基督里就包括称义和成圣。[51]

不是说信心有两个层次，基督徒生活有两个阶段。每一位信徒倚靠基督，都是为了称义和成圣。[52] "你抓住了称义，不可能不同时抓住成圣。"[53]

　　因在基督里，神提供我们一切的幸福取代我们的悲惨，一切的富足取代我们的贫困；神在基督里向我们敞开天上的宝库，好让我们以信心仰望他的爱子，完全期待他，使我们一切的盼望专靠基督。这就是那隐秘、看不见之智慧，无法用逻辑推出。[54]

---

[51] Calvin, *Institutes* 3.16.1，也参见 3.11.1。

[52] Ibid., 3.11.1.

[53] Ibid., 3.16.1.

[54] Ibid., 3.20.1.

加尔文还说："主要的是，在我们承认信心和善行密不可分之后，我们仍说人是因信称义，而不是因行律法称义。我们这样说有充分的根据，因我们信心的对象是基督，基督也使我们的信心得以坚固。"[55]

为解释与基督的联合，圣经既用了司法的类比，也用了生物的类比，这两种类比加尔文都加以潜心思考。在作为生命树的基督里称义的人，会成为结果子的枝子。福音派强调要追随基督的样式，他们常问："耶稣会怎么做？"这一现象我们都很熟悉。追随基督的样式也是中世纪敬虔的核心主题，托马斯·厄·肯培写于15世纪的著作《效法基督》(*The Imitation of Christ*)广受欢迎可为例证。这样的敬虔在共同生活弟兄会（我在第二章提到过）中尤被推重，在卫斯理宗-圣洁会一脉的教导中也清晰可见。这一脉的教导在很大程度上主导了当代福音派的灵性观。

圣经劝勉信徒效法基督的样式，加尔文按表明的意思接受这样的劝勉。然而，他意识到，这本身是没有福音的律法。加尔文在注释《罗马书》6章时说：

> 我们要明白，虽然使徒保罗说过，所有基督徒都要效法基督的死，可他说的不仅仅是效法基督。他无疑宣布了一条教义，继而提出劝勉，这有他更高的旨意；他提出的教义是：基督的死有效地消灭、除去了我们肉体的败坏，基督

---

[55] Ibid.，3.16.1.

的复活有效地为我们恢复了更好的本性,我们可以借着洗礼,领受这份恩典。立定了这个根基,再劝勉基督徒为了回应他们所受的呼召而努力就是十分合宜了。

他还说,这适用于每一个与基督联合的人,而非只是为一个高级阶层所享有。⑤ 因此,"嫁接不仅是对榜样的效法,还是奥秘的联合"。⑤ 我们还可以打个比方来补充,当弟弟妹妹真正尊敬甚至模仿哥哥姐姐时,其更深的基础是家人之间的纽带。

基督不仅是我们的英雄、模范或样板,还是我们的葡萄树——我们是枝子。他是他的身体的头,我们都是他身上的肢体;他是全部收成中初熟的果子,我们也是全部收成中的一部分。加尔文说,我们"在基督里(in Christo),因为我们在自己之外(extra nos)",我们发现我们之所以能够称义和成圣,都不是借由向内审视,而是借由与基督相连。⑤ 加尔文在解释《约翰福音》17 章时说,我们"与神的儿子合而为一,不是因为他将他的本质输送给了我们,而是因为他借由圣灵的能力将他的生命和他从父那里领受的所有福分赋予了我们"。⑤ "但基督主要强调这一点:维持生命所必须的活力,即一

---

⑤ 加尔文对《罗马书》6:4 的注释,载于 *Calvin's Commentaries*,19:221。

⑤ Ibid.,222,对《罗马书》6:5 的注释。

⑤ Calvin,转引自 Mark A. Garcia,*Life in Christ: Union with Christ and Twofold Grace in Calvin's Theology*(Milton Keynes,UK: Paternoster,2008),116。

⑤ Calvin,*Commentary on the Gospel According to John*,in *Calvin's Commentaries*,vol. 17,trans. William Pringle (Grand Rapids: Baker,1996),183 – 184.

切的生命和能力,唯独出自于他。"因此,信心从基督这唯一的源泉领受了各样好处,称义时如此,成圣时也如此。"如果你注视自己,你一定会灭亡。"⑥

加尔文将全人(身体和灵魂)等同于神的形象,这个观点超越了奥古斯丁和中世纪传统,他还补充说:"与基督达成属灵联结的,不仅有我们的灵魂,还有我们的身体。"⑥他赋予圣餐重要意义,不仅是为了灵魂与基督的联合,而且是为了赐生命的能力从我们已得荣耀又赐我们生命的元首那里传给我们全人。"基督与其肢体间的奥秘联合,我们不应仅在圣餐桌旁思考,而应当时时思考。"⑥

成圣,其实就是习惯于称义以及与基督在所有维度上更加广泛的联合,包括司法层面**和**生物层面。这一联合不是基督徒生活的**目标**(天主教徒和某些新教徒就以此为敬虔),而是基督徒生活的**根源**。我们不仅跟随基督,而且活在他的里面,而他又借着圣灵活在我们里面。

称义和成圣都在与基督的联合中,但加尔文认为称义是成圣的逻辑基础,"因为我们披戴了子的义,才与神和好,并由圣灵的能力更新,成为圣洁"。⑥ 塞尔德惠斯这样解释,"对加尔文来说,成圣出于称义,基督完美公义的荣耀甚至一刻也不得遮盖。""因此,称义是

---

⑥ Ibid. , 107.

⑥ Calvin, *Commentary on the First Epistle to the Corinthians*, in *Calvin's Commentaries*, vol. 20, trans. John Pringle (Grand Rapids: Baker, 1996), 217.

⑥ 加尔文对《诗篇》63:2 的注释,载于 *Calvin's Commentaries*, 5:435。

⑥ Calvin, *Institutes* 3.11.17.(译文据作者所引英译本翻译。——译者注)

因,成圣是果。"⑥④他还说:

> 在加尔文看来,信徒永远不会有高于同时是义人又是罪人(*simul iustus et peccator*)的地位……加尔文描述了重生之人与罪展开的搏斗。他的描述说明,信徒被**宣告**为义,却没有实际**成为**义。成圣是内心的争战,要驯服统治我们本性的肉体情欲。成圣是自己与自己的搏斗……一个人一生在成圣上越有进步,就越是觉得自己离神的义非常遥远,所能做的,唯有信靠神的怜悯。⑥⑤

虽然这一点是确凿无疑的,但加尔文也为与基督联合所带来的更新而欢喜。圣灵在我们里面做工,使我们越来越有能力与内心的罪搏斗,结出圣灵的果子。虽然我们不敢将我们的称义寄于成圣,但同时也要警惕,不要以为被称义的人会一直处于从前的属灵光景之中,也就是处在罪和死的掌控之下。

加尔文认为,基督徒生活要避开的双重危险是消极无为和完美主义。不错,我们不过是神的美好恩赐(包括成圣)的领受者。我们听到了圣言,在洗礼和圣餐中领受了基督。从这方面来看,信心是"完全被动的行为"(*actio mere passiva*)。⑥⑥ 不过,领受神恩典的意

---

⑥④ Selderhuis, *Calvin's Theology of the Psalms*, 195.

⑥⑤ Ibid., 197-198.

⑥⑥ Calvin, *Institutes*, 4.14.26.

义在于，积极地将他的爱传布给他人。我们从神领受了，再给予别人。恩典不仅给予，也促使我们给予——对象不是神，而是邻舍。既然恩典释放了人性，恩典反对的就不是我们的行为，而是我们的功德。这个法则贯穿我们一生。我们总是救恩的被动领受者，但要积极活出每日的转变——向自己死，在基督里向神活。我们虽然唯将信心寄于基督，但治死内在的罪却绝不能消极怠惰。因此，圣经一再呼召我们努力向前，成长起来，训练自己，在与他人的关系中结出圣灵的果子，竭力抵挡罪，追求义。这些事我们虽然做得不完美，但我们都可以做，因为我们已经与基督联合，他的灵住在我们里面。

基督为我们死了，但却未替我们悔改、相信。悔改和信心是他借着他的话语和他的灵给我们的恩赐，而我们要操练悔改和信心，视悔改和相信为意志深思熟虑的行为。[67] 我们不要低估这场战斗的艰难。每一位信徒都要与身内身外的敌对分子作战，与落败仇敌的残兵余勇作战。这样的成长不会自动出现。我们可能会消灭圣灵的感动。我们不使用蒙恩之道，就会在葡萄树上枯萎。不仅如此，如果我们不与天父交通，不与弟兄姐妹团契，我们就成了流浪者而不是天路客。当我们全力投入这场战斗时，福音为我们提供了安全的立足之地。

我们既是被称义的，又是有罪的，承认这一点反倒促使我们立

---

67 Ibid. , 2.12.6.

志要在赛程中竭力向前。这是一个悖论。^⑧"我们远非完全,必须不断向前,虽然有罪恶缠累,却要天天与其争战。"^⑨成圣是真实的,但并未到达完全的地步。"基督并未借着他的灵使我们立刻或在一瞬间脱胎换骨,而是使我们在一生中持续更新变化。"^⑩罪的王权已被推翻,但在信徒里面仍有影响。^⑪ 这一立场不仅迥异于罗马的观点,也迥异于极端的新教徒的观点。"当今某些重洗派臆想出某种疯狂的无度取代了圣灵的重生",他们认为自己可以在今生达到完全。^⑫

我们所有的义都出自基督,而不是我们自己,起初如此,在整个基督徒生活的历程中都是如此。^⑬ 具讽刺意味的是,那些一心只为让神高看自己的人,到头来却冒犯神,为恶更甚,且没有为邻舍付出过什么。修士就完美体现了这种混乱的灵性。如加尔文向红衣主教萨多雷托所作的解释,确信神唯独在基督里恩待自己的人,才会自由地去爱邻舍,不是为别的,只是为了邻舍本人的缘故,为了神的荣耀,而不是为了自我提升和自显为义。^⑭ 我们将会看到,律法在基督徒生活中另有角色,但不再有将我们定罪的能力。

---

⑧ Ibid. , 3. 3. 10.

⑨ Ibid. , 3. 3. 14.

⑩ 加尔文对《约翰壹书》3:5 的注释,载于 *Calvin's Commentaries*,vol. 22, trans. John Owen (Grand Rapids: Baker, 1996),209。

⑪ Calvin, *Institutes* 3. 3. 11.

⑫ Ibid. , 3. 3. 14.

⑬ Ibid. , 3. 12. 3.

⑭ Calvin, *A Reformation Debate*: *Sadoleto's Letter to the Genevans and Calvin's Reply*, ed. John C. Olin (Grand Rapids: Baker, 1966),56.

> 所以，当我们想到称义时，我们不应该想到律法的要
> 求或自己的善行，反而要唯独接受神的怜悯，不再倚靠自
> 己而唯独仰望基督……人的良心若想在称义上获得确据，
> 就应当完全弃绝律法。[75]

因此，我们想到自己时，除了绝望，一无所有。我们**在基督里**想到自己时，就有信心，以及信心带来的爱和盼望。行为之义砍断了树根，是真圣洁的敌人，而福音带来了对基督的信心，对基督的信心又生出爱的枝子，结出善行的果子。这样的福音给了反律法主义和律法主义致命一击。

收养

我们与基督联合还为我们带来另一项重要的恩赐，这就是加尔文一再特别强调的儿子的名分。B. B. 沃菲尔德（B. B. Warfield）等人认为，相较而言，贯穿加尔文的敬虔观的甚至不是神的主权，而是神的父亲身份。这个断言只在那些从未细读这位改教家的人听来才会感到意外。如塞尔德惠斯所言，"拣选指向神的父亲身份……这位改教家在他的神论中一次又一次地回到这个观念。"事实上，"显而易见，在加尔文看来，父亲是神的第一且最重要的身份。"[76]父

---

[75] Calvin, *Institutes* 3. 19. 2.
[76] Selderhuis, *Calvin's Theology of the Psalms*, 247.

拣选了他的子民,让他们成为他的孩子,成为他儿子的新娘,以及他的灵居住的灵宫。信徒是神的家,这家是三一神各个位格彼此间相爱而产生的。

称义之所以重要,也不是因为称义这个目的本身,而是因为称义带来了神从永恒中就定意要建立的父子关系。成圣的关键,不仅在于提升个体道德,还在于将儿女分别出来,将敌人转化为后嗣。其目标是组成一个家。认同神是父亲的教义是一回事,体验到他慈爱的收养和"父爱"是另一回事。加尔文着重指出,《诗篇》作者曾经提到"脸上的亮光"(诗44:3):父亲的笑容弥补了我们在这个世界的一切损失。[⑦] 这种关系的根源永远是神对我们的爱,而不是我们对神的爱。由于基督的功德,我们想到神时,可以视他为父亲,而不必再像从前一样以他为审判者。因为与基督联合,我们享有了基督享有的特权、恩惠,可以像基督那样就近天父。[⑱]

基督徒生活是盛宴

基督徒生活是争战,也是丰盛的筵席,席上有慷慨的父亲、忠信的兄长、在我们里面居住并活跃运行的圣灵。圣灵使我们联于基督,因而也使我们彼此相联。事实上,格里什(B. A. Gerrish)认为:加尔文的全部神学可以总结为"感恩礼"(Eucharistic)——感恩的生

---

⑦ 加尔文对《诗篇》4:6—7 的注释,载于 *Calvin's Commentaries*, vol. 4, trans. James Anderson (Grand Rapids: Baker, 1996),48-49。

⑱ 加尔文对《诗篇》79:9 的注释,载于 *Calvin's Commentaries*,5:291。

活,标记是与三一神和众肢体一同坐席。"恩典和感恩的主题是加尔文全部神学的中心,而圣餐不过是这一主题的仪式性展现。"[79]塞尔德惠斯也指出,"加尔文援引了《诗篇》104篇里的那个例子,说明虽然人有水喝,可以满足自己的需要,神却又给我们酒,让我们欢乐。"[80]加尔文一再强调父在子里面给我们的慷慨馈赠,这一点实在引人注目。是罗马将筵席变成了可怕的法庭,是重洗派视基督徒生活为沉重的轭。对加尔文来说,基督徒生活是行走天路,在旷野有为疲倦行人摆设的筵席。我们已经离开法庭,进入家里。

天路和筵席:这两个主题在加尔文的教导中频繁交织在一起。筵席突出的是我们已经在基督里享有的救恩所带来的当下的欢乐,而天路则意味着恒久忍耐。我们知道自己要去哪里,我们已经预尝了筵席的美馔,但尚未抵达羔羊的婚宴。

我们在"已然"和"未然"的张力中经历了三一神的恩赐。信徒已经被拣选、救赎、呼召、称义、收养。他们正在成圣,有一天会得荣耀。加尔文一再用天路和筵席来比喻基督徒生活,而这已然-未然的悖论就是比喻的核心所在。天路客尚未抵达目的地,也不是漫无目的的流浪者或旅行者,而是受了呼召,要和众人一起去应许中神的圣城。途中,神在旷野摆设筵席,使他的百姓振作精神,再次期待荣耀新郎的婚宴。

---

[79] B. A. Gerrish, *Grace and Gratitude*：*The Eucharistic Theology of John Calvin* (Minneapolis：Augsburg Fortress，1993),20,13.

[80] Selderhuis, *Calvin's Theology of the Psalms*，150,对《诗篇》104：15 的注释。

我们受造时被赋予神的形象,既是个人性的,又是社会性的,因此,在基督里得以恢复的神形象,同样既是个人性的,也是社会性的。当然,私下祷告和默想经文很重要。不过加尔文想到的画面,不是一个人独行天路,或一个人坐在餐桌边。因此,加尔文探讨成圣,大多数时候以教会、家庭以及我们在世上的呼召为背景。修士的灵性聚焦于个人操练,似乎要将自己从"世界"(即社会)分别出来以让自己更圣洁。重洗派的敬虔在这方面的表现也类似。不过加尔文认为成圣是家庭事件。一个人远离他人,怎么可能学会谦卑、忍耐、智慧和饶恕? 在教会团契、友谊、婚姻和子女养育所带来的每日试炼和快乐中,比起独自一人,我们更能发现,我们需要不断地承认自己的罪恶,追求敬虔。既然律法呼召我们爱邻舍,还有什么比为了追求敬虔而远离他人——尤其是圣徒的团契——更阻碍成圣呢?

拣选

"除非我们先了解神永恒的拣选,否则我们无法像我们应当确信的那般,确信我们的救恩是出于神白白的怜悯。"[81]预定论不是加尔文"体系"的中心。他也没有在这条教义上添加奥古斯丁修会的其他天主教徒(包括托马斯·阿奎那)所不知道的东西。不过,他将这条教义带出哲学思辨的有限空间,将其视为表达福音之欢乐的条

---

[81] Calvin, *Institutes* 3.21.1.

款,摆在了忠信的基督徒面前。像与伊拉斯谟论辩时的路德一样,加尔文认为,拣选的教义将神人合作说和属灵的骄傲连根拔起。"神根据他永恒不改变的计划拣选了他预定赏赐救恩的人,以及遗弃他预定灭亡的人。"[32]

加尔文探讨这个主题时,从未脱离某个教牧层面的问题或事项,尤其是在他清晰教导这个主题的特定章节时更是如此。为什么有人信,有人不信? 我怎样才能知道,我的信心不是被杂草挤住的那种信心,而是坚忍到底的信心? 我怎样才能知道,我处于蒙恩的状态之中? 中世纪的敬虔观让这些本就让人焦虑的问题更加让人焦虑。如果公义而愤怒的神比满有怜悯、愿意施恩使人称义的神更加真实,预定论就是令人惊恐的教义。不过,在福音的光照下,预定论是坚固信心的安慰。加尔文说:"当我们思想神的拣选时,圣经一致的教导是,这完全出于神的怜悯。"[33]

如果我们安于神话语所论,尤其是福音所论,抵挡自己的思辨冲动,拣选教义只会给我们安慰。

　　人的好奇使预定论这本身不那么容易明白的教义变得令人困惑,甚至危险。没有人能约束这好奇心,使他不偏离正路,去探究神所禁止的范围。若被许可,人的好奇

[32] Ibid., 3.21.7.
[33] Ibid., 3.24.1.

也将设法探究神最大的奥秘……

……他的好奇心绝得不到满足，反而就如误入找不到出口的迷宫。因神不许人毫无节制地询问他喜悦隐藏在自己里面的事物。[84]

在这里，加尔文的原则与在别处一样清晰："当神停止教导时，我们也应当马上停止追问。"[85]

我们无法升上去找到隐藏的威严无比的神，这样的企图会以绝望收场。同样，我们也不可能在神的密室中发现我们所蒙的拣选，这样的策略也会以绝望收场。我们只有在神将他的良善和恩典启示出来的所在，也就是在基督和福音里，才能发现他的良善和恩典。加尔文警告说，如果我们要去"洞察神的永恒命定"，"深渊会将我们吞没"。我们绝不能试图"在云上飘来飘去"，而必须"凭冷静的信心……为他外显的话语所限"。

因为那些为了更确信自己的拣选，企图在神话语之外，考察他永恒计划的人，至终陷入那致命的深渊。相反地，那些在圣经的教导下，正确鉴察自己是否被拣选的人，却获得那从神而来说不出来的安慰。[86]

---

[84] Ibid., 3.21.1.

[85] Ibid., 3.21.3.

[86] Ibid., 3.24.3-4.

危险存在于两方面：所说的或是少于圣经所教导的，或是多于圣经所教导的。[57]

关键在于，要在**基督里面**确定我们所蒙的拣选。

> 我们若寻求神父亲般的慈爱，就当仰望基督，因神的灵唯独降在基督身上……不管你从什么角度思考，这就是神拣选的范围……但神若在基督里拣选了我们，我们就不可能在自己身上获得对拣选的确据，甚至也不能在父神里面获得确据，若我们视神与基督是隔绝的。因此，唯独基督是那能使我们毫不自欺且看见自己是否蒙拣选的明镜。[58]

加尔文明白，如果我们在基督之外去寻求神和他的预旨，那么即便是神所立、为要给人确据的教义，也会被错用。加尔文将这种行为称作"正道之外的寻求"。

> 撒但使信徒丧胆之最难以抵挡和危险的诱惑就是叫他们怀疑自己的拣选而内心不安，并刺激他们以邪恶的私欲在正当的途径之外寻求确据。我所说的"在正当的途径

---

[57] Ibid., 3.21.2.
[58] Ibid., 3.24.5.

之外"就是指人妄想测透神无限的智慧,甚至想测透永恒,妄想知道神在宝座上从永恒对他的预定如何。⑧⑨

他在其他地方献上了这样的祷告:

全能的神,基督是你拣选的根源所在,在他里面,你借着福音也将得救的确据摆在我们面前。求你……使我们抛弃对自身美德的信靠,单单将我们引向基督,直到我们进入他用自己的血买来的那永恒的荣耀当中。阿们。⑨⑩

既然我们发现我们所蒙的拣选是在神启示出来的话语中,而不是在他隐秘的旨意中,好消息就是给所有人的。"福音既传给选民,也传给被弃绝者;但只有选民会到基督那里去,因为他们'受耶和华的教训'。"⑨①即便是反对福音的恶人,我们也不应该将其等同于被弃绝者。

法国王妃,费拉拉公爵夫人(Duchess of Ferrara)勒妮(Renée)曾经问加尔文,她是否可以恨她的女婿吉斯公爵(the Duke of Guise)。这个残忍屠杀法国改革宗信徒的人的确很邪恶。加尔文

---

⑧⑨ Ibid. , 3. 24. 4.

⑨⑩ Calvin,"Prayer," in *Commentary on Zechariah-Malachi*, in *Calvin's Commentaries*, vol. 15, trans. John Owen(Grand Rapids: Baker, 1996),482.

⑨① 加尔文对《以赛亚书》54: 13 的注释,载于 *Calvin's Commentaries*, vol. 8, trans. William Pringle (Grand Rapids: Baker, 1996),146。

说,他常求神怜悯公爵——但如果神不怜悯,他就求神"按手在他身上",拯救"可怜的教会"。"不过说他灭亡了,还是走得太远了……因为除了我们都要在他的审判庭前交账的那位审判者外,没有人知道,他是不是灭亡了。"加尔文还说,即便公爵不能被视为"教会的一员","我还是求神拯救每一个人"。⑫ 加尔文在其他地方说:"正是因为我们不能区分选民和被弃绝者,所以我们应该为所有折磨我们的人祷告,盼望所有人得救,甚至应该谨慎保护每一个人的福祉。"⑬

如果在圣经之外猜测是一种危险,那么对加尔文来说,无视意思清晰的章节是另一种危险。圣经的教导很清楚,早在世界被造之前,父就拣选了他的子民,将他们交给了子,让子做他们的受托人和中保,圣灵会在适当的时候使他们与子联合。神从罪恶的人类中将教会拣选出来,在加尔文的解释中,这样的拣选是个体性的,而不是集体性的;是无条件的,而不是基于被预见的信心或顺服;是被拣选者成为圣洁的原因,而不是结果。他与保罗一样,料到可能会有人说,神不公平(顺便说一句,要回应这样的指责,总得对《罗马书》9章作出合理的解释)。我们从一开始就不是中立的,神也不是在这样的处境中发布主观武断的命令,而是如加尔文所说,"我们都被罪污秽了",如果不是神决定要救一些人,我们都要灭亡,这不是"因神是

113

---

⑫ Calvin,"To the Duchess of Ferrara"(Geneva, January 24,1564), in *Selected Works of John Calvin*, 7:355.

⑬ 加尔文对《诗篇》109:16 的注释,载于 *Calvin's Commentaries*,6:283。

残忍的暴君,而是因他公正的判决"。[94] 加尔文说,被弃绝者在末日将不得不承认,"灭亡的原因"在于"他们自己"。[95] 他又在后面说:"所以,我们应当相信人受咒诅的起因是人自己败坏的本性,这也是我们确实知道的,而不要在神的预定中寻找某种向我们隐藏、根本测不透的起因。"[96]

保罗在《罗马书》8 章提到了我们与基督联合带给我们的最后一个恩赐,**得荣耀**。在与基督的联合中,我们既发现我们在永恒中被拣选,也发现我们在历史中被救赎、呼召、称义、收养。这些恩赐属于救恩的"已然"一面,是无可改变的事实。我们也因为这样的联合而成圣。这个过程跨越罪权已废之"已然"和圣洁未得完全之"未然"。不过,成圣也指向那在等候我们的未来的荣耀,到了那时,我们会在一瞬间改变,得以分享已为我们永活元首所拥有的复活的荣耀。我会在最后一章介绍加尔文是如何处理这个主题的。

---

[94] Calvin, *Institutes* 3. 23. 3.

[95] Ibid.

[96] Ibid. , 3. 23. 8.

第三部分

活在身体里面

第七章　神怎样传递他的恩典

　　我们唯有在披戴福音的基督里才能认识神（和我们自己），因为福音宣明了基督过去为了我们、在我们之外所成就的充足、客观、完备的工作。不过，我们要实际获得救赎工作的益处，圣灵还必须使我们当下就与基督联合，并保守我们永远处在与基督的联合中。圣灵是怎么做到的呢？加尔文在《要义》接下来展开的论述中，在副标题"我们领受基督恩典的方式"之下提出了这个问题。这个问题把我们带到了这一研究最喧嚷的十字路口。在这里，理论遇上实践，救赎的完成遇上救赎的应用，与基督的联合遇上与教会的团契。

　　我们常在这里绊跌。即便只将信心指向基督而得以称义，我们还是很容易认为，接下来的事——基督徒生活——就是列出专注于自己、关注内在的属灵事项，亢奋而忙碌地操练起来。从基督教书店中基督徒生活和灵性这一分区，以及很多讲道和会议来看，灵命成长方面的指导通常是要人自助，关注的是我们要做些什么，而且是我们要靠自己、为自己做些什么。

　　加尔文很熟悉这种敬虔观。从这种敬虔观来看，首先，行动的方向乃是从我们指向神。按照某位著名的神秘主义者拟定的程序，一个人可以遵循既定的规则或步骤实现与神的联合。沿着梯子节节升攀的意象极为明显，正如沃尔特·希尔顿（Walter Hilton）写于

14 世纪的畅销经典《完美之梯》(*The Ladder of Perfection*)所描述
的情形。实现这种攀升要遵循爱的律,也就是要效法基督的样式。①
第二,行动的本质在于,在独处和默想中转向内心,从而努力向上。
这可以在群体中进行(修道院模式),但很多人发现他们一个人时收
效更大(隐修模式)。中世纪曾有这样的争论:是应该偏向沉思的生
活(独处和祷告),还是应该偏向行动的生活(向他人行善,尤其是向
穷人行善)。当代的福音派教义也出现了类似的分裂。不过,在上
述两个例子中,我们都站在了错误的起点上:我们该将我们自己和
我们的恩赐献给神还是献给邻舍。很多重洗派人士遵照相似的模
式,将整个社区变成了脱离世界的修道院式的避难所。如果说这样
的避难所与世界有什么区别的话,那就是在这样的群体中,完美主
义的动力和严格的纪律更加突出。今天的很多基督徒也认为,神在
基督里使救恩成为可能,升到天上或者潜入深处去"据有"救恩,就
是我们自己的事了。这样,福音派信徒常以中世纪灵性观为属灵资
源或许就不足为奇了。

　　改教运动所主张的敬虔却截然不同。改革宗认为,首先,行动
的方向由上至下,乃是神降下来寻找我们。加尔文一再引用保罗在
《罗马书》10 章表达的观点。②"神没有命令我们升到天上去,反而因

---

① David Lyle Jeffrey, *The Law of Love: English Spirituality in the Age of Wyclif*
　　(Grand Rapids: Eerdmans, 1988), ix, 2.
② 加尔文对《罗马书》10 章的注释,载于 *Calvin's Commentaries*, vol. 19, trans. John
　　Owen (Grand Rapids: Baker, 1996), 381 - 407。

为我们软弱,亲自降下来找我们。"荣耀神学要凭人想出来的方式升到天上,把基督带下来,或者潜入深处,让他真真切切显在我们面前,但十架神学是从基督所设受造物层面之途径的卑微软弱形态中领受他。③

第二,行动的本质不在于借着爱和善行努力达成联合,而是唯独借由信心领受联合的恩赐。爱的律不是**通往**神的恩惠的路径,而是**远离**神的恩惠,直达世界的大道。中世纪提倡的敬虔颠倒了恩赐的流向,其顺序是爱→善行→称义。对改教家来说,顺序是相反的:神的话语产生信心,而信心领受在基督里的义,结出爱和善行的果子。因此,我们不是要将善行带到神面前,好获取恩惠,而是带到邻舍面前,将神的爱显明。神的恩赐**临到**我们,再**借由**我们临到他人。神得到荣耀,我们得到拯救,我们的邻舍得到服侍。颠倒了这个顺序,谁都不能获益。神被冒犯,我们的罪恶加深,我们的邻舍被忽视。

第三,父差遣他的儿子和他的圣灵建立了由被饶恕、被重生的罪人组成的群体。依照中世纪的敬虔观,一个人可以避开教会和世界。退隐模式大受推崇,最常见的做法是,私下修行或与同道的修士一起修行,而不再参与圣约群体的公开聚集,寻求普通的蒙恩之道。修士代表投身世俗生活的其他信徒,将全部生活献给了灵修和

---

③ Herman J. Selderhuis, *Calvin's Theology of the Paslms* (Grand Rapids: Baker Academic, 2007),203,对《诗篇》42:2和24:7的注释。

服侍。改教家反对这种做法。神设立了将基督连同他的所有好处给予我们的方式，并借由这样的方式，在他应许要与我们、与整个圣约群体相会的所在，与我们达成和平。这种敬虔全力将我们逐出自身，好让我们凭着信心向上仰望神，怀着爱心向外关注邻舍。使我们成为基督徒的，既不是寂静主义，也不是行动主义，是三一神的行动使我们领受了救赎之恩，并积极地向他人散播他的爱和服侍。

现代的个人主义强化了向自己内心寻求的倾向。我们信靠我们的内心活动，信靠我们所经历、所做的，信靠我们可以控制、可以评估的。真正的信心不仅是个人的，而且是私密的。但凡有人认为，神的恩典从我们外面，借由公开的、普通的、受造物层面的途径临到我们，都会令人怀疑。

我们再次发现，加尔文借用了"虽可区分却不可分割"的原则。一方面，罗马天主教神学未能区别圣灵的自由工作和他采用的受造物层面的途径。教会的话语就是神的话语。单单施行洗礼就可以使人重生（*ex opere operato*），饼和酒在弥撒中经过祝圣，就不再是标记，而是直接转化为基督的身体和宝血。另一方面，重洗派认为圣灵与这些外在的途径毫无关系。

在加尔文看来，讲道、水、饼和酒这些受造物层面的标记，与救赎的实体不同，却又不可分割。圣灵是自由的，但他自由地将自己与这些途径相结合，以之为通常的运行方式。在这些"圣礼性"的场合中，道成肉身是标记与实体达成联合的根据。如果基督的人性直接化入了基督的神性，那么同理，标记也完全可以化为实体：在这个意义上说,讲道和圣礼直接带来拯救。如果基督的二性是分离的,基督人性的救赎价值被低估,那么同理,受造物层面的标记与救赎实体的联合就无从证实。

我们带着外邦人(希腊人)的前设来读圣经,会由圣灵和他的工作联想到看不见的、内在的东西,而不是有形体的东西。然而,在圣经从始至终的戏剧性场景中,圣灵总是借由受造物来做工的。起初,圣灵运行在水面上,后来又曾借着云柱带领他的百姓。圣灵曾经住在会幕里,后来住在圣殿里,曾经借由割礼和逾越节晚餐将他的百姓分别出来,归给自己。不过,圣灵借着这些途径做工(在特殊的情况下,甚至不需要这些途径),是随自己的意思自由做工。他可以住在圣殿中,而不局限其中。加尔文认为,罗马将神捆绑于属世的途径中,而重洗派不允许神自由地借着这些途径使我们与他联合。④

茨温利虽然没有像重洗派走得那么远,却也采取了二元论立场,认为标记和实体、精神和物质、神的工作和教会的服侍是分开的。他坚持认为:"信心并非出自可感知的事物,也不以之为对象。"⑤而加尔文早年就拒绝将"肉"与"灵"之别等同于"物质"与"精神"之别。⑥

---

④ Calvin, *Institutes of the Christian Religion*, ed. John T. McNeill, trans. Ford Lewis Battles (Philadelphia: Westminster, 1960),4.1.5.

⑤ Ulrich Zwingli, *Commentary on True and False Religion*, ed. Samuel Macauley Jackson and Clarence Nevin Heller, trans. Samuel Macauley Jackson (Durham, NC: Labyrinth, 1981),214. 当然,如果一个人将这个观点一以贯之(令人欣慰的是,茨温利并没有这么做),这个人就会疑惑,信心怎么会从听道而来?(罗 10:17)

⑥ 加尔文对《罗马书》6:6 的注释,载于 *Calvin's Commentaries*,19:224-225。

总之,他认为神以具体的事物为做工的途径,来传递、坚固与基督的属灵联合。⑦

并不是所有受了割礼或分享了逾越节筵席的人都相信应许。在旷野,很多人没能怀着对神应许的信心仰望铜蛇。并不是所有听了福音、受过洗、领了圣餐的人都领受了应许的实体——基督和他带来的所有福分。不过,当圣灵确实赋予选民信心,在基督里落实父的应许时,所凭借的就是这些途径。

加尔文表达蒙恩之道的有效性时常用 *exhibēre* 这个动词,意指"呈现、给予、传递"。⑧ 后来的《威斯敏斯特信仰准则》(Westminster Standards)称圣礼为"有效的蒙恩之道",⑨也概述了这个观点。

被传讲的圣言

与其他改教家一样,加尔文从三个层面来理解**神的话语**。唯有耶稣基督是永恒的话语本身。唯有圣经是神无误的、规范性的话语。而讲道是"圣礼式话语"——也就是神用为做工途径的话语,他借着这样的话语审判我们,使我们称义、更新、逐渐成为基督的样

---

⑦ Willem Balke, *Calvin and the Anabaptist Radicals*, trans. William J. Heynen (Grand Rapids: Eerdmans, 1981),53.

⑧ 《海德堡要理问答》第六十五问精确总结了加尔文的观点:"圣灵借着神圣福音的宣讲在我们心里生发信心[罗 10:17;彼前 1:23—25],并借着圣礼的施行加以印证[太 28:19—20;林前 10:16]。"*Ecumenical Creeds and Reformed Confessions*(Grand Rapids: CRC Publications, 1988)。

⑨ Westminster Confession of Faith, 27; Shorter Catechism, 91 - 93; Larger Catechism, 161 - 164.

式。神借着他的话语真实临在于这个世界。⑩

在福音派中，我们一般认为讲道就是教导和劝勉。当然，圣经的确给出信息、指引和解释，发出断言和命令。不过对改教家来说，神话语的传讲不仅包括讲道者的思想、鼓励、建议和热情的呼吁。三一神其实是在借着有罪的讲道者之口，审判罪人，使罪人称义、更新、逐渐成为基督的样式。神用他口中的话创造了世界，也用他的话语创造了一个新的族类。换句话说，借着他话语的宣讲，神不仅在说，如果我们遵行他的话语，会发生什么事情，事实上也是在以言说的方式使他的话语生发功效。因此，加尔文称讲道为**圣礼式话语**：作为蒙恩之道的话语。信道是从听道来的——确切地说，是从听福音来的（罗 10：17）。所以，教会是由道创造的（*creatura verbi*）。

上个世纪有将命题性真理和个人经历对立的趋势。不过这做法是错的。格里什说："加尔文不觉得我们所谓的圣道的'教育学'［教导］功用与'圣礼式'功用之间有什么冲突。"⑪"对加尔文来说，神的话语不仅是教条的标准，它本身就具有重大功效，是神设立的、圣灵借以做工的途径，圣灵借之给人亮光、信心，使人苏醒、重生、洁

---

⑩ Selderhuis, *Calvin's Theology of the Psalms*, 134.

⑪ B. A. Gerrish, *Grace and Gratitude*：*The Eucharistic Theology of John Calvin* (Minneapolis：Augsburg Fortress, 1993), 84 - 85. Gerrish 在这里特别提到了加尔文的 *Petit tracté de la sancta Cene*［1541］, *Opera Selecta*（hereafter *OS*）1：504 - 505，以及 *the Institutes* 4.14.4；参见 3.2.6—7；3.2.28—30。

净……加尔文本人称神的话语为 *verbum sacramentale*，即'圣礼式话语'"，甚至圣礼本身的功效也是神的话语所赋予的。[12] 格里什还说，"加尔文所作解释的关键点在于，福音不仅是与基督团契的邀请，而且是与基督联合的有效途径。"[13]牧师宣讲神的话语时，不仅仅是在描述一个新的族类，劝说我们加入；基督在亲自借着这样的宣讲，用自己的话语创造一个新的族类。

《第二纥里微提信条》称："被传讲的圣言就是神的话语。"[14]圣经正典是完备的根基，但被传讲的圣言是圣灵持续建造工程的首要途径。即便是在邪恶的当下，我们也"尝过神善道的滋味，觉悟了来世的权能"（来6：5）。信心不是教会或信徒纯粹为了**回应**神话语而采取的行动，而是圣灵**借由**神话语所创造的。我们获得信心，不是借由内省，也不是借由对教会所有教导的盲目顺从，而是借由对基督的恒常宣讲。当我们感觉不到被宣讲的神话语的这种奇妙能力时，就会借由我们自己发明的方法，到别的地方去寻求神的同在和能力。

改教家将圣经译成各种语言，因而人人都能读到母语版的圣经。以个人、家庭和小组为单位查考圣经，阅读并思想神的话语，成为敬虔生活的重要方面。不仅如此，改教家还强调**聆听**公开讲道的

---

⑫ Gerrish, *Grace and Gratitude*, 85, 参见 Calvin, *Institutes* 4.14.4。

⑬ Gerrish, *Grace and Gratitude*, 84. 他提到的加尔文的观点出自 *Institutes* 3.5.5。

⑭ The Second Helvetic Confession, chap. 1, 载于 *the Book of Confessions*（Louisville, PCUSA General Assembly, 1991）。

优先地位。和平条约不仅要私下阅读，还要公开宣读——因为这些条约为整个国家带来了新的局面。眼睛负责浏览、分辨和选择，耳朵负责接收、提交、处理他人所说的。神要给出应许，再没有比讲道更适合的途径了。而且，公开讲道形成的是公开的倾听者群体，而不只是私下的读者。所以《威斯敏斯特大要理问答》（Westminster Larger Catechism）才会补充说："圣灵使圣言的阅读，**尤其**是使圣言的**宣讲**，成为有效的蒙恩之道，借以光照罪人，使他们知罪、谦卑、**驱使他们脱离自我**，吸引他们归向基督。"[15]**驱使我们脱离自我**的，不仅有福音的信息，还有公开宣讲的方式，这当然是"内在的话语"做不到的。圣灵借着这样的话语驱使我们脱离自我，怀着信心走向神，怀着爱心走向邻舍。

"对加尔文来说，这样的话语等于神的应许，因此，相较于写在圣经里的话语，他更加看重被传讲的话语。"[16]约翰·利思（John Leith）说："加尔文和路德一样认为，'唯有耳朵才是基督徒的器官'。"[17]利思详述了其中的道理："讲道之所以正当，不在于教导或更正的功效……加尔文甚至敢说，讲道者就是神的口。"是神的旨意和作为使讲道生发功效。牧师的话像圣礼中的物质元素一样接连于实质：基督和他带

---

[15] Westminster Larger Catechism，155.

[16] Selderhuis，*Calvin's Theology of the Psalms*，119. 参见加尔文对《诗篇》119：49 的注释。

[17] John H. Leith，"Doctrine of the Proclamation of the Word," in Timothy George, ed.，*John Calvin and the Church：A Prism of Reform*（Louisville：Westminster John Knox，1990），212.

来的所有福祉。因此,圣言不仅描述救恩,也传递救恩。"加尔文的讲道观是圣礼视角的讲道观,在他看来,讲道既是人的工作,也是神的工作。"⑱事实上,"加尔文将改教运动理解为神话语发出能力的结果。在那么短的时间内,有那么多人归到基督权下,这一事实'只能归因于福音的宣扬,即便全世界都反对,事情还是这样发生了'。"⑲

　　改教家重视宣之于外的圣言,视之为神实施救赎的媒介,这是一条分水岭,将他们与他们眼中罗马和激进的新教徒所共有的"宗教狂热"(来自"神内在主义"[God-within-ism])区别开来。有人认为,圣灵的活泼话语借由教宗、先知或不知名的个别人使经文变得言有所指、意指明确、合于当下,否则经文就是僵死的字句。改教家反对这个观点。我们没有让神的话语"活泼而有效";神的话语本来就是"活泼而有效"的。加尔文认同《罗马书》10 章的思路,着力指出,我们绝不能认为,外在话语和内在话语有什么区别。⑳ 事实上,保罗"不仅宣称自己是与神同工的,甚至也宣告自己有使人蒙救恩的职分"。㉑ 没有圣灵的工作,即便圣言临到,人也会像聋子一样,但圣灵会**借着**外在的圣言开通聋子的耳朵。㉒ 这个观点也见于布林格

---

⑱ Ibid. , 210 – 211.

⑲ Selderhuis, *Calvin's Theology of the Psalms*, 121,对《诗篇》110：3 的注释。

⑳ Calvin, *Institutes* 4. 1. 5 – 6.

㉑ Ibid. , 4. 1. 6.

㉒ Calvin, *Commentary on the Gospel of John*, *The Gospel According to John*, vol. 1：1 – 10, trans. T. H. L. Parker, Calvin's New Testament Commentaries 4ed. David W. Torrance and Thomas F. Torrance (Grand Rapids：Eerdmans, 1959 – 1972),对《约翰福音》15：27 的注释。

撰写的《第二纥里微提信条》。我们认为，"圣言被传讲出来……不
是牧师在传讲；即便他是邪恶的，是罪人，神的话语仍然是正确而良
善的。"[23]我们现在过于看重传讲信息之人的魅力、人格，甚至是解经
技巧和敬虔，在这样一个世代，以上观点是有益的提醒。在世人看
来，信息和媒介都是愚蠢的；事实上，牧师不过是承载贵重珍宝的脆
弱瓦器。

　　使牧师这个特殊角色成为蒙恩之道的，不是传讲本身，而是圣言
的传讲——不仅是圣言的传讲，而且是福音的传讲。路德以保罗的观
点为主要根据，又得奥古斯丁《精义与字句》(*Spirit and the Letter*)作
为支持，将神与我们说话的方式分为律法和福音两种。[24] 加尔文（连
同他的改教同仁和神学后继者）也清晰表达过这个观点。[25]

　　加尔文指出，对保罗来说，正确的表述是"由福音的话语而来的信

---

[23] The Second Helvetic Confession，chap. 1.

[24] Martin Luther，*The Proper Distinction between Law and Gospel*：*Thirty-Nine Evening Lectures*，trans. W. H. T. Dau. 路德写道："因此，谁熟谙区别律法和福音的艺术，谁就配居首位，要称这个人为圣经博士。"参见 the Apology to the Augsburg Confession(1531)，art. 4.《协同书》第五条补充说："教会应当大力维护律法和福音的区别，我们如此相信，如此教导，也如此承认。"*Triglot Concordia*：*The Symbolical Books of the Evangelical Lutheran Church*，ed. and trans. F. Bente and W. H. T. Dau (St. Louis：Concordia，1921)。

[25] Wilhelm Niesel 说："改革宗神学承认律法和福音的区别，方式与路德宗教义类似。我们在《第二纥里微提信条》中读到这样的话：'福音的确与律法对立。因为律法惹动愤怒，宣布咒诅，而福音传讲恩典和祝福。'"(Wilhelm Niesel，*Reformed Symbolics*：*A Comparison of Catholicism，Orthodoxy and Protestantism*，trans. David Lewis [Edinburgh：Oliver and Boyd，1962]，217)参见 Michael Horton，"Calvin and the Law-Gospel Hermeneutic," in *Pro Ecclesia* 6，no. 1(1997)：27 - 42；Horton，"Law and Gospel，with Response by Mark Garcia," in *The Confessional Presbyterian* 8(2012)。

心"。保罗特别提到的"所传信主的道"（罗 10：8），指的就是福音。㉖
"并非神的每一句话都能产生信心，因为警告、劝诫以及声言要降下的
审判，并不能注入真信心所必需的稳妥与平安。"㉗加尔文提醒我们，
神的话语有时候带来审判、灾难、恐惧、警告以及可怕的事情。㉘ 虽
然神说的每一句话都真实、有益、威力十足，但并非都在**实施救赎**。圣
经一再将圣言的这种救赎能力归给福音（例如，罗 1：16，10：6—
17；彼前 1：23—24）。"原因在于，虽然信心相信神的每一句话，但
唯有在充满恩典或怜悯的话语中，亦即在显出神父亲般心肠的应
许中才能得安息"，而这一应许唯有在基督里并借着基督才能成
就。㉙ 加尔文说："因信心在神里面寻求生命，这生命在神的诫命或
神惩罚人的警告中无法找到，只能在怜悯的应许中找到，并且是白
白的应许。"㉚

因此，唯一安全的路径就是借着道成肉身的子接受父。基督是
圣经救赎能力的实质所在，也是圣经一脉相承之信息的主旨所在。㉛
"若按着父神所赐的方式，即借着**他所披戴的福音**，接受基督，这就
是真认识基督。就如神命定基督做我们信心的对象，同样地，除非

㉖ 加尔文对《罗马书》10：8 的注释，载于 *Calvin's Commentaries*，19：389 - 391。

㉗ I. John Hesselink, *Calvin's Concept of the Law*(Allison Park, PA：Pickwick, 1992)，
28.

㉘ Calvin, *Institutes* 3.2.7,29.

㉙ Ibid.，3.2.28 - 30.

㉚ Ibid.，3.2.29.

㉛ Ibid.，1.13.7.

福音先引领我们,否则我们无法直奔基督。"㉜如果没有对福音的清晰而恒常的宣讲,信心和信心的果子都会枯萎。

我们一旦接受了神话语圣礼性的一面,也就同时可以确认,它会教导我们学习我们应当相信的真理,劝勉我们遵行它向我们发出的诫命。神的话语不仅生发和维护我们的信心,而且规范我们的教义和生活。

讲道和讲道人

改教运动之前,讲道是很少见的,除非遇到情况特殊,有著名传道人到访。㉝ 特别是加尔文在带着明确的改教委托重返日内瓦后,着重指出——并举例说明——据字面原意从《创世记》到《启示录》传讲圣经到底是什么意思。W. 罗伯特·戈弗雷注意到,加尔文说,无论讲道人怎样迎合、取悦或吸引会众,讲道的目的必须是**造就**圣徒。他说:

> "如果我没让那些听我讲道的人得造就,我就是在冒犯神,亵渎神的话语。"对真正意义上的讲道来说,造就信徒是要旨所在:"因为神要造就他的百姓……我们奉神的名聚集,不是来听歌曲,也不是来吃风——这好奇心虚空

㉜ Ibid., 3.2.6,粗体为作者所加。(译文据作者所引英译本略有改动。——编者注)

㉝ Scott M. Manetsch, *Calvin's Company of Pastors: Pastoral Care and the Emerging Reformed Church*, *1536–1609* (New York: Oxford University Press, 2012),147.

而无益——而是来领受属灵的营养。"㉞

　　加尔文问红衣主教萨多雷托："你是否记得,我们的改教家出现在怎样的时代,神职候选人在学校学的又是怎样的教义?"加尔文当然可以凭着自己的记忆说出答案。"我要问的是,他们拿什么本事来建造教会?""不仅如此,那算什么讲道呢? 老妇人在讲道里听到的奇思异想,比她们在炉火边花一个月的时间自己鼓捣出来的奇想还多。"讲道的前半段充满了"学校听来的那些让人如坠云雾的问题,可以使蒙昧的人群感到吃惊,而后半段是令人愉快的故事或有趣的推测,好让听众不至于打瞌睡"。加尔文还说,"只有几个词出自圣经,他们就靠着这几个词的威严来为自己的轻浮正名"。㉟

　　加尔文认为,讲道应该遵循"简洁而朴实"的人文主义原则,所用的修辞手法要服务于所讲内容,而不是使之复杂难懂。牧师团规定,教会崇拜的时间不应超过一个小时。㊱ 加尔文劝告在建造会众的讲道中,"教导和劝勉'必须合一,绝不能分开'"。㊲ 而且,如斯科特·曼内奇所言,"传道人加尔文在讲台上几乎不讲个人的事情。"㊳

㉞ W. Robert Godfrey, *John Calvin: Pilgrim and Pastor* (Wheaton, IL: Crossway, 2009),67.

㉟ Calvin,"Reply by John Calvin to Cardinal Sadoleto's Letter," in *Selected Works of John Calvin: Tracts and Letters*, ed. Henry Beveridge and Jules Bonnet, 7 vols. (Grand Rapids: Baker, 1983),1:40.

㊱ Manetsch, *Calvin's Company of Pastors*, 153.

㊲ Ibid., 161,转引自 *Calvin's Commentary* 对《提摩太前书》4:12—13 的注释。

㊳ Ibid., 162.

当然,鉴于加尔文生性内向,这样的严谨在他比大多数人来得容易。不过,他的确认为,传道人的呼召是显明基督,而不是显明自己;传道人不过是使者,绝不是君王。

基督的工作比牧师的个性更重要,为了强调前者的优先地位,日内瓦的众位牧师和市议会认同加尔文制定的方针:众位牧师(包括加尔文本人)轮流到各个教区服侍。曼内奇这样解释:

> 讲道者不是讲台的主人,不是会众的首领,而是基督借着圣言治理他的教会。至少从理论上说,传讲福音的牧师之间是可以交替互换的。因此,牧师到了周末在各个教区的教会与各位同仁一起做工,有时候还可以听到彼此的讲道,可以说轮换制加强了牧师间的联合领导。[39]

而在当下的牧师身上却发生了具有讽刺意味的事:即便是在致力于释经式讲道的教会中,也有一种看重讲道者胜过看重圣言本身的倾向。我们常常提到"某某人的教会"。加尔文不仅不允许名人崇拜,而且还竭力通过侍奉的安排,让该地区的讲台属于基督和他的话语,而不是属于任何一位牧师。

神话语的宣讲不仅在讲道时,而且贯穿整个崇拜的过程:从崇拜开始时的祷文到崇拜结束时的祝福。保罗教导提摩太说,"要以

127

---

[39] Ibid., 150.

宣读……为念",也要以教导和劝勉为念(提前 4:13)。事实上,即便是在颂祷和赞美时,神的话语也是先宣讲给会众,再由会众返回神那里(西 3:16)。神话语的宣讲贯穿崇拜始终,从开始时的祷文和神的问候一直到结束时的祝福。而认罪和赦罪作为正式崇拜的组成部分,尤为重要。

认罪和赦罪

罗马天主教的认罪制度包含一系列步骤,这些步骤是领受神的饶恕或赦免的先决条件:(1)为罪忧伤;(2)私下向神父供认所犯的每一宗罪;(3)按照神父的吩咐补赎或补偿;(4)真心决定永不再犯所供认的罪项。履行这些责任后,一个人的特定罪行就可得赦免了。在加尔文看来,这种认罪制度歪曲了新约所讲的悔改和饶恕。⑩重洗派也将这种律法主义的严苛带入了他们的操练当中。加尔文认为,天主教和重洗派都没能在福音的充分光照下来看待认罪和赦罪。

加尔文承认,人诚然当以悔改的心来祈求神的怜悯。

---

⑩ Calvin, *Institutes* 3.4.2:"我希望读者了解这不是在辩论驴子的影子*,因为我们所辩论的是最主要的问题——罪得赦免……除非我们确知这些,否则我们的良心必不得安息,不能与神和好,没有确据和安全感,反而不断地战兢、动摇、翻腾、受折磨和搅扰,恨恶神并逃避他的面。然而,若人的赦罪得靠他们编造的这些条件,那就没有比人更悲惨的了。"(译文据作者所引英译本略有改动。——编者注)

* 《伊索寓言》中的一则故事,一个旅客和他所雇驴子的主人吵了起来,争论谁有权利在驴子的影子里遮荫,甚至大打出手,而驴子却乘机逃跑了。比喻因为无关紧要的小事而失去了重要的东西。——编者注

但我们也说过,悔改并不是赦罪的起因,我们也弃绝了一切他们所要求人自我折磨的赦罪方式。我们也教导过,罪人不能倚靠自己的忏悔或眼泪,而是要定睛仰望神的怜悯。我们的教导只是提醒人,当基督被差遣传好消息给谦卑的人、医好伤心的人、报告被掳的得释放或被囚的出监牢,及安慰一切悲哀的人时,就是在呼召"劳苦担重担的人"。[41]

加尔文无意重起炉灶,而是试图从福音的角度来改革崇拜仪式。他与其他改教家一样,不认为赦罪是第三种圣礼,而是像路德一样,视之为公开和私下开展的正常话语服侍的一部分。

首先,这些环节不在他们的行为之义当中。每日的归正包括悔改。加尔文着重指出:"但基督所定的不变的法则……是良心绝不能被捆绑。我们的对头强调的法则只能折磨我们的灵魂,最终将其毁灭。"轻佻之辈会越发虚伪放纵,而认真的信徒却会走向绝望。[42] **神**不需要将认罪当做善行来完成,以此获得他的赦免;相反,**我们**需要认我们的罪,从我们满有怜悯的父那里得到饶恕的

128

----

[41] Ibid. , 3. 4. 3.

[42] Calvin, "The Necessity of Reforming the Church," in *Selected Works of John Calvin*, 1: 179. 也参见 Calvin, "Articles Agreed Upon by the Faculty of Sacred Theology of Paris, with Antidote(1542)," in *Selected Works of John Calvin*, 1: 79。他在这里指出,私下的认罪(更别说补赎了)在 1213 年英诺森三世(Innocent III)任教宗之前是不需要的,他还引用克里索斯托的明确表述,证明私下告解不是罪得赦免的必要条件。

确据。

第二,在古代教会,正式的**公众**敬拜从认罪和赦罪开始,这一点在约翰·克里索斯托(公元 390 年)的祷文中尤为明显。而在中世纪的敬拜中,一般的平信徒几乎什么也不明白,认罪和赦罪是在私下一对一的情况下进行的。甚至洗礼也蒙上了迷信的色彩,通常在私下举行,只有家人和教父、教母在场。这些仪式都由改教家进行了福音化的改革,如今在公开的敬拜中举行。洗礼虽然只接受一次,功效却持续一生。每当我们聚集,我们就在领受洗礼的益处。主不仅借着赦罪,"将我们接入教会","而且借着同样的蒙恩之道,在教会中保守我们,护卫我们"。每一个敬虔的人都知道,只在起初经历一次这样的赦罪是不够的,"因为谁都明白自己这一辈子犯了很多的罪,需要神的赦免"。这样看来,神"要将那和好的信息天天传给他们",实在是有充分的理由。"因此,正因我们终生都带有残余的罪,若非神以他不间断的恩典赦免了我们的罪,以此扶持我们,我们不可能在教会中存续一刻。"㊸

加尔文几乎未加改动地延续了布塞的模式。牧师面对会众,带领会众唱十诫,每唱完一诫,就唱 *Kyrie eleison*(税吏的祈求,"主啊,可怜我")。接下来是公众的认罪,从各段经文里选取的安慰人的话语(约 3:16;提前 1:15;等等),然后是赦罪:"因此,我奉他的名宣告,你们所有的罪都赦了。我在地上宣布你们从罪里得了释

㊸ Calvin, *Institutes* 4.1.20.(译文据作者所引英译本略有改动。——编者注)

放,好让你们也可以在天上、在永恒中从罪里得到释放。阿们。"这个模式也见于布塞协助克兰麦修订的《公祷书》中。

三一神呼召某些与我们一同相信的人奉他的名传讲基督的道,并借着他们的口招聚我们来供认自己的罪恶,领受基督的赦免。这正式的、公开的行动使人信心倍增。"事实上,在管理良好的教会中,我们看到这习惯所产生的极好结果……总之,认罪是开启祷告之门的钥匙,不论是个人私下的认罪还是众人公开的认罪。"⑭

第三,虽然信徒都是祭司,赦罪却主要是牧师的职责,因为牧师有特殊的职分,有使用天国钥匙的呼召。他与会众一同认罪,然后奉基督的名说出赦罪的话语,照《马太福音》16:19,18:9—18 以及《约翰福音》20:23 所说捆绑人,释放人。"当你得知神亲自交付他们这职任时,你当相信这是为了使你获益。"⑮

第四,加尔文也鼓励与焦虑和怀疑争战的人自己在私下运用认罪和赦罪这一蒙恩之道。滥用是不对的,但也并不意味着,我们可以抛弃如此有益而合乎圣经的医治方法:"为了从困境中解脱出来,他应当向自己的牧师私下认罪……因神吩咐牧师公开和私下借着福音的教导,安慰他自己的百姓。"加尔文还说:"然而,他也总是应当留意这原则:神若没有明确地吩咐什么,牧师就不可使人的良心负重轭。"如果信徒感到有认罪的需要,既不是迫于什么规则,也不

---

⑭ Ibid. , 3. 4. 11.

⑮ Ibid. , 3. 4. 12.

是被什么手段诱骗,去承认所有的罪,就应该抓住这样的机会。他还说,履行了呼召赋予自己的这部分责任,"忠心的牧师"可以"避免在教会专制和除掉会众的迷信"。⑯ 在这里与在别的地方一样,我们看到了加尔文保守的牧者直觉——一方面辨别已被遮盖的合乎圣经和福音的要点,一方面改革腐化的习例。

圣洁的洗礼: 不断给予的礼物

加尔文这样写道:"基督借着他的话语让我们知道了他的富足和祝福,就借着圣礼将他的富足和祝福给了我们。"⑰他还说:"圣灵借着圣言产生信心。""但圣礼教导我们神最清楚的应许。"⑱"因为洗礼向信徒见证我们已经被洗净;圣餐则见证我们已经被救赎。"⑲具讽刺意味的是,加尔文在罗马天主教和重洗派的观点中发现了一个相同的倾向:将圣礼视为人的作为。而加尔文认为,"在圣礼中,采取实际行动的唯有神;人没有加入自己的什么东西。"⑳神是应许者。"洗礼向信徒见证我们已经被洗净;圣餐则见证我们已经被救赎。水代表洗净;血则代表对律法的满足。"㉑洗礼首先是作为我们已蒙

---

⑯ Ibid.

⑰ Calvin, "Form for Administration of the Sacraments," in *Selected Works of John Calvin*, 2: 115.

⑱ Calvin, *Institutes* 4. 14. 5.

⑲ Ibid., 4. 14. 22.

⑳ Calvin, "Antidote to the Council of Trent," in *Selected Works of John Calvin*, 3: 176.

㉑ Calvin, *Institutes* 4. 14. 22.

洁净的标志和证据；其次才"作为我们在人面前的信仰宣告"。㊾

　　重洗派认为，洗礼的功效在于信徒作出的承诺。加尔文称之为第二功效的，他们则视为圣礼的首要功效，甚至是全部实质所在。茨温利也有这种倾向，他将圣礼比作战士佩戴的徽章或标记。加尔文却说：

　　　　因此，如果将洗礼仅仅看成是向人见证自己的信仰的记号，就如军人带着他们指挥官的标记代表自己的身份那般，就还没有真正明白洗礼的要点，即我们受洗时，同时也领受这应许："信而受洗的，必然得救。"[可 16：16]㊽

所有的改革宗信条，甚至包括茨温利的后继者布林格撰写的信条，都明确否定这一观点：圣礼不过是在表明我们基督徒誓守所信。

　　神是使洗礼生效的力量，凡是他用外在的方式显给我们的，他都实实在在给了我们。与被传讲的圣言一样，洗礼不仅是教导我们明白神救恩的象征，也是蒙恩之道。神自己借着圣礼做工。基督在洗礼中见证，他赦免了我们的罪，胜过了撒但，让我们与他同死、同复活。"我说基督实实在在地为我们的灵魂成就了这一切，就如我们看见我们的身体，被水洗净，浸在水中，被水包围那样实在……且

㊾ Ibid., 4. 15. 1.
㊽ Ibid.

他也不仅仅以外表的样式来满足我们的眼睛，而是引领我们明白洗礼所代表的真理，并把这真理成就在我们身上。"(54)加尔文说："洗礼造就我们的信心，使我们确信我们不但与基督的死与生连接，洗礼甚至见证我们与基督联合，直到我们在基督一切所赐的祝福里有份。"所以，我们奉基督的名受洗。"因神在洗礼里提供人一切的恩赐，唯独在基督里面。"然而，"除非那奉基督的名施洗的人同样也奉父和圣灵的名施洗，否则就无法领受这些恩典……因此可以说，圣父是赦罪和重生的起源，圣子是赦罪和重生本身，圣灵将两者运行在我们里面。"(55)"在我们看来，受洗是被动的作为……属于洗礼的一切都存在于基督里。"(56)

每个人生来就有原罪，"负责任年龄"(age of accountability)一说从来就没有。"借着洗礼，神使信徒确信这咒诅已经从他们身上挪去……只是借着归给他们的义，因主出于他的怜悯，视他们为义和无辜。"(57)

很显然，如果受洗仅是信徒出于相信、悔改而采取的行动，孩子就不能受洗。(58) 加尔文是在恩典之约的范围内来理解圣礼的，在恩典之约里，神应许要向信徒和他们的儿女发怜悯。神的应许在我们

---

(54) Ibid., 4.15.14.

(55) Ibid., 4.15.6.

(56) 加尔文对《加拉太书》的注释，载于 *Calvin's Commentaries*, vol. 21, trans. William Pringle (Grand Rapids: Baker, 1996), 150。

(57) Calvin, *Institutes* 4.15.10.(译文据作者所引英译本略有改动。——编者注)

(58) 加尔文为婴儿洗所作的详细辩护，载于 *Institutes* 4.16.1-29。

之先。事实上，是他的应许导致了我们的回应。信徒的儿女也承受了亚伯拉罕所受应许（那个恩典之约），应该领受神的应许的记号。因此，“洗礼取代了割礼，它们的职能完全一样。”(59)加尔文指出，新约中有全家受洗的例子，而且使徒之后的教会延续了这种做法。婴儿洗在历史中绝非突然凭空出现。(60)

> 因此，那些相信神怜悯的应许延伸到自己儿女的人，就当把儿女奉献给教会，让怜悯的象征印在他们身上，并因此激励自己更相信神，因他们亲眼看见主的盟约印在儿女的身上。另一方面，儿女在自己的洗礼上也得益处：他们因被接到教会的身体之中，就更能够被其他的会友接受。然后，在他们长大之后，就更被激励认真地敬拜神，因他们知道自己在还不能承认神为父的时候，就早已借这收养的庄重象征蒙悦纳为儿子。 132

而且，对轻视神的应许、不肯借着信心接受基督的人来说，这是一个警告。(61)

洗礼作为福音本身的记号和印证，其果效并未停在过去，好像现在还需要某种新的圣礼或新的奉献。添加圣礼（比如忏悔）只有

---

(59) Ibid., 4.16.4.
(60) Ibid., 4.16.8.
(61) Ibid., 4.16.9.

一个原因：洗礼被轻视了。"然而我们必须明白：不管我们什么时候受洗，我们一辈子都得以洁净。因此，每当我们跌倒时，就应当想起自己的洗礼，使自己刚强起来，好让我们总是确信自己的罪已得赦免。"⑥②洗礼的果效"并不会被受洗之后所犯的罪废除"，相反，洗礼给我们安稳的立足之地，我们可以一生相信，一生悔改。⑥③

圣餐： 与基督和他的身体相交

每当我们举行圣餐时，我们的主就在旷野摆设丰盛的筵席，好帮助我们继续行走天路。圣餐礼意味着与基督联合，与基督的身体相交，对此不同的解释造成了严重分裂，这一点很可悲。不过，如梅钦（J. Gresham Machen）所见，比改革宗教会中的分歧更糟糕的，是当今时代的信仰无差别论（indifferentism）。持这种论调的人认为，圣餐礼意义何在之类的论辩是无所谓的事。⑥④ 有的基督徒严肃看待圣餐，这些人中，虽然有细节上的分歧，但他们的主旨是一致的，且与今天轻看或忽视圣餐的人截然不同。圣餐在基督的位格、基督徒生活和教会的本质中占有核心地位，就这一点而言，改教家彼此一致，也与罗马一致。

我们得救，凭借的是基督的**历史性的**（historical）身体，他为我

---

⑥② Ibid. , 4. 15. 3.

⑥③ Ibid.

⑥④ J. Gresham Machen, *Christianity and Liberalism* (1923; repr., Grand Rapids: Eerdmans, 1946),50 - 51.

们将身体舍在十字架上，又复活得到永不毁坏的生命。圣餐中的饼
和酒赐给我们的，是基督的**仪式性的**（eucharistic）身体。而我们因
信与基督联合，一同构成了基督的**奥秘性的**（mystical）身体，就是教
会。圣餐与圣言和洗礼一样，是我们与基督联合、与他的身体相交
的连接点。如近几十年来某些罗马天主教神学家所见，中世纪晚期
的神学试图将奥秘性的身体化入仪式性的身体，于是，弥撒本身成
了目的，并不指向最终的神迹和奥秘：也就是与头和肢体成为一体，
达成奥秘的联合。⑥ 加尔文关心的是既对这些关系作出区分，又不
将它们分割。

加尔文认同这样一种说法：中世纪教会将圣餐变成最后的晚餐
的影儿。"原因在于，他们认为只要会众一年能领一次圣餐就够了，
其余的时间只是旁观者，看着神父领餐。虽然看起来他们的确也是
在参加圣餐，可是连圣餐的渣子也没领到。"⑥平信徒从来领不到杯，
只能领到饼。耶稣吩咐门徒吃这饼，喝这杯，而这情形只剩下这样
一幕："普通信徒茫然不解地盯着杯。"⑥

与上述评价形成鲜明对比的是，加尔文说，在新教的圣餐礼中，信徒
领受了"基督的身体和宝血"。"我们也不会如此教导，说饼和酒是记号，

---

⑥ 尤见于 Henri de Lubac, *Corpus Mysticum*：*The Eucharist and the Church in the Middle Ages*，trans. Gemma Simmonds, CJ（South Bend, IN：University of Notre Dame Press，2007）。

⑥ Calvin,"The Necessity of Reforming the Church,"167.

⑥ Ibid.，168.

而不立即补充说与记号相连、由记号象征的事实［实体］也一同呈现。"⑱
我在其他地方详细探讨过圣餐在 16 世纪引发的辩论，⑲在这里，我
只简要概括一下加尔文在这场辩论中的立场。

　　路德反对罗马天主教的变质说（transubstantiation）。他认为，并
非实体废止、取代了记号，而是基督亲自加入到记号中——亲身加入
到饼和酒中，与两者同在。因此，凡是领受记号的人，都在吃基督的身
体，喝基督的宝血。之所以会发生这样的事，是因为基督的神性贯穿
于他的人性，甚至他的肉身可以无所不在。茨温利认为，路德的这个
观点在解经层面牵强附会——耶稣并没有说："我的身体与杯同在。"
因此路德并不像他所宣称的那样紧依字面意思。不仅如此，谁都无法
相信，耶稣称自己为窄门、羊的门、房角石和梯子，是按字面意思说
的。⑳ 更重要的是，说耶稣基督有个无所不在的身体只会让他成为一
个"怪异的幽灵"，而不是那位曾在地上行走，且在这世代的末了还会
再来的荣耀救主。茨温利认为，既然基督无所不在的神性无论怎样都
可以实施拯救，那就不是非与他的身体联合不可。我们实施圣餐，是在
记念耶稣基督的作为，盼望他的再来，向世界见证我们是属他的。

　　1529 年，路德与茨温利在马尔堡（Marburg）会面。他们就十五

---

⑱ Ibid. , 169.

⑲ Michael Horton, *People and Place：A Covenant Ecclesiology* (Louisville：Westminster
John Knox, 2008)，99 - 152；参见 Horton, *The Christian Faith：A Systematic
Theology for Pilgrims on the Way*(Grand Rapids：Zondervan, 2011)，751 - 827。

⑳ Huldrych Zwingli, "On the Lord's Supper," in *Zwingli and Bullinger*, ed. G. W.
Bromiley (Philadelphia：Westminster, 1963)，188 - 189.

个问题中的十四个达成了一致,而无法逾越的那个障碍,就是基督于圣餐中的临在问题。路德的同侪菲利普·梅兰希顿建议,不向茨温利一派作任何让步。在茨温利看来,路德的基督论是一性论(monophysite):是**混淆**基督二性的异端思想。而路德认为,茨温利是聂斯托利派:**分割**基督的二性。布塞和其他改教领袖反对路德所持基督以身体形式无处不在的观点,又与茨温利的立场保持距离,这群人在 1536 年的《维滕堡协议》(Wittenberg Concord)中达成了相当程度的一致。

加尔文走进了这个大漩涡当中,毫不掩饰他不同意茨温利的观点。他甚至对布林格说,非要比较的话,"你自己明白,更俘人心的是路德。"⑪他在给另一位同仁的信中说,茨温利的圣餐观是"错误而有害的"。⑫ 他又在《要义》中断言,"我们若说信徒与基督的血肉没有联合,这是极为疯狂的话。"⑬

首先,加尔文反对一切形式的精神-物质二元论。或者是神的作为,或者是受造物的作用,茨温利只能二择其一,而对此加尔文却说:"不管神采用怎样的工具,这些工具并不会减损他原初的活动。"⑭基督必须真实临在于圣餐,将他自己连同他带来的所有益惠

---

⑪ Calvin,转引自 T. H. L. Parker, *John Calvin* (Tring, UK:Lion, 1975),154。

⑫ Calvin, "Letter to Andre Zebedee, May 19,1539," in *Letters of John Calvin*, ed. Jules Bonnet, trans. Marcus Robert Gilchrist, vol. 4(Philadelphia:Presbyterian Board of Publications, 1858),402.

⑬ Calvin, *Institutes* 4. 17. 9.

⑭ Ibid. , 4. 14. 17.

给出。否则，信心就成了对基督临在的"纯粹幻想"。⑦

第二，加尔文批评了茨温利的这种倾向：分离基督二性，从而贬低他的人性在救赎上的价值。"因为人的救赎是在他的肉身中成就的。"⑦而且，"恩赐就是耶稣基督本身"，不仅指他的人性，而且是指全部的基督；他的恩赐不与他的位格分离。加尔文说，领受了饼和酒的时候，"我们也当一样坚定地相信基督同时也赏赐我们他的身体。"⑦记号"印证了当下的实体：信徒以基督的血和基督的身体为食物"。⑦ 卡尔·楚门（Carl Trueman）认为，茨温利和加尔文代表了两种不同的道成肉身观，这一说法并不为过。⑦ 我们的救恩在于联于**基督**——全部的基督，既包括他的人性，也包括他的神性。

据说，路德认同加尔文的《圣餐简论》（*Short Treatise on the Holy Supper*）。加尔文在这篇文章中写道："如果耶稣基督没有被作为一切的实质和根基赐给我们，我们要在圣餐中寻求的益处就被废除了。"⑧茨温利不明白我们为什么必须与基督的肉体联合，因为他强调，唯有基督的神性施行救赎。而加尔文却另有所见，尤其是

⑦ Ibid. , 4. 17. 5 - 6.

⑦ Calvin, *The Gospel According to John*, 167.

⑦ Calvin, *Institutes* 4. 17. 10.

⑦ Gerrish, *Grace and Gratitude*, 165.

⑦ Carl Trueman,"The Incarnation and the Lord's Supper." in *The Word Became Flesh*： *Evangelicals and the Incarnation*, ed. David Peterson (Carlisle, UK： Paternoster, 2003),227 - 250.

⑧ Calvin,"Short Treatise on the Holy Supper," in *Selected Works of John Calvin*, 2： 170.

在参考了东方教父的观点后，他写道："基督的身体就如某种丰盛、永不枯竭的泉源，且这泉源将那从神性里所涌流出来的生命流到我们里面来。那么谁不能明白一切渴慕天上生命的人必须在基督的血和肉里有份呢？"[81]此外，饼和酒并没有如罗马所认为的那样**成为恩赐**；饼和酒也不是如茨温利所暗示的那样仅仅**提醒我们想到恩赐**。事实是，当我们领受了饼和酒，视之为他所施救赎的保证时，**圣灵就将基督赐给了我们**。[82]

在这一点上，也就是我们在圣餐中领受了**什么**，加尔文与路德完全一致。[83] "圣餐是恩赐，而不只是让我们想到恩赐。"加尔文尤其在《要义》4.17.6中强调了这一点。正如我们借由被传讲的圣言领受了福音，我们在圣餐中也是领受者：我们的行为是"an *actio mere passiva*"（一种"完全被动的行为"）。[84] 格里什指出，"从一开始"，加尔文就"确信茨温利在洗礼和圣餐中主要的行动主体（the principal agent）这个问题上犯了错。圣礼首先是神或基督的作为，而不是候

136

---

[81] Calvin，*Institutes* 4.17.9.

[82] Calvin，*De la Cene*，OS 1：508；*Theological Treatises* 2：170；参见 *Confessio fidei de eucharistia*（1537），OS1：435－436（Library of Christian Classics 22：168－169；4.17.7,9）。

[83] Gerrish，*Grace and Gratitude*，8. 如 Gerrish 所言，"后来，在马尔堡会谈之后，一个观点一再被人提及，即路德宗与改革宗之间的争议点，不再是基督的身体和基督的血是否临在于圣餐，而是怎样临在于圣餐。加尔文本人也持这种看法。"既然连布林格（茨温利的后继者）都接受了这样的观点：记号和所指在圣礼中联合，那么关键在于我们在圣餐中领受了**什么**（基督和他给人的益处），而不在于领受的**方式**——换句话说，就是临在的实际方式。

[84] Calvin，*Institutes* 4.14.26.

洗者、领餐者或教会的作为"。⑧ 加尔文还说："我们要注意，圣餐首要的、几乎全部的能力都在于这句话：'为你们舍的；为你们流的。'"⑧换句话说，圣餐的实施不是教会在献祭——无论是关乎救赎还是赞美。相反，是神在向每一个借着信心在圣餐中领受基督的人确证他的应许。加尔文说，人得了礼物要报以感谢，因此圣餐被称为 Eucharist（源自意为"我感谢"的希腊词），与神父代表会众献上的弥撒相反。"献祭与圣餐和施与受的差别一样大。"⑧

而路德在解释每当举行圣餐基督**如何**临在这个问题时，朝关于基督位格的教义中加了新奇而可疑的成分。耶稣要让门徒为他身体的升天做好准备，清清楚楚地教导他们，到了末日，他还要以同样的方式回来。因此，在此之前，他不以真实身体的形式亲临地上。如果他的身体无处不在，那就是不在任何地方。⑧ 他怎样升上去，还要怎样再来（徒 1：11）。在那个时刻之前，他不以身体的形式临在于地上，但他借着自身能力的运行，统治万有，充满万有，并且已经差来圣灵，使我们与他联合。⑧

于荣耀中再来之前，基督是否可以以身体的形式临在于**地上**（圣餐台上），路德和茨温利都被这个问题给难住了。两人各执一

---

⑧ Gerrish, *Grace and Gratitude*, 204.
⑧ 我用这段话总结了《要义》第 4 卷第 17 章的观点。
⑧ Calvin, *Institutes* 4. 18. 7.
⑧ Ibid. , 4. 17. 7.
⑧ Ibid. , 4. 14. 9,12.

词，一个断然说，可以，另一个断然说，不可以。如果茨温利是对的，那么直到基督再来之前，基督就是遥远的回忆，我们此时此刻没有与他联合。而路德的解释危及基督人性的完整性：基督的人性是我们与他相连的纽带。当然，基督是荣耀的。但如果我们的人性迥异于他的人性，我们怎么能指望自己可以像他，怎么能指望他是从死里复活的长子，是初熟的果子？我们又如何确认耶稣所说，他将升天，并在这世界的末了，以肉身的形式再来？耶稣又怎么能说，他与教会同在，直到世界的末了？这些不是哲学思辨，而是由大量明确的经文引发的问题。不仅如此，至关重要的问题亟需厘清：我们的救恩。至终而言，如果我们在圣餐中没有真正与基督的身体和宝血相交，那我们就根本不可能真正与基督联合。

加尔文认为，真正的问题在于，基督是否可以**在圣餐中**，而不在**圣餐台**或圣餐桌旁。他坚持认为，饼和酒"不是空洞的记号"，"而是传递出了它们指向的实体"。怎样传递的？举行圣餐时，基督亲自降在圣餐台上？还是借由信徒理智上的飞升？都不是，是借由**圣灵**的能力，是圣灵使我们与升到天上的荣耀的基督联合。

加尔文就圣餐中与基督的相交这个问题的所有论述都在表明，他是如何看待与基督联合的。圣经清楚地告诉我们，圣灵使我们的属灵生命"复活"，又"叫我们与基督一同坐在天上"（弗 2：6）。我们不能仅仅联于基督的灵魂、他的神性，甚至也不能仅仅联于圣灵，而必须联于**全部的基督**。茨温利认为，在《以弗所书》5 章婚姻的比喻中看到圣餐是"曲解经文"，加尔文反对他的这个观点。"'我们是他

137

骨中的骨、肉中的肉'(创2：23)，不是[仅仅]因为他与我们一样具有人性，而是因为他借由圣灵的能力，使我们成为他身体的一部分，好让我们从他得到生命。"⑩是的，保罗承认，"这是极大的奥秘"(弗5：32)。"在这个主题上，超出自己的理解能力，就什么也不接受的人，愚蠢之至。"加尔文就此说道，他会跟使徒一样，"立即承认自己一无所知，可是要发出赞美……因此，我们要更加努力地去感知活在我们里面的基督，而不是去探究这一相交的本质。"⑪加尔文绝非理性主义者，所以说得出这样的话来：圣餐的奥秘"过于高妙，我们的头脑无法理解，言语也无从表述。我经历它，而不是理解它"。⑫

加尔文从未将自己观点称为"属灵同在说"(spiritual presence)。基督真实临在于圣餐，而不仅仅存在于我们的想象或记忆中。而使我们与他联合的是圣灵，于是我们可以以他的身体、他的血为食物，直到永生。"圣灵可以联结在空间上相隔遥远的事物，因此，可以使基督身体中的生命从天上莅临我们。"⑬圣灵以奥秘的方式使标记和实体在圣餐中联合。⑭ 基督既没有被限制在饼和酒中，但也不能和两者分割。现在，我们连于基督是真真实实的了，不过要到他再来

---

⑩ 加尔文对《以弗所书》5：30—31 的注释，载于 *Calvin's Commentaries*，21：323。

⑪ Ibid.，324 - 325.

⑫ Calvin，转引自 G. R. Potter and M. Greengrass，*John Calvin*（London：Edward Arnold，1983），34。

⑬ Calvin，"The Best Method of Obtaining Concord，" in *Selected Works of John Calvin*，2：578.

⑭ Calvin，*Institutes* 4. 17. 12.

建立他的国度时,我们才能充分经历到这个事实。在加尔文看来,路德所持基督以身体形式临在于地上的观点是"过度实现的末世论",而茨温利的观点是"实现不足的末世论",两者都需要健全的圣灵论来矫正。

加尔文还认为,这一恩赐呈现给每一个领受圣餐的人,不分信的和不信的。正如神的话语仍是神的话语,无论人是否认信基督,同样,不信不能使圣礼失效。加尔文说:"这是圣餐的整个教导,且这是全世界都不能玷污的:基督的血和肉一样提供给不配得的人,以及神所拣选的信徒。"⑤同时,唯独借着信心才能领受圣餐背后的实体。格里什总结说,"圣礼式话语不是咒语,而是应许。""因此,唯有以所宣讲话语产生的信心来回应的人,才能从圣餐的恩赐中获益。"⑯

"这是我的身体",保罗解释基督的这句话时,没有说饼和杯是**空洞的记号**,没有说饼和杯**变成了**基督的身体和血,也没有说,基督的身体和宝血在饼和杯之内、之旁和之下(in,with,and under),而是说,饼和酒"同领"基督的身体、基督的宝血(林前 10∶16)。⑰ 从爱任纽到西普里安(Cyprian)、富尔根提乌(Fulgentius)、奥古斯丁,加尔文还引用了很多教父的话来支持自己的观点。他还说,古代圣餐中祈求圣灵将会众的心转向主、仰望主的环节,是以他已经阐明的

---

⑤ Ibid., 4.17.33.

⑯ Gerrish, *Grace and Gratitude*, 139;参见 Calvin, *Institutes* 4.14.4;4.17.15。

⑰ Calvin, *Institutes* 4.17.22.

这条教义为基础的。⑱

如果我们不同意茨温利的观点,而是断言圣餐实质上就是基督真正的、原本意义上的身体,那加尔文会问,就这件事的**发生方式**而引起的争论,甚至于"分裂教会,激发可怕的混乱,还有比这更荒唐的事吗"?⑲ 他说,唯一敬虔的结论是,"要向这头脑无法理解、言语也无法说明的奥秘发出惊叹。"⑳

路德强调基督临到我们,而加尔文除此之外,还强调另外一点,就是使徒保罗所强调的圣灵的工作:使我们与基督一同坐在天上。布廷这样解释加尔文的观点:

> "他以临降的方式,将我们提升到他那里。"基督(在圣灵里)降下来,借由可见、具形的受造物向信徒彰显自己;与此同时,敬拜中的教会借着已经升天、与圣父一同坐在天上的中保基督,被圣灵带入天上的敬拜之中。对加尔文来说,这是在强调而非削弱基督真正的人性。㉑

加尔文对圣餐的功效既有如此坚定的看法,他一再呼吁,任何

---

⑱ Calvin, "The Necessity of Reforming the Church," 83 – 85.

⑲ Calvin, *Defensio doctrinae de sacramentis*, OS 2:287.

⑳ Ibid.

㉑ Philip Walker Butin, *Revelation, Redemption and Response: Calvin's Trinitarian Understanding of the Divine-Human Relationship* (New York: Oxford University Press, 1995),118.

时候传讲神的话语,都应当举行圣餐,"或者至少一周一次"。⑩ 加尔文与日内瓦行政官多次理论,这个观点都未能得到认同。不过他还是坚持将圣餐纳入自己主持的正规崇拜当中,以此表明,每当有崇拜,就应当举行圣餐。他说:"我们的习例是有缺陷的,我谨慎地将其公之于众,后来人纠正起来会轻松些。"⑩

与基督联合,与圣徒相通

我们与基督联合,就同时与基督的身体联合。在圣餐中,我们的的确确以基督为食物,所以如保罗在《哥林多前书》10:14—17 所言,我们就得以"过清洁、圣洁的生活",彼此"相爱、相和、相融"。虽然我们每个人都各自领受了基督,但都不是私下领受的;我们是借由圣言的公开传讲一同成为他新造族类的一部分,同理,我们是作为共同产业的共同继承人,一同吃喝基督的身体和宝血。"基督为我们摆上自己,不仅以自己的样式来感召我们彼此委身,而且将自己给了我们所有人,让我们所有人在他的里面成为一。"因为我们在圣餐中与基督团契,所以,

---

⑩ Calvin,*Institutes* 4.17.44-46.事实上,日内瓦正式接受改教仅一年之后,加尔文的《日内瓦教会和敬拜组织章程》(*Articles for Organization of the Church and Worship at Geneva*,1537)就声明,"毋庸置疑,唯有常常举行圣餐,教会才可说是治理良好、井然有序。""Articles concerning the Organization of the Church and of Worship at Geneva Proposed by the Ministers at the Council,January 16,1537," in *Calvin:Theological Treatises*,ed. and trans. J. K. L. Reid (Philadelphia:Westminster,1954),48。

⑩ 转引自 Godfrey,*John Calvin*,72。

我们每当伤害、藐视、拒绝、辱骂，或在任何方面得罪弟兄时，我们借着这些行为也在伤害、藐视和辱骂基督；我们也不能与弟兄纷争，而同时与基督合一，除非我们爱在基督里的弟兄，否则我们不能爱基督；我们当关心弟兄的身体就如关心自己的身体一样，因为我们都是同一个身体上的肢体；且就如当我们身体的任何部分感到疼痛，其他的部分同样也觉得疼痛，所以每当弟兄遭受苦难时，我们都要怜悯他。[104]

恩典带来感恩——对神的感谢转而使我们注目于我们的弟兄姐妹，也注目于我们的邻舍，不管他们是谁。

路德认为，神不需要我们的善行，但我们的邻舍需要。加尔文的观点也类似，"敬虔服侍神只有一个方式，那就是服侍同道的信徒。既然我们的善行无法抵达神，神就把其他信徒给了我们，使我们可以向他们行善。想要爱神，就去爱信徒，爱信徒就是爱神的方式。"[105]

圣言和圣礼在加尔文对基督徒生活的理解中至关重要。理查德·甘布尔（Richard Gamble）这样总结他的观点："信徒受洗加入教

---

[104] Calvin, *Institutes* 4. 17. 38.

[105] Selderhuis, *Calvin's Theology of the Psalms*, 235.

会,就得到了基督要给与他们的一切。接受洗礼,认真聆听被传讲的圣言,参加圣餐,然后信徒才有能力服侍主。"⑩因为神服侍我们,所以我们可以服侍邻舍。玛莎·穆尔-凯斯(Martha L. Moore-Keish)一语中的:"今天我们能从加尔文的教会论中学到的最有价值、最具挑战性的信息在于:教会不是我们根据自己的意思建立起来的。教会不是我们趋近神的结果,而是神趋近我们所带来的恩赐。"⑩

---

⑩ Richard Gamble, "Calvin and Sixteenth-Century Spirituality: Comparison with the Anabaptists," in *Calvin Studies Society Papers*, *1995*, *1997*: *Calvin and Spirituality*; *Calvin and His Contemporaries*, ed. David Foxgrover (Grand Rapids: CRC Product Services, 1998),33. Gamble 的结论概括了 Howard Hageman 在 *Reformed Spirituality* 中的分析,参见 *Protestant Spiritual Traditions*, ed. Frank C. Senn (New York: Paulist, 1986),60 - 72。

⑩ Martha L. Moore-Keish, "Calvin, Sacraments and Ecclesiology: What Makes a Church a Church,"访问地址是 http://reformedtheology. org/SiteFiles/PublicLectures/Moore-KeishPL. html。

第八章 作为充满恩典的"属天剧场" 的公众敬拜

"我刚到这间教会时,这里几乎没有任何规矩。他们在讲道,仅此而已。他们善于找出各种偶像,然后付之一炬,但这里没有真正的宗教改革。一切都混乱不堪。"①

加尔文对他初来乍到时的日内瓦的回忆,由二手资料得到了充分证实。路德躲在瓦特堡(Wartburg)时,安德烈亚斯·卡尔施塔特(Andreas Karlstadt)负责维滕堡改教事宜,路德对当时的维滕堡的描述与加尔文的回忆类似。具讽刺意味的是,很多福音派人士像从前一样执着于宗教的外在形式——只不过他们现在以**不遵守**罗马的外在形式为敬虔。路德批评了这种现象:

> 我们亲手领受饼和杯、拆毁塑像、吃肉、拒绝祷告和禁食,试图借此类做法来证明我们是福音派信徒。但没有人攫住信和爱,而唯有这两者才是必不可少的,唯有在这两

---

① Calvin,转引自 Scott M. Manetsch, *Calvin's Company of Pastors*: *Pastoral Care and the Emerging Reformed Church*,*1536 - 1609*(New York: Oxford University Press, 2012),18。

者中,才有能力。②

拆毁相对来说容易,难的是建造,正是因为着眼于建造,加尔文
才能在扰攘不断的服侍中自始至终保持改教热情。我们得救最终
是要让神得荣耀。W. 罗伯特・戈弗雷这样提醒我们:教义的归正
与敬拜的归正并肩而行。③

中世纪的弥撒是一个戏剧化的事件,敬拜者更多的是在旁观,
而不是参与。吩咐会众一年参加一次弥撒,也就不足为怪了。1541
年,加尔文重返日内瓦后,迫切地要将他在斯特拉斯堡学到的关于
公众敬拜的真理付诸实践。④

加尔文与路德和布塞一样,视公众聚会为神服侍我们,就像耶
稣为门徒洗脚一样:“人子来,不是要受人的服侍,乃是要服侍人,并

---

② Martin Luther, *Word and Sacrament II*, in *Luther's Works*, American Edition, 55
vols., ed. Jaroslav Pelikan and Helmut T. Lehmann (Philadelphia: Fortress; St. Louis:
Concordia, 1955 – 1986), 36: 262.

③ Calvin, "On the Necessity of Reforming the Church," in *Selected Works of John
Calvin: Tracts and Letters*, ed. Henry Beveridge and Jules Bonnet, 7 vols. (Grand
Rapids: Baker, 1983), 1: 126. W. Robert Godfrey 就这两重关切所作的解释极有价
值,参见 *John Calvin: Pilgrim and Pastor* (Wheaton, IL: Crossway, 2009), 77 – 86。

④ 路德对弥撒进行了福音化的改革。茨温利采用了中世纪的 *prône* 仪式:基本上是祷告
加讲道。布塞虽然在某些改革措施上走得更远,不过还是遵从了路德的方式:圣言和
圣礼。布塞报告了以下顺序:认罪和赦罪,唱《诗篇》和圣诗,宣读圣经,唱十诫(有时候
在认罪之前唱),为统治者和全体教会祷告。然后是求神光照的祷告,证道,会众唱《使徒
信经》作为回应。最后,举行圣餐,祈求神赐福。参见 Martin Bucer, "The Reign of
Christ," in *Melanchthon and Bucer*, ed. Wilhelm Pauck (Philadelphia: Westminster,
1969), 182, 236 – 259。

且要舍命,作多人的赎价。"(太 20：28)基督徒生活就是不断地逃入"给人饶恕的避难所",加尔文就是这样看待崇拜的。他说,我们不能升到神那里去,所以他就降卑到我们这里来。⑤ 我们被告知要沿着那荣耀之梯爬上去,见到"毫无遮掩的神",如今这架梯子上却写着:"危险! 不得入内!"想不到,我们可以在荒村僻壤的马槽里找到神,更想不到,我们可以在罗马的十字架上找到悬身其上、鲜血淋漓的神,现在发现他在极其卑微的地方,以人的话语、一次水洗、一餐饭食之类极其卑微的方式来传递恩赐,这同样出乎我们的预料。要思想**十字架**,而不是**荣耀**。

来,看行动的神!

加尔文认为,神圣的聚会是一场戏剧,这一点毫无疑问。他与早期的教父都称之为"属天剧场"。⑥ 在这里,天与地彼此拥抱。在地上得救的唱诗班,与天使组成的唱诗班同唱"圣哉,圣哉,圣哉"。"想'看见'神的人,要到教会,到神的圣殿来,在那里,可以在圣言和圣礼中'看见'他。"⑦塞尔德惠斯指出,"因此,加尔文拒绝神秘主义路径。我们不能升到神那里去,也没有必要这么做,因为在教会的敬拜中,神降卑到我们这里来,我们可以看见他⋯⋯他坚持认为,是

---

⑤ Herman J. Selderhuis, *Calvin's Theology of the Psalms* (Grand Rapids：Baker Academic, 2007),203,对《诗篇》42：2 和 24：7 的注释。

⑥ Ibid. , 204,对《诗篇》138：1 的注释。

⑦ Ibid. , 205,对《诗篇》27：8 的注释。

圣灵**借由**外在的辅助，将我们提到天上。"⑧我们既然在信心中称义、更新、坚固，就不能一直沉默或消极无为。我们公开供认自己的罪，宣告自己对神应许的信心，在祷告（或说或唱）中回应神的恩典，献出自己的财宝。⑨ 聚会成了盟约中的对话，正在战斗的教会与已经得胜的教会一同欢呼。神赐下了一切；我们领受；然后我们彼此交换礼物，再带着自己的礼物走入世界。

在这一公众性的事件中——在这"属天剧场"中——三一神临在并且行动。李·帕尔默·汪戴尔（Lee Palmer Wandel）认为，"加尔文给了'礼拜仪式'（liturgy）一个新的诠释"。

毋庸置疑，对他来说，圣餐是戏剧，而这一戏剧来源于神。人的行动不能加添什么，精心制作的物件也不能让人更加关注属地的元素。不过，或许最为重要的是，加尔文强调，圣餐要常常举行。中世纪的做法是一年一次，大多数福音派人士对此提出了批判，认为这种做法不合乎圣经……但其他福音派人士都没有这么清楚地将圣餐置于一种对话的过程中，这个过程不仅可以加强我们的信心，而且可以提升我们理解圣餐这种记号的能力，进而提升我

---

⑧ Ibid.，205，对《诗篇》96：6 和 132：8 的注释。

⑨ Ibid.，207，对《诗篇》105：44 的注释。

们在世上识别神印记的能力。⑩

她还说:"对加尔文来说,圣餐礼不属'外在形式'——仅仅是一种仪式……甚至也不是茨温利和路德这样的福音派人士所理解的那种'敬拜':尊荣神的方式。"这是一种途径,将我们与基督联合得越发紧密。在这一持续存在的关系中,"基督与我们完全成为一体,我们与基督完全成为一体"。⑪

在英语世界,礼拜仪式改革所开出的最为璀璨的花朵,无疑是1552年的《公祷书》。布塞和菲密格理在这项工作上居功至伟。⑫ 与斯特拉斯堡和日内瓦的情形一样,除了《感恩颂》(*Te Deum*)、《使徒信经》和《尼西亚信经》之外,带韵律的《诗篇》(由斯滕霍尔德[Sternhold]和霍普金斯[Hopkins]译为英文)是赞美的核心。宣读圣经,每年整本圣经宣读一遍,新约宣读三遍。会众上前来,凭着信心领受基督的身体和宝血,是站着领受,而不是跪着领受。一家人一起坐在教堂的长椅上,而不像中世纪聚会那样,男女分开。所有这一切终究会为欧洲大陆宗教改革运动中其他教会的信徒所熟悉。一个名叫安东尼·卡瑟兰(Antoine Cathelan)的方济各会修士从巴

---

⑩ Lee Palmer Wandel, *The Eucharist in the Reformation*: *Incarnation and Liturgy* (Cambridge: Cambridge University Press, 2006),171.

⑪ Ibid.

⑫ Diarmaid MacCulloch, *Thomas Cranmer* (New Haven, CT: Yale University Press, 1996),414-417. 布塞接受了克兰麦的建议,作了全面修订,题目定为 *Censura*,内有二十八章的批判和分析。

黎来访,著文讽刺了日内瓦的礼拜,抱怨会众落座,"没有尊卑之别。""男人、女人、女孩,还有儿童,所有人都坐在座位上,一起唱诗。"⑬

公众敬拜中的艺术

一定会有很多读者断定,在研究加尔文基督徒生活观的书里,"公众敬拜中的艺术"会是最为简短的一个话题。毕竟,加尔文为改革宗教会的内部和仪式注入了严苛、朴素,甚至是斯巴达式的精神。有些评论者认为,加尔文对感觉持有柏拉图式的怀疑。今天的"高派"(high)教会和"低派"(low)教会都迷恋视听媒体,由这种方式看到的圣洁之美自然是极为有限而流于表面的,对此,有些学者难以掩饰自己的不悦,可即便是在他们中间,加尔文那更加"清教徒式"的做法,也遭到几乎是出自本能的反对。

对这个问题,只能简单回应一下。首先,加尔文从未诉诸任何带有柏拉图主义色彩的论据。如果要考虑历史先例,直接影响加尔文的是希伯来先知,而不是柏拉图。诚然,加尔文鼓励我们思想天上的国度,而不是地上的圣殿和献祭,但这完全基于新约教导:律法作为影儿已由基督里的实体取代。"我们发现,人在敬拜神的形式和方式上显出极度的傲慢;因为他们不停地设计新的敬拜模式。"⑭他在其他地方

---

⑬ Manetsch, *Calvin's Company of Pastors*, 32.

⑭ 加尔文对《马太福音》15：1 的注释,载于 *Calvin's Commentaries*, vol. 16, trans. William Pringle (Grand Rapids: Baker, 1996),245。

说："他们一心追求新奇之事，几乎没有给教导留下空间。"⑮

最初几个世纪，基督徒只唱圣经中的诗歌（《诗篇》和圣经中的其他一些诗歌），没有乐器伴奏，各种表现神的方式（包括人体形象的子）是被禁止的。图片、圣像或雕像都不允许使用。以上这些都是历史事实。加尔文的结论和论据与古代教父提出的结论和论据相同。

视觉形象

2 世纪时，爱任纽指责诺斯替主义者违背圣经，为基督画了像。⑯殉道者查士丁（Justin Martyr）提倡用神的话语来教导，反对视觉形象。⑰ 3 世纪时，拉克唐修（Lactantius）断言："有雕像或圣像的地方，就没有［真正的］信仰。"⑱奥古斯丁写道："把神的雕像设立在基督教堂里是大罪。"⑲加尔文还引用了 4 世纪艾维拉公会议（Council of

---

⑮ 加尔文对《提多书》2：15 的注释，载于 *Calvin's Commentaries*，vol. 21，trans. William Pringle（Grand Rapids：Baker，1996），323。

⑯ Irenaeus，"Against Heresies," in *Irenaeus of Lyons*，ed. Robert Grant，The Early Church Fathers（New York：Routledge，1997），94(1.25.6)，109(2.13.3,4,8).

⑰ Justin Martyr，in *Saint Justin Martyr*，ed. Thomas B. Falls，The Fathers of the Church（Washington，DC：The Catholic University of America Press/Consortium Books，1948），9-10，41-43.

⑱ Lactantius，in *The Divine Institutes*，trans. Mary F. McDonald，OP，The Fathers of the Church（Washington，DC：The Catholic University of America Press，1964），98-101(1.2)，161-162(2.18).

⑲ 参见 Calvin，*Institutes of the Christian Religion*，ed. John T. McNeill，trans. Ford Lewis Battles（Philadelphia：Westminster，1960），1.11.6，no. 13。Battles 指的是 Augustine，*Faith and the Creed*，7.14(J. P. Migne，*Patrologiae cursus completus*，*series Latina*，40.188；tr. Library of Christian Classics 6.360)；参见 *De diversis* （转下页）

Elvira)的决议："禁止教堂内悬挂任何图像，众信徒所敬拜或尊崇的不得描绘在墙上。"[20]

6 世纪的罗马主教大格列高利允许使用视觉形象，但只能为了教导。早前的主教们如果听说马赛主教(bishop of Marseilles)毁掉了他在教堂发现的呈现基督的绘画和圣像，一定会为他欢呼，但格列高利却斥责马赛主教"热情过了头"。"你禁止人崇拜那些绘画和肖像，我们为此称赞你；可你毁了它们，我们却要责备你。"他说，"因为崇拜一幅画是一回事，而借由绘画认识应被崇拜者，却是另一回事。"[21]直到第二次尼西亚会议(787 年)，东方才废除了早前的禁令，尽管只是允许使用圣像(icon)(直到今天也是如此)。最后连西方也接受了雕像(statue)。

虽然普通的中世纪基督徒不理解礼拜仪式或证道信息，他们却可以从圣所的墙上和彩色玻璃上了解一点圣经故事。路德说他希望并期待圣像消失。他的难题是由前同僚安德烈亚斯·卡尔施塔特这样的"属天的先知"引起的。路德躲在瓦特堡期间，卡尔施塔特洗劫了教堂。他的意思是，教会只准传讲神的话语。路德说，把毒去掉，蛇就不能伤人了，而卡尔施特塔"责备我违反神的话语，保护圣像，虽然他知道，我竭力要将圣像从所有人的心中撕掉，叫人鄙视

（接上页）*quaestionibus*，q. 78(J. P. Migne, *Patrologiae cursus completus*, series Latina, 40. 90)。

[20] Calvin, *Institutes* 1. 11. 6.

[21] Gregory the Great, in *A Select Library of the Nicene and Post-Nicene Fathers of the Christian Church*, series 2, vol. 13,*Gregory the Great*, part 2, *Selected Epistles* (Oxford: James Parker; New York: The Christian Literature Company, 1898),297 – 298.

之,毁弃之。我只是不同意他这么冲动,滥用暴力"。㉒ 路德认为,推动卡尔施塔特的是律法主义精神。"说到摧毁圣像,我完成这项任务,首先是借着神的话语将其从人的心中撕掉,使其变得不值一提,遭人鄙视。"㉓路德的确认为,有些圣像是可以用的,不过要仅仅当作"教导未受教育者的书本"来使用。

茨温利不认为圣像是个无足轻重的问题。圣经教导不仅反对崇拜圣像,也反对制作圣像。㉔ 而罗马在敬拜(*latreia*)和尊敬(对圣徒的 *dulia* 和对马利亚的 *hyperdulia*)之间作了区分。崇敬的不是圣像,而是圣像所呈现的那位,唯有三一神受到了真正意义上的敬拜。路德反对这种区分,不过,他认为只要不去崇拜,圣像可以留作教化之用。茨温利不同意这种说法:"如果不是崇拜,那他们留在祭坛上做什么?"㉕他也不认同卡尔施塔特的疯狂做法,还说,"不过要谨慎行动,免得酿成不幸。因为在基督徒得到正确的教导,知道根本不应该崇拜圣像之前,我们应该有耐心,直到软弱的人也能认同我们的看法——好叫众人在这个问题上达成一致。"㉖

㉒ Martin Luther, "Against the Heavenly Prophets," in *Luther's Works*, American Edition, 55 vols., ed. Jaroslav Pelikan and Helmut T. Lehmann (Philadelphia: Fortress; St. Louis: Concordia, 1955 – 1986),40: 85.

㉓ Ibid., 84 – 85.

㉔ Ulrich Zwingli, in *Huldrych Zwingli*, *Writings*, vol. 2,*In Search of True Religion*: *Reformation*,*Pastoral and Eucharistic Writings*, trans. H. Wayne Pipkin (Allison Park, PA: Pickwick, 1984),69.

㉕ Ibid., 68 – 70.

㉖ Ibid.

我们决不要以为,加尔文反对圣像,与他对福音的捍卫没有关系。原本旨在促使人关注基督的事物——圣徒的代祷、圣徒的像、对圣徒遗物的崇拜——成了基督的竞争者。因此,加尔文一方面热切捍卫基督中保之工的有效性,另一方面当福音真道借由圣礼在我们眼前得到传讲、印证的时候,又拒绝使用吸引我们的注意力、使我们不顾福音真道的教会用具,这两种行为之间有紧密的联系。加尔文不是要节俭,不是没有想象力,也不是喜欢开阔的空间。事实上,在改革宗的教堂里,有精妙呈现圣经场景的木雕,有点缀着来自大自然的装饰品的镜子。

那么加尔文本人提出了什么论据,来批评对神的视觉呈现呢?第一,他认为,神以"普通人可以理解的方式"传达他的话语,使他的启示迁就了我们"愚钝的智力"。[27] 但我们狂妄地要开启我们自己的表达方式,以为我们所描绘的比神的话语还可以使人更加熟悉神,这是忘恩负义。

第二,人在敬拜中的标新立异常常污损神的威严。无论我们想要在呈现神这件事上做出多大贡献,我们都得如实评价我们的一种倾向:即便我们是基督徒,也容易曲解神,把附属物变成偶像。[28] 加尔文坦承:"格列高利曾说:'形象是文盲的教科书。'这是一句非常古老的话。然而圣灵的教导却非如此。"加尔文考察了众先知的事

---

[27] Calvin, *Institutes* 1. 11. 1.

[28] Ibid.

例后,得出结论:众先知"严厉地咒诅罗马天主教徒所认定的金科玉律,即形象是文盲的教科书"。㉙他还说:"教会的领袖之所以将教导的职分交给偶像,就是因为他们自己没有尽教导信徒的本分。保罗说当人传扬纯正福音时,'耶稣基督钉十字架,已经活画在你们眼前'[加3:1]。"从见证基督救赎工作的只言片语中,他们受益良多,"超过成千上万木、石做的十字架"。㉚

历史证明,我们有拜偶像的倾向。首先,圣像是为教导之用,不是为了让人尊敬;后来变成了要尊敬,不能崇拜。加尔文谈起当时敬拜者的常见倾向,忆及自己的少年时代时,把这种区别当成笑谈。进了教堂,谁不向供奉在各样单间或壁龛里的各样偶像鞠躬,并上香纳捐呢?然而,牧师必须传讲、教授真道,必须教导信徒以自己的语言阅读圣经。民众的读写能力陡升,这个现象证明,救人脱离无知和偶像的应对措施获得了成功。

第三,加尔文说,最初的禁令旨在杜绝人对神格(Godhead)的描绘,为显明基督做好准备。"因此神严厉地禁止犹太人妄用此为借口,为自己设立人的形状来象征神。"㉛的确如此,可现在道已经成了肉身!加尔文答复说,此话不假,可就连使徒都没有为我们描绘过耶稣的容貌——既然耶稣正是用他的话语和事迹完成了救赎,他要我们借由他的话语来认识他。此外,耶稣基督是**神**。说画家或雕塑

㉙ Ibid. , 1. 11. 5.

㉚ Ibid. , 1. 11. 7.

㉛ Ibid. , 1. 11. 3.

家呈现的只是耶稣的人性,不是他的神格,这样的观点是聂斯托利派的"二性分离说"。㉜

第四,古代教会不知道什么是圣像。加尔文提醒读者,早期教父都曾撰文批判圣像。他提了一个问题,教会在最初五个世纪里没有神(包括基督)的像,却非常兴旺,未受教育者怎么就离不了圣像呢?㉝

第五,加尔文指出,神已经圣化了自己的视觉媒介:"我所说的象征指的是洗礼和圣餐,以及其他基督教的仪式。我们要格外敏锐地留意这些圣礼,并让它们紧紧攫住并深深触动我们,而不寻求人凭自己聪明所捏造的形象。"㉞宗教将敬拜者淹没在偶像的海洋里。先知书中一再出现耶和华的讽刺:偶像不能说话。说得更明确些,它们无法给出应许,并在真实的历史中成就。教会的主要职员不是修士,不是技工,也不是以侍奉亲手所制圣像为职业的众祭司,而是信使,宣告神在历史中的大能作为的信使。茨温利厌恶作为蒙恩之道的可见之物,他的厌恶是不留余地的:可见之物与不可见之物相对抗。不过,加尔文在圣经中读到的对立,乃是在**我们凭自身想象制作的形象与神设立并掌管的形象**之间。神设立并掌管的这些形象,是为了让我们被他自己的圣道和圣礼"紧紧攫住"并"深深触动"。

神设立蒙恩之道时,知道自己在做什么。他知道怎样触及在罪恶和悲惨中的我们。"一旦有什么别样的发明混杂进来,神设立的

㉜ Ibid. , 1. 11. 3 - 4.

㉝ Ibid. , 1. 11. 13.

㉞ Ibid.(译文据作者所引英译本略有改动。——编者注)

仪式就被玷污了……让我们……不要将我们自己的想象或发明加到神设立的仪式当中。"[35]

这位改教家又说:"不过,认为任何形象都应被禁绝,这是迷信。我没有被这种观念辖制。"毋宁说,"雕塑和绘画是神的恩赐。"然而这两种恩赐与其他美好的恩赐一样,必须正确使用。事实上,批评加尔文的人倒更像柏拉图的学生。他们对这个世界的自然和历史没什么兴趣,一心要飞到云端,幻想从未得见的荣耀国度。对他们来说,这个世界只是上面那个真实世界的模糊表象。不过在加尔文看来,"我们只能雕刻或描绘肉眼可见之物"。属于这类事物的,有"历史事件和一切可见的形体"。两者都可以接受,唯有前者"可用来教导和劝诫"。[36]

因此,加尔文大体上不反对视觉形象,乐意使用圣经历史中的场景。[37] 事实上,如霍华德·赖斯(Howard L. Rice)所言,"加尔文否定身体-心灵的二元论,所以他可以称颂自然的荣美,视之为神给人类的礼物。"[38]在本书第十三章我们会发现,改革宗艺术家目光所向,正是大自然。神存在和神属性的证据,处处可见,但唯有在他应许要以独特的智慧和恩慈的俯就与我们相会之处,我们才能寻见他,

---

[35] Calvin, *Commentary on the Four Last Books of Moses*, vol. 2, trans. Charles William Bingham (Edinburgh: Calvin Translation Society, 1853), 329 - 330.

[36] Calvin, *Institutes* 1. 11. 12.

[37] Christopher Richard Joby, *Calvinism and the Arts: A Re-Assessment* (Leuven: Peeters, 2007), 51 - 88. Joby 就加尔文对带有韵律的圣诗(称颂圣经历史)的兴趣和他对视觉艺术的观点做了有趣的对比。

[38] Howard L. Rice, *Reformed Spirituality*(Louisville: Westminster John Knox, 1991), 59.

得着救赎的平安。

我们在改革宗的高坛上看到了"空荡",加尔文却看到了不被扰人心神的愚蠢物件遮蔽的基督的荣美。讲台、洗礼盆和圣餐桌,足以将我们引向三一神与我们相会的地方,得到平安而不是恐惧。激发加尔文改教热忱的是十架神学,而不是荣耀神学。

音乐

加尔文说:"公众祷告分两种,一种直陈其词,一种附以歌唱。"[39]音乐要因时间和地点的不同而有所异同。加尔文引用奥古斯丁的话说,在教会里唱歌必须"庄重肃穆",因为"在饭桌旁、在家里供人娱乐的音乐与在教会里在神和众天使面前唱的《诗篇》迥然不同"。[40]

路德和茨温利都是技艺高超的音乐家,不过,在路德宗的教会里,崇拜在相当程度上就是唱诗,而茨温利却将音乐从崇拜中完全拿掉了。与在别的问题上一样,加尔文走的是中间路线。他认为,唱诗对公众崇拜不可或缺。不过,他师法古代教会,摈弃了乐器伴奏,认为乐器伴奏是影儿,是律法之下的敬拜所采取的做法。我们的弟兄姐妹是神的视觉形象,同理,他们认罪、赞美时的声音也让神喜乐。加尔文认为,乐器会遮盖会众的语词和声音,往往会将祷告和赞美化为娱乐。他对乐器并非一概厌恶。在家里或者其他公众

---

[39] Calvin,转引自 Godfrey, *John Calvin*, 73。

[40] Calvin,转引自 ibid. ,76。

场所唱圣诗和赞美诗时,用乐器伴奏就很好。

不仅如此,加尔文还承袭古代教会的一个习例:唱圣灵默示的文字——尤其是《诗篇》,还有新旧两约中的各类其他诗歌。被他纳入崇拜环节的,还有公众背诵《使徒信经》(说和唱)和《感恩颂》(Te Deum)。他相信神不仅将他的话语说给了我们,而且给了我们合宜的言语来对他说话,向他歌唱。

加尔文的观点并不新奇。古时的东西方教会就是这么做的(公共敬拜中的乐器使用问题,甚至在特兰托公会议上都有讨论)。直到今天,东方教会唱诗时依然是无伴奏合唱(a cappella)。甚至到了 13 世纪,托马斯·阿奎那还这样论到 4 世纪的教父:

> 哲罗姆批判唱诗并没有不留余地,他告诫的是那些唱得夸张的人,或者是那些唱诗不为激发自己热爱神,而是为了炫耀或取乐的人。因此奥古斯丁说,**如果相较而言,感动我的是声音,而不是所唱的词句,那么我要承认我犯罪了,我宁可不听人唱。**要激发人热爱神,讲道和教导的果效优于唱诗。

阿奎那还说:"乐器通常使心灵快乐,而不能在心灵里产生好的倾向……如果唱诗只是为了取乐,心灵就错过了诗歌的意义。"[41]

---

[41] Thomas Aquinas, in *Summa theologiae*, vol. 39, "*Religion and Worship*" (2a2æ, 80-91), ed. Kevin O'Rourke, OP (London: Blackfriars, 1964), 245, 247, 249, 251.

即便解经的论据未能让我们信服,众多重量级作家的这一类卓论也至少当让我们三思,尤其是在这样一个时代:在很多改革宗教会和长老会教会中,乐器、唱诗班或赞美行列常常占据舞台中心。加尔文并不激进,他提醒我们,在敬拜中,音乐必须永远服侍圣言,而不是干扰圣言(西 3:16)。事实上,奥古斯丁、阿奎那和茨温利提醒人们要提防音乐激发情感的特质,而加尔文却常常说这种特质于我们有益,只要这种特质在真理的引导之下。虽然也像别的恩赐一样可能被滥用,不过"唱诗威力巨大,可以感动、点燃人的心,以更加强烈和炽热的激情去呼求神,赞美神"。[42] 音乐绝不应该以直接激发情感为目标,而应该作为辅助措施,使神的话语更容易以令人愉悦的方式渗入我们心中,并帮助我们思想真理。

《诗篇》之所以是真敬虔的宝库,不仅因为它教导我们,而且因为它使我们能够解释在我们的生活中所发生的事情,用它来与我们的父交通。因此,对加尔文和一般的改革宗传统来说,《诗篇》成了诗歌本,被人带到教会,被人在家里、田间唱诵——甚至被带到了绞刑架和火刑柴堆旁。有了我们的主亲自默示,亲自放在我们口中的话语,我们还有更好的诗歌可以唱吗? 加尔文指责教宗把这个诗歌本从信徒手中夺了去,但我们必须承认,在今天,即便是在改革宗内部,唱诵《诗篇》的传统也已经式微。

---

[42] Calvin,转引自 John D. Witvliet,"The Spirituality of the Psalter," in *Calvin Studies Society Papers*, 1995, 1997: *Calvin and Spirituality*; *Calvin and His Contemporaries*, ed. David Foxgrover (Grand Rapids: CRC Product Services, 1998),102。

在斯特拉斯堡逗留期间,加尔文第一次唱了《诗篇》,随即倾力要在法国制作一本完整的诗歌本。[43] 约翰·伟列(John D. Witvliet)这样解释,"所谓'直到那时为止最为庞大的出版事业',就是指1562年的《日内瓦圣诗集》(The Genevan Psalter)。"[44]

> 对加尔文来说,礼拜中的所有行为,包括唱诗,都被视为神在他百姓中的行为……对加尔文来说,这一神圣的行为要用三位一体论中的术语来解释,基督是"我们唱诗时的首席指挥","使我们的嘴唇成为圣洁……得以颂赞神",而圣灵是促使会众歌唱的激励者。[45]

153 加尔文招募了两位声名卓著的艺术家加入这项事业。词作者是文艺复兴时期的著名诗人、皇室成员克莱门·莫洛特(Clément Marot),他虽遭监禁、流放,还是接受了宗教改革。曲作者是尤以创作叙事诗歌闻名的巴黎曲作家路易斯·布儒瓦(Louis Bourgeois)。从伤痛的哀叹到充满活力的赞美,《诗篇》中每一首诗歌都有契合自身的韵律和曲调。加尔文在去世前两年,看到了这部涵盖所有一百五十篇诗篇的韵文诗歌集最终完成。这部诗歌集自问世后二百年

---

[43] Ibid., 95.

[44] Ibid., 94,转引自 Lucien Febvre and Henri-Jean Martin, *The Coming of the Book*: *The Impact of Printing*, *1450 - 1800*, trans. David Gerard (London: NLB, 1976), 318。

[45] Witvliet,"The Spirituality of the Psalter," 101 - 102.

间重印六十二次，被译成二十四种语言。

　　蒙田（Michel de Montaigne）是法国最伟大的文艺复兴领袖之一，现代怀疑主义的先驱。他接触了法国的加尔文主义者，指责他们不敬，忙于日常事务还唱诵经文。他抱怨道："允许小店员想着虚空琐碎的事，唱着经文取乐，这是不对的。""看着圣书（它记载了我们信仰中的神圣奥秘）在客厅和厨房里扔得到处都是，肯定也是不对的；它们从前是奥秘，现在却用来娱乐消遣。"⑯

　　伟列还说："允许妇女在敬拜中唱诗的做法，常常遭到天主教的批评。"⑰法国的一位新教徒称："引导我认识福音的……是我的邻居，他有一本在里昂印刷的圣经，他用心地教我《诗篇》……在周日和节期，我们俩常在田间散步，谈论圣经以及神父对经文的错解。"⑱杰出的法学教授兼巴黎议会顾问布尔格（Anne du Bourg）被国王亨利二世逮捕，虽然被关在巴士底监狱，"因于笼中"，却"常常喜乐，荣耀神，时而弹琴唱诵《诗篇》，时而用自己的歌声颂赞神"。⑲ 在绞刑架上，他最后说道："我的朋友们，我被吊在这里，不是作为强盗，也不是作为殉道士，我只是为了福音。"伟列总结道："说实话，如果贫穷的日内瓦人也有什么书，那很可能是一本被用作圣经或教理问答

---

⑯ Michel de Montaigne, "*Of Prayers*," in *The Essays of Michel de Montaigne*, trans. George B. Ives (New York: Heritage, 1946), 426, 转引自 ibid., 110。

⑰ Witvliet, "The Spirituality of the Psalter," 110n78.

⑱ 转引自 ibid., 111。

⑲ Ibid.

的《〈诗篇〉歌集》"。[50]

对加尔文来说,公共敬拜塑造了圣约群体的日常生活,其影响程度我们看得越发清楚了。我们与基督的关系是个体性的,但绝不是私人性的。在下一章我们会发现,这一点即便在亲密的祷告中也很明显。

---

[50] Ibid. , 115.

第九章 坦然进入：以祷告为"信心
的首要操练"

到此为止，我们花了很多时间讨论教义，特别聚焦于福音，也讨论了教会及其公开服侍。如果我们觉得奇怪，一本关于基督徒生活的书为什么要花这么多篇幅来谈这些，那或许是因为，我们与加尔文称许的那种敬虔相距甚远。我们想到"花时间亲近主"时，通常想的是私下的操练。在加尔文的基督徒生活观中，默想经文和私下祷告的确很重要。不过，是公开的服侍塑造私下的敬虔，而非相反。

甚至就祷告来说也是如此。天路客不是孤身前往天上之城（Celestial City），而是与众圣徒结伴上路，在天上还有"云彩般的见证人"为他们欢呼。事实上，加尔文这样说道："拒绝公祷的人不明白何谓私人或私下祷告。"① 麦基解释说："虽然加尔文就如何私祷给出了指导，可他主要关注的，还是怎样定义公祷，也就是崇拜仪式，因为在他看来，所有个人或个体的灵修活动，都是基督身体集体敬拜的延伸。"②

---

① Calvin, *Institutes of the Christian Religion*, ed. John T. McNeill, trans. Ford Lewis Battles (Philadelphia: Westminster, 1960), 3. 20. 29.

② Elsie Anne McKee, "Context, Contours, Contents: Towards a Description of Calvin's Understanding of Worship," in *Calvin Studies Society Papers*, 1995, 1997: *Calvin and Spirituality*; *Calvin and His Contemporaries*, ed. David Foxgrover (Grand Rapids: CRC Product Services, 1998), 78.

我们必须拒绝错误地在公共与私下、正式与非正式、计划与自发之间进行选择。③ 在家庭中、私下常常祷告的生活是在由"使徒的教训和团契……擘饼和祈祷"所耕耘、照管的沃土上发旺的(徒 2：42)。在犹太会堂的敬拜中成长起来的人,尤其能明白,**"这种**祈祷"就是众人与神交通。

新生儿的哭声

在加尔文看来,祷告不仅是信心初结的果子,还是贯穿一个人一生的对神恩慈的话语和作为的最重要的回应。神借着福音赐给了我们回应他的话语,因此我们回应他大能的话语时,可以用"阿们"而不是惠特曼(Walt Whitman)的"自我之歌"(Song of Myself)。我们不再死于罪恶,不再对神毫无反应,而是在基督里活着。我们不再麻木地活着,而是在敬虔里积极行动。

除了主日的聚会,加尔文还发起了周三的祷告会。商店关门,在各教区同时举行两场祷告会,好让所有人都能参加。在加尔文的著作中,对祷告的探讨处处可见。而《要义》中最长的一段探讨(3.

---

③ Ibid., 79-80：McKee 所言极是："加尔文像大多数担任圣职的改教家一样,更关注崇拜仪式,而不是灵修活动。他借以认定真教会的两个标记意义重大,圣道被纯正地传讲、聆听,圣礼被正确地实施,都是崇拜仪式的核心所在。另一方面,很多平信徒改教家似乎特别重视灵修生活……虽然很久以来,人们普遍认为,改革宗强烈反对仪文,可对 16 世纪,甚至对很多晚近的改革宗群体来说,这个常见的观点并不成立。(产生这种误解的一个主要原因是宗教复兴主义对于部分改革宗传统的影响。)"还应该补充一点,即便是清教徒厌恶《公祷书》,也主要是因为君王将它视为敬拜的**必需之物**来强制推行。

20.1—3.25.12），谈的就是祷告。如大卫·卡尔霍恩（David Calhoun)所言，"卷三讲的是信心——'我们领受基督恩典的途径'，而祷告是操练信心的首要方式。加尔文写道：神'设立了这个次序：就像信心出于福音，我们的心又借由信心得到操练去呼求神的名'（3.20.1)"。④ 因此，祷告不是与圣言和圣礼并列的蒙恩之道，而是"敬虔之始"。⑤ 属灵生命的第一个标记，是我们在祷告中呼求主的名，就像新生儿的哭喊一样。事实上，信心的行为本就是祷告：呼求大君王的名来拯救我们。那个名成了肉身，耶稣得到了"万名之上的名"，我们可以求告他的名得拯救。⑥ 如果祷告是"敬虔之始"，那么祷告的起始就是呼求。⑦ 其他祷告都源自这样的呼求：呼求神救自己脱离罪的咒诅和败坏。

为求助而呼吁，因得救而赞美，是有功效的，不是因为求告的人言语巧妙或情词迫切，而是因为倾听的那位是慈爱的，他大有能力，满有信实。真正的敬拜不在于外在的仪式，而在于将自己交托于神在基督里、借由圣灵实施的恩慈看顾。诚然，我们的心态反映在我

---

④ David C. Calhoun, "Prayer: 'The Chief Exercise of Faith'," in *A Theological Guide to Calvin's Institutes: Essays and Analysis*, ed. David W. Hall and Peter A. Lillback (Phillipsburg, NJ: P&R, 2008),349.

⑤ Herman J. Selderhuis, *Calvin's Theology of the Psalms* (Grand Rapids: Baker Academic, 2007),224."因此，祷告不是'救恩的媒介'（*medium salutis*），而是'荣耀的媒介'（*medium honoris*）。"

⑥ 加尔文对《腓立比书》2：9—11 的注释，载于 *Calvin's Commentaries*，vol. 21, trans. John Pringle (Grand Rapids: Baker, 1996),58 - 64。

⑦ Calvin, *Institutes* 3.20.1.

们的外在行为中。比如,加尔文提倡在公开和私下祷告的时候跪下来。"但我们应该留心,[这位《诗篇》作者]特别在这一点上屈尊俯就——神唯独拣选了亚伯拉罕的后裔,给他们永生的盼望,他父亲般的慈爱在此显明。"⑧

发自于心

在其他条件相同的情况下,神既喜爱诚挚的祷告,**也**喜爱操练成熟的祷告。加尔文解释说:"我们鼓励人们敬拜神,举止态度既不要呆板冷淡,也不要漫不经心。"⑨他从未将敬畏置于激情的对立面。"斯多葛派认为,所有的激情都是搅扰,就像疾病一样。他们的这个理论是错的,其根源在于无知;因为无论是悲伤,是恐惧,是喜乐,还是盼望,都绝不与理性冲突。"因为损失而悲痛,因为祝福而喜乐,都是合理的。情感是神的恩赐,是我们的本性所不可或缺的,理性亦然。如果我们企图消除情感,则必然"辱没神"。⑩我认为,加尔文不会认为我们今天在敬拜中情感过于饱满,而会认为我们在情感上太狭隘了。

所以,他迷恋《诗篇》。《〈诗篇〉歌集》中有赞美和敬拜,也有哀歌和认罪的诗歌,甚至也有灰心的哭喊,接近我们眼中的不敬之举。

---

⑧ 加尔文对《诗篇》95:5 的注释,载于 *Calvin's Commentaries*,vol. 6,trans. James Anderson (Grand Rapids:Baker, 1996),34–35。

⑨ Calvin,转引自 McKee,"Context, Contours, Contents," 71。

⑩ 加尔文对《出埃及记》32:19 的注释,载于 *Calvin's Commentaries*,vol. 3,trans. Charles William Bingham (Grand Rapids:Baker, 1996),346–347。

如果我们只允许圣徒以欢乐的词句和节奏来歌唱和祷告，那就是剥夺了他们缓释重压的途径。生活中不全是乐事。《诗篇》里的神学既是复活神学，也是十架神学。当人心呼求拯救，而至少在我们的经验中，这种拯救可望而不可及时，这样的神学就为忧郁留出了空间。路德写道："在《诗篇》中，我们窥到了忠信者的内心世界。"⑪加尔文也是在《诗篇》中发现了自己的内心。而我们发现，《诗篇》中有"对所有心灵感受的剖析"。⑫ 加尔文说："这个宝库里的珍宝，样式繁多，光华灿烂，言辞难以描述。"⑬有些东西适用于所有场合，"但凡是人意识到的情感，《诗篇》里都有表现，就像映在镜中一样"。我们在《诗篇》里发现了"悲痛、哀伤、恐惧、怀疑、盼望、思虑、困惑，简而言之，所有常使人心不安的扰人情感"。在圣经的其他部分，神的仆人将神的话语带给我们，而在《诗篇》中，他们将神的话语给了我们，好让我们再说给神听。"所有隐秘的地方都被发现，心灵得以进入光中，脱却致命的感染，亦即虚伪，这无疑是一项难能可贵的好处。"⑭

　　加尔文提倡使用"教会公祷文"，比如他为公开敬拜和私下敬拜起草的《常用祷文》（*Form of Prayers*）。不过，使用这样的格式祷文，不应该采取律法主义的方式，比如，不顾特定地区的特殊需要和

---

⑪ Martin Luther，转引自 Selderhuis，*Calvin's Theology of the Psalms*，21。

⑫ Selderhuis，*Calvin's Theology of the Psalms*，23.

⑬ Calvin, preface to *Commentary on the Psalms*, in *Calvin's Commentaries*, vol. 4, trans. James Anderson (Grand Rapids: Baker, 1996)，xxxvi.

⑭ Ibid.，xxxvii.

即时需要。⑮ 书面的格式祷文可以防止"冗长",而形式主义又会拘泥于"词句"。⑯ 格式祷文就像构架,可以引导我们的心,依照神的话语诉说真实的感受。葡萄藤架不能让葡萄生长,但没有架子,葡萄就不能沿着正确的方向生长。门徒向耶稣求教:"请教我们祷告。"他就给了他们——和我们——主祷文。即便我们用自己的话来祷告,这篇祷文也可以提供结构。⑰ 加尔文在最终版《要义》(3. 20.34—49)中用了十六节篇幅来解释这篇祷文。他提倡家庭和个人在工作前、用餐时和睡觉前祷告。"然而我们也当谨慎,免得这成为某种迷信的习惯,并因此以为我们既然按时祷告,在其他的时候就能忙自己的事。我们反而应当将之视为对我们软弱的一种辅导。"⑱

与其他方面的敬虔一样,我们需要学习当怎样好好祷告。不过,神更愿意听到真诚的祷告——即便是诚实的哀叹或不假思索、脱口而出的埋怨——而不是形式正确却敷衍了事的祷告。他是我们的王,所以我们构思祷词,应该心存敬畏。不过,他也是我们的父,所以我们不该太过担忧祷告的质量。其实,"神所应允的祷告不一定都是他所喜悦的"。⑲ 他像父亲一样,对我们何等宽厚。

---

⑮ Calvin, *Institutes* 3. 20. 29.

⑯ Ibid.

⑰ Ibid., 3. 20. 34 - 37.

⑱ Ibid., 3. 20. 50.（译文据作者所引英译本略有改动。——译者注）

⑲ Ibid., 3. 20. 15.

信靠我们的父

神最希望我们视他如父亲,因为他像父亲一样慷慨对待我们。"人愿意屈从无数严苛的律法,遵守无数繁重的仪式,负起严苛而沉重的轭,简而言之,没有他们不能忍受的烦恼,只要别提心灵。"[20]外邦人也祷告,但是没有果效。"因为他们既不倚靠应许,也不明白拥有一位靠着他必能得到自己所祈求的中保是什么意思,他们无法感知这力量。"基督徒认识不到这一点,就别指望可以更接近神。就像那个浪子一样,我们常常带着对父亲的冒犯来到他面前——满足于在父亲的家里做奴仆而不是做儿子。我们将祷告变成了取悦法官的工具,而不是在向父亲倾心吐意。然而,如果一个人对自己与父的关系心存疑虑,真正的祷告就无从谈起。我们必须怀着信心来到父亲的面前,不是对自己的信心,而是对基督和他的应许的信心。[21] 我们不是企图赢得他的恩惠,而是竭力寻求在他的恩惠中安息,在他的恩惠中享受,在他的恩惠中喜乐。"除非我们确信我们已经借着神的恩典得救,否则我们不可能有真诚的祷告。"[22]

可以在祷告中与神如此亲近,这份**特权**常常让加尔文欢喜。即

---

[20] Calvin,"The Necessity of Reforming the Church," in *Selected Works of John Calvin：Tracts and Letters*, ed. Henry Beveridge and Jules Bonnet,7 vols.（Grand Rapids：Baker,1983）,1：154.

[21] Ibid.,157.

[22] 加尔文对《诗篇》140：6 的注释,载于 *Calvin's Commentaries*,6：229。

便是未经训练的婴儿的哭声,在神听来都是音乐。加尔文对祷告的探讨许多地方带有伯尔纳(Bernard)等作家的神秘主义色彩:祷告源自"甘甜的爱"。即便我们感受不到我们对神的爱,也仍然可以因为意识到他对我们的爱而被他吸引。㉓ 因此,我们蒙了呼召,"要将忧虑放在神的怀中"。㉔

如果神拥有主权,为什么还要祷告?

只有错解了加尔文的神学,才会引发这个问题:如果神拥有主权,为什么还要祷告?改教家本人可能会反问我们:如果神**不拥有**主权,为什么要祷告?加尔文不是宿命论者。虽然万事都在神的计划当中,但加尔文着重指出,神既设立结果,也设立途径。而神实现计划的途径之一就是祷告。卡尔霍恩提到加尔文对《雅各书》5:17中以利亚的祷告的解释:

> 神在某种意义上使天受制于以利亚的祷告,顺服于他的祈求,这个事件值得我们注意。以利亚借由祷告将天关闭了两年半。* 然后他开了天,让天突然倾下大雨,由此可见,祷告的力量是多么不可思议。㉕

㉓ Calvin, *Institutes* 3.20.28.

㉔ Ibid., 3.20.5.(译文据作者所引英译本翻译。——译者注)

* 原文如此。根据圣经,以利亚祷告了三年半。参见《雅各书》5:17。——译者注

㉕ Calhoun, "Prayer," 351.

神使用祷告来成就他的旨意,这也是他俯就我们的一种形式。比如,摩西为以色列人代求,神就收回了愤怒:"于是,鉴于在别的时候他会毁灭所有人,我们在他面前自卑时,他似乎改变心意了。"㉖我们的祷告不能改变神的旨意,但祷告包含在神的旨意当中,它是使事情成就的途径。客西马尼园里的基督"并未将目光投向神的计划,而是将心中燃烧的意愿放在天父的脚前",我们也要这样,"倾心吐意地祷告时,不要总是安分不下来,企图揣测神的隐秘之事。"㉗我们的祷告不是要解开神隐藏的旨意,而应该聚焦在他已经公布的有关我们的美好之事上。"信徒也借祷告将主的福音所指示的和我们的信心所看见的财宝挖掘出来。"㉘

我们祷告时,应该像圣经一再推举的榜样一样坦然无惧。父亲的意象再次凸显:"我们大可以[向神]倾诉缠绕我们的艰难困苦,求他解决我们束手无策的问题。"㉙祷告不是魔法。我们一定要谨防迷信,"以为能以啰嗦的言语迫使神厌烦而屈从我们的要求。"㉚同时,我们应该恒切祷告。神常常垂听我们第三次、第五次或者第二十次的祈求,以这样的方式使我们靠近他,唯独倚靠他的

㉖ Ibid.

㉗ Ibid. , 353.

㉘ Calvin, *Institutes* 3. 20. 2.

㉙ 加尔文对《创世记》18:25 的注释,载于 *Calvin's Commentaries*,vol. 1, trans. Charles William Bingham (Grand Rapids:Baker, 1996),489。

㉚ Calvin, *Institutes* 3. 20. 29.

话语。㉛ 总之，"真正而迫切的祷告首先出自对需要的感知，其次出自对神应许的信心"，因此，"即便身处怀疑、恐惧和忧虑当中，我们也要竭力祷告，直到我们经历到某种安慰，可以使我们的心安静、满足"。㉜

"朝向父，借着子，经由圣灵"

纵观加尔文的著作，有一个描述神厚施恩惠之性情的词语一再出现，这个词语就是"慷慨"——常常作"父亲般的慷慨"。神并不吝啬。如我们在自然界中所见，神给我们的，远超我们的需要，为的是让我们享受各样的欢乐，我们真应该为了他的慷慨而感恩。㉝ 不过，我们祷告，不仅是在一切安好、在对神的同在和善意有活泼体验的时候。其实，从我们的处境来看，神似乎十分遥远，他的看顾也不那么清晰，此时我们更应该祷告。㉞ 在某些加尔文主义的表述中，斯多葛式的坚毅与敬畏被混为一谈。人应该安静地受苦。无论如何，他都不应该表露对神及其作为的失望，尤其是在公开场合。加尔文对此的回应是，并非如此；在圣约关系中，神甚至给了信徒抱怨的"许可证"。他也会处理这种祷告。㉟

㉛ Ibid. , 3. 20. 51.

㉜ Calvin, preface to *Commentary on the Psalms*, xxxvii - xxxviii.

㉝ Calvin, *Institutes* 3. 10. 2 - 3.

㉞ Selderhuis, *Calvin's Theology of the Psalms*, 223，对《诗篇》116：1 的注释。

㉟ Ibid. , 221，对《诗篇》102：3 的注释。

如果说祷告是朝向父,那么也可以说,祷告总是借着子。"因我们一旦想到神可怕的威严,除非基督做我们的中保,将神可怕、荣耀的宝座变成恩典的宝座,否则我们因自己的不配,将颤抖地从神面前逃走。"[36]中世纪的教会让基督在众多代求者中坐了首席。"关于祷告的正确方式,圣灵有极为细致的吩咐。除此之外,圣灵几乎没在什么主题上有更加细致的吩咐。但在圣灵的吩咐中,没有一个字是教我们去求取已故圣徒的帮助。"[37]加尔文援引了迦太基会议(Council of Carthage,397 年)的决议,这次会议谴责了所有以基督之外的任何人为中保的祷告。[38] 在没有求告基督或者另加其他中保的聚会地点,参与祷告是非法之举。[39]

当我们凭着自己的义,来到法官而不是父面前,任何劝勉我们更多地——更不用说更好地——祷告的训诫,只会适得其反。即便神在某些祷告中发现"信徒没有完美的信心或悔改并完全照神的旨意热烈祈求",神也不会拒绝垂听。[40] "即便在我们组织得最好的祷告中,我们也常常需要赦免",但是因为我们在基督里,天父宽容我们,忽视了我们祷告中的不足。[41] "从来没有人照神所要求的那般正直地祷告过,连大卫在神面前都有那么多过度的埋怨,更何况一般

[36] Calvin, *Institutes* 3. 20. 17.
[37] Calvin, "The Necessity of Reforming the Church," 156.
[38] Calvin, *Institutes* 3. 20. 22.
[39] Ibid. , 3. 20. 15.
[40] Ibid. , 3. 20. 16.
[41] Ibid.

的信徒了！"这不是说在祷告中可以肆无忌惮，而是说，神宁可让我们将忧虑——甚至失望——交托给他，也不愿我们因为错误的谦卑或对他威严的恐惧而不去祷告。[42] 事实上，"若神没有赦免信徒祷告的瑕疵，则没有任何的祷告不受他公义的憎恶。"[43]我们有一位如此忠信的大祭司，即便我们的祷告冷淡且词不达意，也应坦然无惧地来到他面前，不该因为恐惧而耽延。"我们的祷告唯有在基督以他自己为祭献上所散发的香气来洒染和洁净的情况下，才得蒙神悦纳。"[44]我们绝不要以为福音是普通平常的事。悔改"使我们感到惧怕，而信心使我们快乐"，但两者在祷告中都不可或缺，就像在归信过程中一样。[45] "祷告的一个真正目的在于一个事实：神的应许应该有自己的路径抵达我们。"[46]就像福音是信心的土壤，而信心——"确信神对他的子民乃是满有恩惠和恩慈的"——是真诚祷告的根基。[47]

再说一次，公众祷告塑造个人祷告。加尔文在一次讲道时说：

每当神的良善为我们和神应许的恩典所见证（虽然我

————————

[42] Ibid.

[43] Ibid. , 3. 10. 16.

[44] 加尔文对《诗篇》20：3 的注释，载于 *Calvin's Commentaries*，4：336。

[45] Calvin, *Institutes* 3. 20. 11.

[46] Calvin,转引自 Wilhelm Niesel, *The Theology of John Calvin*, trans. Harold Knight (Philadelphia：Westminster, 1956)，157。

[47] Calvin, *Institutes* 3. 20. 12.（译文据作者所引英译本翻译。——编者注）

们是邪恶的罪人），每当我们听说我们的罪因为我们的主
耶稣基督的受死和苦难而得赦免，他为我们的过犯和我们
的负债付了赎价，使得神与我们和好，我们向他祷告、求取
祝福的路就畅通无阻。[48]

与对其他主题的探讨一样，加尔文对祷告的探讨表明一点：所
有美好的恩赐都出于父，借着子，经由圣灵传递。虽然所有**出于父**
的丰富都积存在子**里面**，"除非**经由**圣灵，否则来自神的恩典一丁点
儿也不会临到我们"。[49] 圣灵激励我们祷告，并且引导我们在神话语
的规范中祷告。[50] 内住的圣灵不仅给我们信心，使我们与基督联合，
而且给我们信心的果子，其初开的花朵就是祷告。[51] 加尔文着重指
出，神的三个位格都牵涉在我们的祷告之中。我们祷告时绝不孤
单，我们会遇见子与圣灵，他们会协力使我们的祷告得蒙悦纳。

在圣约中祷告

我们借着子，经由圣灵，来到父的面前。这份亲密而安全的关
系的背景，就是恩典之约。我们常常错解《雅各书》5：16，进而认为，

---

[48] Calvin,"The Privilege of Prayer," in *The Mystery of Godliness and Other Sermons* (Grand Rapids：Eerd-Mans, 1950),184.

[49] Calvin,"1539 Institutes," in *John Calvin：Selections from His Writings*, ed. John Dillenberger（Atlanta：Scholars Press, 1975),294. 粗体为作者所加。

[50] Calvin, *Institutes* 3.20.5.

[51] Ibid.

唯有在我们足够虔诚的时候，神才倾听——或者，至少是答允——我们的祷告。塞尔德惠斯指出了加尔文与之相反的意见：加尔文认为，"首先，"圣经"指明一个事实：圣约的根源唯独在于神的主动作为；神无条件地、自愿地作出了承诺"。因此，"神应许的确定性并不取决于人的顺服。"[52]即便在以色列人流放期间，神也持守他的应许，却没有放松他的要求，但他以"君王耶稣的到来"表明，"他没有违背他的约，而是成就了他的应许"。[53]

基于神的应许，信徒其实有"权利"获得神的保护；这就是圣约的本质。[54]总之，不受限制的神自愿受限于他的话语。他**不能**违背他的应许，而当我们将自己的案情带到他的面前，诉诸誓约以及它的标记和记号时，他甚至会非常喜乐。我们的求助在某种意义上甚至是在强迫神帮助我们。[55]塞尔德惠斯认为：

> 与路德一样，加尔文指出，我们应该提醒神记得自己的应许，既然神的应许是我们领受神恩惠的唯一途径……不过与此同时，加尔文将这与十架神学必有的艰难联系起来，十架神学申明，"神的应许不在庇护和平安当中，而只在最激烈的争战中"。[56]

---

[52] Selderhuis, *Calvin's Theology of the Psalms*，214，对《诗篇》132：12 的注释。

[53] Ibid.

[54] Ibid.，215，对《诗篇》68：35 的注释。

[55] Ibid.，225，对《诗篇》27：7 的注释。

[56] Ibid.，217，对《诗篇》37：14 的注释。

塞尔德惠斯还说,对于加尔文,"思想神借由圣约给出的应许毫无意义,除非这思想导致祷告"。我们祷告时,亲切地称神为"我的神"和"我们的父"。⑤

　　的确,最后一点——**"我们的父"**——抓住了加尔文强调的重点:圣约的一体性。我们考虑自己时,不能不关注神的荣耀、全体教会的益处和世界的需要。⑧ 公众崇拜仪式包括为统治者祷告,为各地的教会、尤其是为处在被逼迫中的教会祷告。即便我们独自一人,当我们与基督一起祷告,我们也是在与他的教会一起祷告,为他的教会祷告。"他不愿任何一人孤立,而愿我们在和平与和睦中联合"——耶稣不仅教我们向"我父"祈求,而且教我们向"我们的父"祈求,其意义正在于此。⑨ 实际上,加尔文走得更远,他甚至说:

　　　　那么,基督徒祷告要遵从这个原则,好让他们成为一体,接纳所有在基督里的弟兄,不仅指目前所见所知的弟兄,而且指所有在地上居住的弟兄。因为神对他们有怎样的定命,我们无从知晓,我们只知道,祈望他们获得最好的福分,既是敬虔之举,也是仁慈之举。不过,我们应当特别

---

⑤　Ibid. , 219.

⑧　Ibid. , 222.

⑨　Calvin, "The Privilege of Prayer," 190.

关爱信主的家庭。⑥

　沿着这些思路，耶稣呼召我们去饶恕，"如同我们免了人的债"（太 6：12）。如果我们屈膝祷告，却因邻舍的冒犯而心怀恶意或图谋报复，这其实是在祈求神照着我们对待邻舍的方式对待我们。不过，这个条件"加上来，不是因为我们赦免了别人，就配得神的赦免，好像说明了得到赦免的原因一样。主说这句话，一定程度上是要安慰我们软弱的信心"。耶稣作了一个比较。一面是神对我们的饶恕，一面是我们给他人的饶恕，后者是前者的不完美的果实和表征。⑥ 基督徒终其一生的核心祈求，就是信靠神圣约中的怜悯，求他"免了我们的债"。⑥

与基督一起祷告

　与基督联合比单纯的效法要更加深刻，所以信徒应该明白，他们其实在与基督一同祈祷，而不只是效法他的敬虔样式。诚如帕克所言，"不是说……仅仅靠着基督祷告，而是与基督一同祷告，我们的祷告与基督为我们献上的代求联合。"⑥ 威廉·尼泽尔补充说，加尔文认为，"祷告之所以可能，我们无法真正理解。"不过，"使我们向

⑥ Calvin, *Institutes* 3. 20. 38.

⑥ Ibid. , 3. 20. 46.

⑥ Ibid. , 3. 20. 16.

⑥ T. H. L. Parker, *John Calvin* (Tring, UK: Lion, 1975),110.

神的祷告成为可能的基督的祭司职任,一刻也未曾中断"。[64] 在这个
基础之上,基督时刻与我们一同祷告。"我们的祷告,无非是将我们
自己与基督的祷告联合;除非他先为我们代求,否则我们无望得蒙
神的垂听。"[65]我们不是基督,但我们与他成为一体——甚至可以说,
我们跪下来的时候,就与他成为一体。

《诗篇》实在是丰富的资源,我们不仅可以其中的祷告作为自己
的祷告,而且借由《诗篇》,我们发现,基督与我们一同祷告。这些圣
灵默示的诗歌不仅提到基督,而且终其一生都在基督的心中和口
中。严格来说,唯独基督是"蒙福的人",他完美地遵从了神的律法;
唯独基督是比大卫更大的王,他的手没有流人的血;唯独基督是
"荣耀的王",天国的门在欢呼声中为他敞开。尽管如此,我们是在
基督里,因此可以用《诗篇》来与他一同祷告。我们不仅披戴了他
的公义,而且与他联合,因此我们不再说,我们仍然"死在罪恶过犯
之中",像外邦人一样是"可怒之子",在罪和死的权下。我们是他
的百姓,是他草场的羊,因此我们可以宣称,对这位大牧人恰如其
分、完全属实的描述,用在我们身上也是有效的,尽管未能尽述我
们的真相。

没有人比耶稣更能体会哀歌中的痛苦、焦虑和悲伤。也没有人
像他那样因为父的爱而感受到莫大的喜乐,要用赞美的诗歌来表

165

---

[64] Niesel, *The Theology of John Calvin*, 154,此处提及 *Institutes* 3. 20. 17。

[65] Ibid.

达。用《诗篇》中的祷告与我们的救主一同祷告,是一大特权。神不仅撇下自己的威严,降下来寻找我们,用"儿语"与我们交流,还以同样的方式来帮助我们与他交流。"神降下来寻找我们,从某种意义上说,是自贬身价,**结结巴巴地与我们说话**,因此,他也允许我们**结结巴巴地与他说话**。"⑥

当我们从自我封闭的茧中被拖出来,与同行的圣徒一同祷告,我们就会发现,基督自己乃是身为我们的长兄——我们骨中的骨,肉中的肉——与我们一同祷告。因此我们发现,我们可以背起父放在我们肩上的十字架,走过人世浮沉。⑥

---

⑥ 加尔文对《创世记》35:7 的注释,载于 *Calvin's Commentaries*,1:238,粗体为作者所加。

⑥ Calvin, preface to *Commentary on the Psalms*,xxxix.

第十章　基督徒生活中的律法和自由

没有什么人像加尔文及其属灵后裔一样,既被指控为律法主义者,也被指控为放纵主义者。加尔文对律法在基督徒生活中的角色有什么见解呢? 他又是怎样协调基督徒的自由和基督身体中的爱的益处呢?

律法和福音

奥古斯丁的论著《字句和精义》着重指出,神以不同方式,借由他的道,即"律法"和"福音",施行审判、赐下恩典。而对后来的解释者来说,福音就是新约,或者"新律法"。他们常常说到"福音的律法"(the law of the gospel),进而也常常说,基督的命令比旧约律法要容易遵守。

与路德一样,加尔文发现,律法和福音的这种混淆是中世纪信仰和实践发生错谬的根本原因。他说:"那些不明白这些教导之人幻想基督是另一位摩西,是福音律法的颁布者,为要补充摩西律法的不足。"——"这种说法在许多方面是极有害的。"①信徒要爱神、爱

---

① Calvin, *Institutes of the Christian Religion*, ed. John T. McNeill, trans. Ford Lewis Battles (Philadelphia: Westminster, 1960),2. 8. 7.

邻舍,不过,"他们无论做什么,也达不到律法所要求的完全"。"如果以律法做准绳,那么,无论自己想要做什么,都会被咒诅。"他们最好的行为都是不完全的,仅就这一点来说,倘若放在神公义的审判台前,也会被判为"律法上的过犯"。②

加尔文还援引了梅兰希顿提出的律法的三重功用:(1)在神的审判面前控告我们,证明世界有罪;(2)提醒所有人,甚至是非基督徒,他们应当遵从写在他们良心上的道德律;(3)引导信徒走感恩之路。③

律法的第一重功用,旨在"剥夺我们对自身之义的倚赖,使我们接受[神的]恩典之约,逃向基督,因基督是律法的总结"。④ 律法是良善、真实、正确的,我们则不然。因此,谈到是否能让良心确信神的恩惠这个问题的时候,律法与福音截然相反。"因为保罗的话永远有效,即律法和福音的区别在于:后者不喜欢前者以行为为条件应许的生命,而喜欢出自信心的生命。**还有比这个对照更清楚的吗……?**"⑤如果我们所谓的律法是圣经的前五卷书,那么律法当然也包含福音。不过,如果我们指的"仅是[摩西的]职事所特有的那一部分,由律令、奖赏和惩罚构成",那么律法与福音完全不同。摩西职事的宗旨

---

② Ibid., 3.19.4.

③ The Formula of Concord, art. 6;Calvin, *Institutes* 2.7.6,10,12.

④ Calvin, preface to *Commentaries on the Four Last Books of Moses*, in *Calvin's Commentaries*, vol. 2, trans. Charles William Bingham (Grand Rapids: Baker, 1996), xviii.

⑤ Calvin, "Antidote to the Council of Trent," in *Selected Works of John Calvin: Tracts and Letters*, ed. Henry Beveridge and Jules Bonnet, 7 vols. (Grand Rapids: Baker, 1983),3: 156,250.

所在,是要让神的百姓——

> 对自己的义绝望,从而逃往充满神恩的避难所,也就
> 是逃向基督。这是摩西管家职事的目的或初衷……
>
> 只要律法这个词这样严格使用,摩西就暗示了与基督
> 对立;因此我们必须思考,律法既然应与福音区分,它到底
> 包括什么。⑥

加尔文与路德一样坚持认为,在阅读、宣讲、解释圣经时,区分
律法和福音极为重要。在《罗马书》10:3—7 中,保罗的意图是,再
次"表明律法之义和福音之义的差别极为巨大"。⑦

加尔文说:"福音的话语足以安抚心灵,使我们的救恩确定无
疑。""我们要明白律法和福音的差别,由两者的不同可以推知,就像
律法要求的是行为,而福音只要求我们用信心领受神的恩典。"⑧律
法是面镜子,照出我们的罪,将我们驱向基督。⑨ 律法只会告诉我们
"我们所亏欠于"神的,"除非我们完全顺服他,否则便毫无永生的盼
望,若我们在某一方面有丝毫偏差,将受到神的咒诅"。⑩ 我们是有

---

⑥ 加尔文对《罗马书》10:5 的注释,载于 *Calvin's Commentaries*,vol. 19,trans. John
   Owen (Grand Rapids: Baker, 1996),386 - 387。
⑦ Ibid.,390 - 391. 也参见 Calvin, *Selected Works of John Calvin*,3:251。
⑧ 加尔文对《罗马书》10:8 的注释,载于 *Calvin's Commentaries*,19:390 - 391。
⑨ Ibid.,386 - 387.
⑩ Calvin, *Institutes* 2.9.4.

罪的,所以"律法的生就是人的死"。⑪ "律法的独特职能就是将良心
召唤到神的审判台前。"⑫律法的宗旨不是要使我们的心趋向敬虔,
而是揭示我们的悲惨,使我们逃向基督。

　　加尔文甚至认同路德的名言:"律法无非咒诅。"比如,他在传讲
《以赛亚书》53:11 时说:

> 律法只生出死亡。它加重我们的罪责,激动神的愤怒
> ……神的律法在说话,但并没有归正我们的心……因为神
> 并没有在福音中说,"你必须做这个,你必须做那个",而是
> 说,"要相信我的独生子是你的救赎主;要接受他的受死和
> 受难来医治你的疾病;要投入他的血中得洁净。"⑬

　　加尔文还促进了改革宗依照"两约"区别律法和福音这一做
法的成形。在他看来,"两约"就是"律法之约和福音之约"。"两
约就是两个母亲,生出来的孩子也各不相同;律法之约生出奴
隶,福音之约生出自由人。"⑭从这个意义上说,"律法所能做的无

---

⑪ Calvin, *Calvin's Commentaries*, 2:316.

⑫ 加尔文对《约翰福音》16:10 的注释,载于 *Calvin's Commentaries*, vol. 18, trans. William Pringle (Grand Rapids:Baker, 1996),140。

⑬ Calvin, *Sermons on Isaiah's Prophecy and the Death and Passion of Christ*, trans. T. H. L. Parker (London:James Clarke, 2002),对《以赛亚书》53:11 的注释。

⑭ 加尔文对《加拉太书》4:24 的注释,载于 *Calvin's Commentaries*, vol. 21, trans. William Pringle (Grand Rapids:Baker, 1996),137-138。他在他的《〈罗马书〉注释》(此前引用过)中表达了同样的观点(298)。

非咒诅。"⑮在《加拉太书》第 3 章,保罗"以矛盾之事为论据,因为同一个源泉不可能既出热水,也出冷水"。"律法将所有人置于咒诅之下。因此,到律法中求福分是徒劳之举。"⑯

福音是"使人重生的工具,白白使我们与神和好"。⑰"福音的应许是白白、完全倚靠神的怜悯,而律法的应许乃是倚靠遵行律法。"⑱即便作为信徒,"这一点我们也要终生倾听"。我们一定要敏于分别律法和福音,不然又会回头指望行为,良心会因而永远困惑不安。⑲ 即便是被称义、重生的信徒,也不能靠遵行律法作为蒙神喜悦的确据。⑳

第三重功用: 来自神的生活智慧

加尔文列出律法的三重功用后,进而探讨了第三重功用,认为律法的第三重功用是在道德层面引导我们。他说:"律法有劝诫信徒的力量,但这种力量不是用咒诅来捆绑良心,而是一再地激励他们,使他们摆脱懒惰,并且掐醒他们,使他们意识到自己的不完全。"他又补充说:"不是说律法不再吩咐信徒去做正确的事,而是说律法对信徒来说跟从前不一样了;律法不再以恐吓和搅扰的方式来谴责

⑮ 加尔文对《哥林多后书》3:7 的注释,载于 *Calvin's Commentaries*,vol. 20,trans. John Pringle (Grand Rapids:Baker, 1996),178。

⑯ 加尔文对《加拉太书》3:10 的注释,载于 *Calvin's Commentaries*,21:88。

⑰ Calvin, *Calvin's Commentaries*, 20:178.

⑱ Calvin, *Institutes* 3.11.17.

⑲ Calvin, *Calvin's Commentaries*, 19:136.

⑳ Calvin, *Institutes* 2.7.4.

和毁灭他们的良心。"㉑加尔文认为确据等同于信心：相信福音就有保障。虽然加尔文的某些后继者强调，要严格自省，发现拣选的标记，"加尔文则不同，他常常将信徒引向圣经和圣礼，使他们确信，基督已经为他们死了"。㉒

不过，警告信徒在坚固良心的事上不要给律法留任何余地后，加尔文随即又说："但我们也不能因此推断：对于信徒而言，律法毫无用处。律法不断教导、劝勉和激发信徒行善，虽然**对于信徒的良心**，善行在神的审判台前与他们的称义完全无关。"㉓律法是好的，但律法的职责很明确。律法告诉我们神的圣洁对我们有什么要求，但并没有给我们满足这些要求的能力；律法显明了神的公义，但并不具有使人称义或使人成圣的能力；律法并不能让我们的良心确信神恩待我们，因为我们的良心总是有亏欠。跟随基督、效法他榜样的呼召是律法，不是福音。作为对已经借由基督归给自己的义而称义者的一项命令，这样的呼召是良善而智慧的。而如果是作为在神面前变得公义的一种方式，这样的呼召纯粹是在定罪。如果我们的得救在于效法基督的样式，那最让我们绝望的就莫过于基督的样式了。在基督徒的一生当中，福音始终是平安的源头，无论是在确据

㉑ Ibid. , 2.7.14.

㉒ Irena Backus and Philip Benedict，introduction to *Calvin and His Influence*，1509 - 2009，ed. Irena Backus and Philip Benedict（New York：Oxford University Press，2011），14.

㉓ Calvin, *Institutes* 3.11.2，粗体为作者所加。（译文据作者所引英译本略有改动。——编者注）

和成圣的事上,还是在信心和称义的事上。

不过,正因为如此,对加尔文来说,律法的第三重功用——亦即作为对我们生活的道德指引——是"主要的功用"。[24] 在司法意义上,亦即在律法之约意义上,我们不在"律法之下"。[25] 如今,"律法不是严厉的监工,要求人完全满足它",律法只是指出"我们一生应当奋斗的目标"。[26] 但凡有人讲道,劝勉信徒要更加忠信,好像这是确保神恩待的条件,加尔文都强烈反对。加尔文说,信徒不但要"留意其中的诫命",

> 也留意神施恩的应许,唯有神的应许使苦变为甘甜。若律法只强求人的顺服和威胁违背它的人,并以惧怕搅扰和为难人,难道有比这更令人反感的吗?大卫特别表明他在律法上看到中保,因为若没有这中保,就毫无喜乐和甘甜。[27]

我们再次看到,"虽可区分却不可分割"的原则在起作用。律法和福音绝不可混淆,但也绝不能分割。

发现神的旨意

因此,在第三重功用上,律法是学习神为我们的生活所定旨意

---

[24] Ibid. , 2. 7. 12.

[25] Ibid. , 2. 7. 15.

[26] Ibid. , 2. 7. 12 - 13.

[27] Ibid. , 2. 7. 12.

的"最好的工具",也劝勉、激励我们去顺服。⑳ 即便是律法的威胁,也在提醒我们,我们罪恶深重,如此一来,我们就会逃向基督,唯独紧紧抓住基督,并想到自己的责任。正是因为律法本身不是我们与神和好的原因,它如今才能作为一贯的引导,帮助我们过感恩的生活。命令、呼召我们顺服的神,也是使我们称义、除去律法的恐吓的神。因为对于那些唯独在基督里称义的人来说,律法是朋友,而不是敌人。如今,神并不是从西奈山向我们晓谕律法,有电闪雷鸣的威胁,而是从锡安山晓谕律法,在那里,审判的宝座已经变成了和平之家。

虽然路德和加尔文各有侧重,所见也有细微差别,但我们也应该警惕,不能认为两人在这个问题上针锋相对。路德的《驳反律法主义者》(*Against the Antinomians*)肯定律法,认为分割称义和成圣,就像罗马混淆称义和成圣一样,是异端思想。首先提出"律法三重功用"的是梅兰希顿,《协同书》用来直接肯定第三重功用的篇幅,要多于改革宗的相关信条和教理问答。⑳ 赫塞林克(Hesselink)的结论是充分的:"在这方面,除了侧重点有别,严谨程度不同,加尔文和

⑳ Ibid. , 2. 7. 15.

⑳ 事实上,甚至在梅兰希顿于 1535 年的《教义要点》(*Loci communes*)中确认过三重功用后,梅兰希顿和加尔文两人还都提到过律法的"两重功用"——教导层面(神学层面)和民法层面(加尔文在 1559 年版的《要义》中才将民法和道德功用结合起来,虽然在 1539 年版《要义》中就曾提到"三重功用")。参见 Timothy Wengert, *Law and Gospel:Philip Melanchthon's Debate with John Agricola of Eisleben over Poenitentia* (Grand Rapids:Baker, 1997),尤见 195。

路德并无明显差别。"㉚

从第一重功用上说,律法作为审判的话语如雷电般从天发出。从第三重功用上说,律法像父充满慈爱的手搭在我们肩上,引导、责备、劝勉我们。因此,神的管教绝非他发怒的记号。无论他加诸我们什么试炼,都不是对罪恶的报复,而是他父亲般的训练。"因为神熬炼信徒时,所想的不是他们配得什么,而是未来什么对他们有益。他行使的是医师的职责,而不是审判者的职责。"㉛

罗马天主教敬虔观的问题在于,它并不真正明白从律法到恩典、从审判者到父亲的转变。耶稣成了另一个摩西——甚至是另一个亚里士多德,给了我们无与伦比的人生哲学。保罗在《罗马书》中用了十一章来解释神恩典在基督里的丰富,然后"由神的慈悲"谈到"理所当然的侍奉"。加尔文说,"这就是福音和哲学的区别。"路德也谈过这一点,主要瞄准亚里士多德的基本假设:人因为好习惯而成为好人。哲学家教导的伦理并没有什么可靠的根基。"教宗制度下的教导模式与此不无相似之处;虽然他们顺便提到对基督的信心和圣灵的恩典,可是很显然,相较于基督和他的使徒,他们离异教哲学家更近。"㉜

172

㉚ I. John Hesselink, *Calvin's Concept of the Law* (Allison Park, PA: Pickwick, 1992), 158.

㉛ 加尔文对《创世记》3:19 的注释,载于 *Calvin's Commentaries*, vol. 1, trans. Charles William Bingham (Grand Rapids: Baker, 1996),178。

㉜ 加尔文对《罗马书》12:1 的注释,载于 *Calvin's Commentaries*,19:449。

加尔文坚持认为，我们必须在福音中谈顺服。

> 对罗马天主教徒来说，用恐吓达成某种被迫的顺服就
> 足够了，我不知道那是怎样的一种顺服。但保罗会将我们
> 与神紧紧联结在一起，不是借由奴性的恐惧，而是借由自
> 愿、欢喜的对公义的爱。他会用我们借以得救的那种甜蜜
> 的恩惠来吸引我们；同时也会责备我们忘恩负义，除非我
> 们在发现父极为仁慈、慷慨后，尽力将自己完全奉献
> 给他。③

孩子想取悦父母，不是为了博得他们的喜爱，而是因为他们已
经得享父母的喜爱。他们想知道，父母赞同什么，不赞同什么。自
然法提供的启示足以帮助我们建立相当公平的社会。"然而人被幽
暗层层笼罩，几乎无法借自然律领会神所悦纳的敬拜方式。"因此，
"神就给我们书面的律法，为了更清楚地见证自然律这种较模糊的
启示。"③④以为我们比神更知道什么是他所喜悦的，这样的念头既愚
蠢又自我中心。因此，加尔文提醒我们："以人的能力决定神荣耀的
标准极为不妥，因我们的能力不能更改神永不改变的属性：他是义
行之友，罪行之敌。"③⑤

---

③ Ibid. ,450.

③④ Calvin, *Institutes* 2.8.1.

③⑤ Ibid. , 2.8.2.

加尔文带着这样的认识,开始解释十诫。简言之,神在十诫中告诉我们,真正的敬虔与敬畏所要求的是什么。

家规:作为感恩生活规范的十诫

加尔文从《出埃及记》20 章的序言开始解释说:"[神]赐下恩典的应许,以其甘甜吸引他们[以色列人]热爱圣洁。"使人渴慕圣洁的动力,是对他恩慈拯救的感恩。[36] "我是耶和华你的神",这句话显明的不仅是**某位**神或至高的存在,而是与他拣选的人有密切关系的那位神。因此我们必须圣洁,因为神是圣洁的。加尔文也提到《玛拉基书》1:6:"我既为父亲,尊敬我的在哪里呢?"[37]接下来便谈到他带来的恩惠。这位神,"你的神",将他的百姓从埃及为奴之家救了出来。[38]

加尔文认为,经院哲学家(他以阿奎那为例)追随亚里士多德,宣称人因禁绝恶行而获得美德。不过加尔文强调,事实并非如此,尤其是依照登山宝训来看,"美德不但在乎人不犯所禁止的罪,也包括去做与这罪相反的事。"比如,"不可杀人"不仅是说要禁绝歹毒的暴力,而且还是说"包括神吩咐我们要尽力保护邻舍的生命"。[39] 强调各条诫命的积极一面这点,在路德的要理问答、《海德堡要理问

173

---

36 Ibid. , 2. 8. 13.
37 Ibid. , 2. 8. 14.
38 Ibid.
39 Ibid. , 2. 8. 9.

答》和《威斯敏斯特要理问答》中均可以发现。

加尔文还着重指出,第二块法版(对邻舍的爱与服侍)以第一块法版(对神的爱与敬拜)为基础。"即使你拒绝偷窃和抢劫,但却借亵渎窃取神威严的荣耀;或即使你没有因淫乱而玷污自己,但却借亵渎的言语妄称神圣洁的名;或即使你没有杀人,但却完全不理会神,这还算是义吗?"错误的敬拜"不会比断头的尸体更美丽"。[40]

爱神: 第一块法版

加尔文说,神以此为基础命令"不可有别的神"。正如路德在他的《小要理问答》中的解释,第一条诫命是说,"我们应该敬畏神胜过敬畏一切,爱神胜过爱一切,信靠神胜过信靠一切。"独一真神借着自己的话语启示了自己,所有罪的根源都是拒绝按照他的自我启示来信靠他。与此类似的是,加尔文将诫命分为四部分:尊崇、信靠、祈求和感恩。尊崇神就是敬畏神,使良心服从他的意志,而不服从任何人或任何别的事物。信靠神就是在他的怜悯和良善中寻见唯一可以救赎我们的安慰。祈求神就是不求告别的名,包括马利亚和圣徒,而要在中保基督里接受神。最后,正如人的罪的本质等同于"不感谢"(罗 1:21),顺服的本质在于感恩。[41]

如果第一条诫命是在呼吁我们敬拜正确的神,那么第二条诫命

[40] Ibid. , 2.8.11.

[41] Ibid. , 2.8.16.

就是吩咐我们正确地敬拜神。路德宗和改革宗就公众敬拜中什么是允许的，存在不同的解释，而路德将第二条诫命并入了第一条诫命，这个做法对分歧的形成产生了重大的影响。[42]

第三条诫命说，"不可妄称耶和华你神的名。"路德在他的《小要理问答》中解释说："我们应当敬畏神、爱神，因此不可奉他的名咒诅发誓、行巫术、说谎或欺骗。每逢遭遇艰难，每逢祷告、颂赞、感恩，我们都要求告他的名。"加尔文在自己的要理问答中的解释也类似，不过在《要义》中作了扩充。我们再次看到诫命的积极意义的优先性："首先，我们对神的一切意念、言语，都应与神的至高至圣相称，也当荣耀神的伟大。"这就要求我们敬虔地运用他的"圣言和奥秘"，敬虔地"赞美神的智慧、公义以及良善。这就是以神的名为圣的含义"。[43] 加尔文发现，这条诫命在原初语境中主要是指法庭宣誓。我们必须将这些誓言视为向神所作的告白，而不仅仅是向其他人作出的。[44] 同时，加尔文不同意重洗派对登山宝训的解释，后者认为，登山宝训禁止这样的法庭宣誓。[45]

他对第四条诫命的解释颇受关注。与路德、茨温利、布塞以及大多数改教家一样，加尔文痛斥对节期的"迷信式"的执守，认为这是罗马和重洗派的作风。他说，首先，"这条诫命的目的就是，要对

㊷ Ibid., 2.8.21.

㊸ Ibid., 2.8.22.

㊹ Ibid., 2.8.23.

㊺ Ibid., 2.8.26.

自己一切的喜好和工作毫无感觉，并默想神的国，以神所立定的方
式默想神的国"。他还补充说："早期的教父习惯将这诫命称为预
表，因它吩咐当时的人谨守一日为圣，而这一日与其他的预表一样，
在基督降临时被取消了。"⑯第三，加尔文强烈反对中世纪的做法，那
个时代的教会将这条诫命分为仪式性的一面和道德性的一面，这样
一来，只有将安息日改到周日，安息日的诫命才能保持完整。

> 以上我已充分反驳了假先知的谬论。过去几个世纪，
> 他们将犹太人的观点传染给人。他们宣称神只取消这诫
> 命仪式的部分（他们是指"指定的"第七日），然而道德部分
> 却仍被保留，即神指定七日中的一日。然而这样说无异于
> 羞辱犹太人，因为只是改变日子，却仍然保留将七日中的
> 一日分别为圣……那些跟随他们的人对安息日的迷信比
> 犹太人更甚。

总之，这条诫命于我们仍然适用的那部分在于，"我们应当勤勉不断
地参加聚会，并且善用神所赐给我们外在的帮助来加强向神属灵的
崇拜"。⑰ 加尔文认为，"安息日主要是对属灵安息的预表"。⑱ "无
疑，主基督的降临废止了这诫命仪式的部分。因他自己本身就是真

---

⑯ Ibid. , 2. 8. 28.

⑰ Ibid. , 2. 8. 34.

⑱ Ibid. , 2. 8. 29.

理,他的降临废除了一切对他的预表;他是真理的本体,在他降临时,其影儿就抛在身后,他就是安息日的应验。"因此,这条诫命的真正意义"并不局限于一日,而是我们一生都当记念的,直到我们完全治死一切的私欲并充满神的性情。如此,基督徒们就当离弃那种迷信地遵守节期的行为"。㊾

这不是说,长老不能召集我们在特定的日子聚会。每周一次的主日被赋予了举足轻重的地位,圣诞节、耶稣受难日、复活节、基督升天日和五旬节,这些节期也在相邻的周日纪念。㊿ 加尔文说:"尽管安息日的仪式已被废止,我们仍然应当做到:(1)在规定的日子聚会、聆听
真道、领圣餐,以及共同祷告[徒 2:42];(2)让仆婢和工人从劳碌中得 176
歇息。"他还说:"圣经吩咐教会当聚会。"教会被赋予权威,可以确定正式聚会的时间和地点。我们应该天天聚会!"但既然许多人的软弱拦阻他们每日聚会,而且出于爱的缘故我们不可强求他们如此行,所以我们不妨顺从神照他的旨意为我们所立定的秩序。"(51)

加尔文说,因此,设立主日不是因为主日是安息日,而是因为"我们遵守这日是为了保守教会的次序"。(52)

㊾ Ibid., 2.8.31.

㊿ 欧洲大陆和英国在这方面的安排有所不同。比如,《多特教会法令》(Church Order of Dort)规定,要特别为圣诞节、受难日、复活节、基督升天日和五旬节举行崇拜礼。清教徒从教会日历上删除了这些节日,不过敦促国会特别为禁食、感恩择定日期。

(51) Calvin, *Institutes* 2.8.32.

(52) Ibid., 2.8.33.

初期教会的信徒在极其谨慎地考虑后,才用主日代替犹太人原来的安息日。安息日所预表的真安息在主的复活上已经应验,并且复活也显明神设立安息日的目的。然而既然这复活废止了一切对安息日预表的影儿,所以神吩咐基督徒不要留恋预表的仪式。因此,我也不会紧抓"七"这数字不放,而使之成为教会的另一条约束。我也不斥责教会在其他重要的日子中聚会,只要他们不使这日成为迷信。[53]

爱邻舍:第二块法版

加尔文指出,第五诫的适用范围比字面所示要广。他(借着诉诸新约的经文)认为,尊荣父母也意味着要尊敬、顺服凡被神赋予权威的人。[54] 同时,"若父母引诱我们违背律法,我们有权力不将他们视为父母,而是局外人,想误导我们不顺服天上的父亲。"[55]

第六诫不仅禁止杀人,而且要求我们具有促进邻舍福益的内在动机和外在行为。

神同时也吩咐我们当尽力抢救邻舍的性命,并帮助他们过平安的生活;当抵挡一切伤害他们的事。他们若落在

---

53 Ibid., 2.8.34.
54 Ibid., 2.8.35.
55 Ibid., 2.8.38.

危险之中，当救助他们。

第六诫呼召的是心，不仅是手，因为"恨不过是"针对邻舍的"持续的
怒气"。⑤⑥

　　德国、荷兰和法国的很多新教徒在纳粹占领期间藏匿犹太人，
正是从这样的广度和深度来理解这条诫命的。

> 　　圣经强调本条诫命的立定有双重的根据，因人既是神
> 的形象，又是我们的骨肉之亲。若我们不想破坏神的形
> 象，我们就应当将邻舍看为圣洁的；若我们不愿失去人性，
> 我们就当爱惜别人的身体，就如自己的一样。我们在别处
> 将探讨这吩咐与基督的救赎和恩典有何关联。⑤⑦

　　仆人不是奴隶。加尔文在注释《以弗所书》6：9时说："'威吓'
一词道尽了主人目中无人的轻蔑神情。"他提醒道："他们被告诫不
要显出一副主子的气派或高人一等的姿态。""主人鄙视奴隶，好像
他们生下来就是为奴的，主人恶待奴隶，好像他们比牛马强不了多
少。威吓和各种残暴都由此产生。"⑤⑧

　　第七诫要求的是性方面的纯洁，而不是独身。有的人有独身的

---

⑤⑥ Ibid. , 2. 8. 39.
⑤⑦ Ibid. , 2. 8. 40.（译文据作者所引英译本略有改动。——编者注）
⑤⑧ 加尔文对《以弗所书》6：9 的注释，载于 *Calvin's Commentaries*，21：332。

恩赐。不过，挣扎于性的试探而不结婚的人，"违背了自己的呼召"。⁵⁹ 总之，"他若没有节制的能力，就应明白神吩咐他有必要结婚"。⁶⁰ 埃默里大学（Emory University）的小约翰·威特（John Witte Jr.）认为，加尔文改变了西方人的婚姻观，还有一些人也持这个观点。加尔文与路德和其他改教家一样，并不认为独身优于结婚。不过，除此之外，他还提出了关于求婚和结婚的新看法，认为求婚和结婚应基于爱而不只是社会地位（比如，包办婚姻）。而且，他鼓励寡妇再嫁，还关注妻子被虐待的问题。这一切问题虽然严重，很大程度上却为中世纪的敬虔观所忽略。如宗教法庭的工作所示，加尔文选择的是正面解决。⁶¹ 在一个女人的地位几乎与奴仆相似的时代，加尔文提出警告，"不爱妻子的男人是残忍的怪物"。⁶²

第八诫不仅禁止偷盗的罪行，而且不许我们"觊觎他人的财产"。从积极的一面来看，第八诫呼召我们"帮助每个人管理好自己的财产"。加尔文的观点，其终极根据不在个人财产权，而在神的护理："我们要思考人所拥有的一切并非偶然获得，而是出于至高主耶和华的分配。"⁶³于是，以神为中心而不是以人为中心的定位再次出现。第八诫的原则不是"不为害"，好像不侵犯邻舍的权利是终极目标

---

59 Calvin, *Institutes* 2. 8. 42.

60 Ibid. , 2. 8. 43.

61 参见 John Witte Jr. and Robert M. Kingdon, *Sex, Marriage, and Family in Calvin's Geneva*, vol. 1, *Courtship, Engagement, and Marriage* (Grand Rapids: Eerdmans, 2005)。

62 加尔文对《以弗所书》5：28 的注释，载于 *Calvin's Commentaries*，21：322。

63 Calvin, *Institutes* 2. 8. 45.

似的。毋宁说，我们尊重邻舍，重视其财产，是因为我们要**向神**负责。有时候，邻舍的物品被"以看似合法的手段"偷走了。神知道原委。"神参透一切苛刻和不人道的法律，有权势者用它们来压迫和欺诈无助的人。"我们有责任去反对"这样不公的事情"。[64] 第八诫还吩咐我们"也应当与穷困的人分享自己的财物，以我们的盈余援助他们"。[65]

第九诫禁止在法庭上作伪证。加尔文说，从积极的意义上说，这条诫命吩咐我们去维护邻舍的好名声。路德在他的《小要理问答》中作出了类似解释，他说，这条诫命要求我们多看邻舍的好处，"凡事作最具善意的解释"。加尔文说，我们草率下结论时，通常会责备邻舍。我们应该更倾向于遮盖邻舍的缺点，而不是当众批评他们。他说："然而令人惊讶的是，我们多次在这方面不假思索地犯罪！不常犯这罪之人实在稀少。"即便在教会中，我们也会轻易地容忍一些罪，传播流言即是其一，加尔文严词责备说："事实上，这诫命甚至扩展到禁止我们假装以开玩笑的方式恶毒地取笑人。"常让他人难堪的人不在少数，他们"有时以无礼的言语深深地伤害他们的弟兄"。[66]

第十诫禁止贪心，加尔文由此指出，爱必须成为生活的法则。爱实在是律法的总结。这条诫命提醒我们，神在所有规条中要求

179

的,不仅是外在的遵从,而且是内在的公义。⑥⑦

总之,加尔文指出,道德律中的命令与新约中的劝勉并无本质区别。神的性情并没有改变。今天与以往一样,神呼召我们过一种充满爱的生活,这里所说的爱,是反映神圣之爱的那种爱,而神圣之爱是我们存在的根源。⑥⑧ 加尔文说:"因此,信心是真敬虔的根源。"⑥⑨福音产生信心,信心结出爱和善行的果子。

加尔文的观点与十诫一样,强调我们对神和他人的责任。将这与属灵操练和美德提升计划的常见清单比较,我们就会发现,后者常使我们关注自身。加尔文很熟悉《本笃会规》(Rule of Saint Benedict)。这份文件给了人一架梯子,上有"谦卑十二级",通往完全的爱,甚至通往天堂本身。

谦卑第一级,"时时谨记,凡蔑视上主的,将因自己的罪沉入地狱,被火焚烧;凡敬畏上主的,有永生留给他们。"⑦⑩我们的心思和身体的欲望,"常在上主眼前,时时由天使呈报上主。"⑦①"谦卑第二级,不爱自己的私意,不以私欲满足为乐。"⑦②第三级,"为爱上主的缘故,

---

⑥⑦ Ibid. , 2. 8. 50.

⑥⑧ Ibid. , 2. 8. 51.

⑥⑨ 加尔文对《诗篇》78:21 的注释,载于 *Calvin's Commentaries*, vol. 5, trans. James Anderson (Grand Rapids: Baker, 1996),245。

⑦⑩ Joan Chittister, OSB, *The Rule of Benedict: A Spirituality for the Twenty-First Century* (New York: Crossroad, 2010),79.

⑦① Ibid.

⑦② Ibid. , 83.

服从院长,绝对听命。"[73]第四级,"面对苦难,我们的心平静接受,平静忍耐,不软弱,不逃避。"[74]第五级,定期向院长供认所有的罪。[75] 第六级和第七级,"我们安于最卑微、最卑贱的地位","从心里承认,人人强于我们,我们没有什么值得称道的"——我们甚至是"蠕虫"。[76]第八级,一心恪守修道院的公共规章。第九级,保持静默,除非为了回答他人。第十级和第十一级,不许大笑。[77] 第十二级,修士、修女要常常谨记,他们因为自己所犯的罪,在神面前是罪人。[78] "我们登过了谦卑十二级,就会立即达致对上主的'完全的爱','把惧怕除去'(约壹 4:18)。"[79]

《本笃会规》的这些规定,连同很多其他规定,主要是在关注个体。这也合情合理,因为该会规意图规范的生活,是一种避世的生活。事实上,这种生活甚至避开了教会,因为全部生活都在修道院的高墙之内。

加尔文的观点截然相反,他认为,神的诫命唯有在社会处境中才行得通,与我们一同投身日常生活的有神,有彼此:配偶、子女、父母、雇主、同事、雇员、公民同胞和教会中的弟兄姐妹。

---

[73] Ibid. , 84.

[74] Ibid. , 85.

[75] Ibid. , 88.

[76] Ibid. , 91.

[77] Ibid. , 92 – 95.

[78] Ibid. , 97 – 98.

[79] Ibid. , 98.

加尔文提倡的敬虔既防备律法主义,也防备反律法主义,这一点在改革宗的信仰告白中有很好的总结:"即便是最圣洁的人,今生在这种顺服上也只是刚刚起步。不过,他们确实立定了心志,不只是按照神的某些诫命生活,而是要按照神的所有诫命生活。"[80] "因此,若说令人称义的信心使人疏忽敬虔与圣洁的生活,此为大谬。相反,若无令人称义的信心,他们做任何事,都不能出于爱神的心,而只能出于自爱或对定罪的恐惧。"[81]

我们由此得了释放,终于可以不再因为自己以及自己在神面前的地位而困扰,可以去过顾念他人以及他人所需的生活了。问题不在于我们是否蒙召要按神喜悦的方式生活,而在于我们是竭力讨神的喜悦,把他当做在法庭上衡量我们作为的审判者,还是将他视为已经悦纳我们与基督同作后嗣的父亲。

> 但我们若从律法严厉的要求下得释放,而听到父神慈悲的呼召,就会甘心乐意地听从他的带领。总之,那些负律法之轭的人,就如主人每天给自己的奴仆某些吩咐……但父亲更慷慨和坦白地对待儿子,儿子虽然知道自己的行为不完全、半途而废,甚至有瑕疵,仍坦然地面对父亲,因

---

[80] The Heidelberg Catechism, Lord's Day, q. 113, in *The Psalter Hymnal: Doctrinal Standards and Liturgy of the Christian Reformed Church* (Grand Rapids: Board of Publications for the CRC, 1976), 56.

[81] The Belgic Confession, art. 24, in *The Psalter Hymnal*, 80.

相信虽然他们没有将父亲的吩咐做到完全,父亲仍将悦纳他的顺服和甘心乐意的心。我们应当做这样的儿女,坚定相信我们慈悲的父神将悦纳我们对他的服侍,不管我们的服侍有多微小、无关紧要或不完全……但我们若在惧怕中服侍神,不知道我们的侍奉是冒犯还是尊荣他,如此我们怎能有敬畏神的心呢?[82]

基督徒生活中的律法和自由

在《基督徒的自由》(*The Freedom of a Christian*,1520)中,路德探讨了信徒身上的一个吊诡之处:在基督里,信徒既是众人之主,不受任何人辖管,又是众人之仆,受所有人辖管。正因为我们在基督里,脱离了律法的权势,"我们要顺服邻舍,对此切勿感到奇怪,因为神创造我们的时候,就预设了这个条件。"[83]要做神的自由后裔,就要做邻舍的仆人。律法还告诉我们何为爱,并呼吁我们委身于这爱的呼召,但不是出于恐惧,而是出于彼此甘愿的顺服。

对加尔文来说,基督徒的自由不是可有可无的次要问题。他称自由为"称义的附属物[或附加物]"。在探讨了称义的教义之后,加尔文随即探讨了自由。

---

[82] Calvin,*Institutes* 3. 19. 5.

[83] Calvin,*Sermons on the Epistle to the Ephesians* (Edinburgh: Banner of Truth, 1973),564.

我们现在要开始讨论基督徒的自由。若要概括福音
的基本教导,这主题是不可省略的,因为这是基要的教义,
而且人若不了解这教义,则他们不管做任何事,良心都会
充满疑惑,他们会在许多事上犹豫和退缩;他们总是摇动
和惧怕。但自由是称义所特别带来的副产品,大大地帮
助我们明白称义的力量。[84]

如果我们没有在日常生活中经历到神对我们的慷慨,称义这教义又
有什么用呢?

软弱的弟兄怎么办?

加尔文说,在这一点上,批评家常常提到《罗马书》14 章"软弱的
弟兄"的问题。加尔文可能想起了苏黎世人星期五举行肉宴,圣灰
星期三集体烤香肠,就责备他们炫耀新得到的自由。再次申明,事
情本身并不重要,可是被属灵的骄傲玷污了,这样的骄傲与禁止做
此事而引发的骄傲一样,是冒犯神的。这是某种反向的律法主义,
挥舞着基督徒自由的旗帜,夸耀比别人优越。如果有人认为,喝酒
或者在星期五吃肉不合神的心意,你就不应该鼓励他们这么做。首
先要教导他们,好让他们的良心在神面前是自由的。

加尔文认为,律法主义常常托庇于"软弱的弟兄"这个说法名

---

[84] Calvin, *Institutes* 3. 19. 1.

下。在这种情况下，并无"恶意或不妥当"的行为，却被"扭曲成他人对他的绊倒"，"心怀苦毒和法利赛人式的骄傲的人"被"绊倒"了。"因此，"加尔文总结说，"第一种过犯是绊倒软弱的人，第二种则是所谓得罪心怀苦毒和法利赛人式的骄傲的人。所以，我们将前者称为对软弱弟兄的绊倒，将后者称为对法利赛人的得罪。我们应当为了弟兄的软弱节制自己的自由，却无须理会法利赛人的假冒为善！"⑧

为避免绊倒还不明白福音的犹太人，保罗鼓励提摩太受割礼，而犹太基督徒要求人受割礼，却遭到他极力反对。⑧ 同理，对于教宗和他的修士——

> 我们也不要理会那些在各种恶行上误导人，却同时声称我们应当谨慎，免得得罪邻舍的人，仿佛他们不是正在害邻舍的良心犯罪，因为他们再三顽梗地犯同样的罪，也无法自拔。这些人真是温柔啊！不管邻舍所需要的是教义或榜样，他们都说我们必须用奶喂他们，其实他们是在以最邪恶和致命的看法毒害人。⑧

加尔文是律法主义的敌人，他将教会在教义、敬拜和生活上的

---

⑧ Ibid. , 3. 19. 11.
⑧ Ibid. , 3. 19. 12.
⑧ Ibid. , 3. 19. 13.

权威限制在神以自己的话语明确界定的范围之内。他称律法主义为"亵渎的敬虔伪装"，认为律法主义者"总是喜爱在神的话语之外捏造某种行善的方式"。"在人普遍所认为的善行中，大多不是律法所要求的，多数都是人所捏造的。"⑧加尔文似乎想到了《本笃会规》，又说："且神从未禁止我们喜笑、饱足、增加财物、欣赏音乐，或喝酒。"这些都是美好的礼物，我们怎敢轻视，怎敢以贪婪、暴饮暴食、醉酒的方式来玷污。⑧

　　基督买来了我们的自由。加尔文说："这自由对我们而言是必需的，因若不相信这一点，自己的良心就得不到安息，并且迷信会多到无可限量的地步。"信徒的良心被人的规条捆绑，并非小事。"因为人的良心被捆绑时，就陷入蜿蜒复杂、无法自拔的迷宫里。"一个人会怀疑，自己是否被允许使用"棉花做的床单、衬衫、手巾和餐巾，他之后也会怀疑其他的质料"。

　　　　也会开始怀疑餐巾对聚餐是不是必需的，或他是否真需要手帕……他若犹豫喝高级的葡萄酒，那么当他喝最普通的酒时，他的良心仍会搅扰他，而至终不敢碰比其他水更洁净和甘甜的水。总之，他会到无所不怕的地步。⑨

---

⑧ Ibid., 2. 8. 5.
⑧ Ibid., 3. 19. 9.
⑨ Ibid., 3. 19. 7.

即便是相信称义教义的人，也有可能活得像个谨小慎微的修士，有些事物本是让人欢乐的而非必要的，可他们因为享受了这些事物而不安。加尔文说，这一可悲的状态，让一些人困惑，让另一些人放纵。换句话说，这样的律法主义是反律法主义的燃料。[91] 在历史中，在我们的教会生活经历中，这一点不是很清楚吗？哪里有圣经之外的期待在掌权，那里就一定会有反叛。

正确的做法是要记得，"我们应当毫不自责地照神自己的意思，使用他所赐给我们的恩赐。在这样的信心之下，我们将会与神和睦，并承认他对我们的慷慨。"[92]我们的父极为"慷慨"，他不仅赐下我们所需用的，而且赐予带给我们快乐的东西。基督徒自由的重要性体现在这里。"它全部的作用都在于使惊恐的良心在神面前得以平静，不论他们可能是为罪得赦免感到不安，是为他们被肉体玷污的不完全行为是否蒙神悦纳而焦虑，还是为要不要使用无关紧要之物而困扰。"[93]

加尔文认为，放纵和苦修式贫困同样可厌，在他看来，提倡苦修式贫困的，主要是严苛的修道院和重洗派。理查德·甘布尔依照加尔文的观点总结说：

　　花儿的美丽和芬芳表明，神不希望基督徒仅靠赖以为生

㉛　Ibid.

㉜　Ibid. ，3. 19. 8.

㉝　Ibid. ，3. 19. 9.

的生活必需品活着。圣经也教导我们,"酒能悦人心"。鉴于
受造物之美善,基督徒在享用地上美物时,其良心不能受缚
于超乎圣经之外的律法。然而,加尔文深信,对于使用和享
用地上美物,圣经赐给了基督徒群体一些指导原则。[94]

"成圣和教会成员身份不可分割。"[95]我们同是天路客,必须成为一
体,一同上路,分担彼此的重担。

有了这个目的,(律法主义者和反律法主义者)怎能认为是基督
徒的自由打开了放纵的水闸? 即便是信徒也常感到有"在各类精美
物事上胜过邻舍"的欲望,并有可能企图"以基督徒自由为借口"为
这种欲望正名。加尔文说,诚然,"如果用得适度",用也无妨。"但
当人贪恋这些事物,以它们为傲,并奢侈地使用,那么神所允许的就
会因这些罪受玷污。"[96]

信心是根,爱是准则

加尔文终于讲到核心论点,在这一点上,他仍然跟随保罗。有
信心为根,**爱**是基督徒团契的准则。我们岂能看不到一个事实,福

---

[94] Richard Gamble, "Calvin and Sixteenth-Century Spirituality: Comparison with the Anabaptists," in *Calvin Studies Society Papers*, 1995, 1997: *Calvin and Spirituality; Calvin and His Contemporaries*, ed. David Foxgrover (Grand Rapids: CRC Product Services, 1998),35 - 36.

[95] Ibid. ,38.

[96] Calvin, *Institutes* 3.19.9.

音中的一切都是为了在自私和骄傲的世界中创造一个爱的群体？法利赛人**和**反法利赛人的行为是出于自义，而不是爱。但我们不能在信心的自由和爱的律法之间被迫做出抉择。"就如我们的自由必须伏在爱心之下，同样地，爱也应当伏在纯洁的信心之下。"⑰

总之，忠信的基督徒"良心已得自由，因基督所赐给他们的这自由，他们无须陷入神要他们脱离的网罗，即遵守神没有吩咐的仪式"。

> 我们不应该面对基督的厚恩忘恩负义，也不应使我们的良心失去基督所赐的恩惠。我们也千万不可藐视基督以重价所买来的救恩，因他所付的代价并非是金银等物，而是他自己的血[彼前1：18—19]。保罗毫不犹豫地宣告我们若屈从人的权柄，基督的死对我们而言是徒然的[参见加2：21]。在《加拉太书》的几章经文中，保罗唯一的目的是要教导：除非人的良心坚守自由，否则基督对我们毫无益处。⑱

制定规条或打破规条容易，以智慧和对彼此的爱持守基督为我们买来的自由就难了。加尔文笔下对这个主题的回应仍像从前一样切合时代。他说，"一旦提到基督徒的自由"，有些人"以这教义作

⑰ Ibid., 3.19.13.
⑱ Ibid., 3.19.14.

为不顺服神命令的借口而放纵自己的私欲"。结果,"又有人藐视这教义,误以为它夺去人一切的节制、秩序和选择"。

　　那么我们在这样的难题下应当怎样做呢?为了避免面对这些危险,难道我们应该废掉基督徒的自由吗?但就如我们以上所说,除非我们明白这教义,否则我们无法正确地认识基督、福音的真理,或内在的平安。我们反而应当谨慎,免得丧失这么重要教义的任何部分,但同时也必须反驳人们习惯提出的荒谬异议。⑨

　　加尔文与路德一样,强调良心的重要性。⑩ 软弱的人如果在某些事上有困扰,切勿让刚强的人伤害他们的良心。"法利赛人"也不可以用自己的律法捆绑他人的良心。加尔文的意见是,"让爱成为准则,则一切顺遂。"⑩"治死肉体是基督十字架的功效。"⑩圣灵借着圣言产生信心,信心又产生爱的果子,显明在由神律法定义的善行中。对加尔文来说,称义是福音的主要部分,同理,"爱构成了基督徒臻于完全[成圣]的主要部分。"⑩

　　不过,即便我们身为信徒,也常常发现爱里混杂着自私。加尔

---

⑨　Ibid. , 3. 19. 1.

⑩　Ibid. , 3. 19. 2.

⑪　Ibid. , 3. 19. 13.（译文据作者所引英译本直接翻译。——译者注）

⑫　加尔文对《加拉太书》5:24 的注释,载于 *Calvin's Commentaries* , 21:169。

⑬　加尔文对《加拉太书》5:14 的注释,载于 *Calvin's Commentaries* , 21:159。

文这样说:"虽然福音今天透彻传讲在我们中间,可想到我们在爱弟兄的事上长进如此微小,我们真该为我们的怠惰羞愧。"[104]

我们在基督的身体内一同生活,遇到日常的具体问题时,难免要协商。我们当中,有"法利赛人",有"放纵派"(Libertines)。[105] 起初表现虽然各异,但驱动他们的都是骄傲,而不是因为相信福音而来的爱。

因此,加尔文认同路德在《基督徒的自由》一文中的观点。正是因为信徒在基督里摆脱了律法的束缚,所以可以在自由和爱中做所有人的仆人。在这方面我们需要智慧,而一味制定规条或者一味打破规条都会使智慧短路。我们不是生活在物资匮乏的世界上,而是坐在食物丰盛的餐桌旁——与我们的弟兄姐妹一起。我们在基督里已经有了一切,因此我们在基督的身体里共同生活,应该像过圣诞节,怀着感恩的心彼此交换礼物。我们能够彼此接纳,因为父在基督里接纳了我们所有人。"我们迫切需要这确据,因为若没有这确据,我们一切所做的都是枉然。"[106]

---

[104] 加尔文对《弥迦书》4:3 的注释,载于 *Calvin's Commentaries*,vol. 14,trans. John Owen (Grand Rapids: Baker, 1996),264。

[105] "法国的宗派运动,与其说是重洗派运动,不如说是放纵派和神秘主义运动。在加尔文的青年时期,奥尔良(Orléans)和布尔日(Bourges)有一些重洗派人士。不过,这个词描述的是各类德国神秘主义者、意大利理性主义者、异端中的无政府主义者,以及所谓的灵性放荡派(*libertins spirituels*)或昆廷派(Quintinites)。" Willem Balke, *Calvin and the Anabaptist Radicals*,trans. William J. Heynen (Grand Rapids: Eerdmans, 1981),21。

[106] Calvin, *Institutes* 3. 19. 5.

第十一章　神的新社会

如果公众敬拜是神恩典的"属天剧场",那么教会就不仅是戏剧上演的地方,而且是戏剧上演的结果。"虽然整个世界是'充满神的仁慈、智慧、公义和能力的剧场',但加尔文说过,在这个剧场中,教会实际上是最能将其显明的那个部分——就像交响乐团。"①"神拣选了教会成为'充满他父亲般眷顾的剧场'。"②加尔文会无法理解"得救"与"加入教会"之间的区别。在他看来,教会不仅是真信徒组成的属灵群体,而且是看得见的机构——事实上,是"信徒的母亲"。"毋庸置疑,教会的服侍,唯独教会的服侍,是我们借以重生、获得属天生命的途径。"③

怎样找到教会

接下来的问题是:你怎么知道哪里有真教会?尤其鉴于偏差、分歧以及堕落的事如此之多。在罗马和重洗派看来,答案很简单。两者以不同的方式将真教会的标记简化为一点:纪律(discipline)。

---

① Herman J. Selderhuis, *Calvin's Theology of the Psalms* (Grand Rapids: Baker Academic, 2007), 228, 对《诗篇》135:3 的注释。

② Ibid., 对《诗篇》68:8 的注释。

③ 加尔文对《诗篇》87:5 的注释,载于 *Calvin's Commentaries*, vol. 5, trans. James Anderson (Grand Rapids: Baker, 1996), 402。

在罗马看来,正确的**服侍者**保证正确的**服侍**。哪里有服从教宗管教
的会众,哪里就属于真正的可见教会。哪里在遵奉正确的治理,哪
里就有正确的教义和正确的圣礼。显然,激进的新教徒不承认教
宗,不过他们用会众可见的圣洁来确认真教会。敬虔的人和不敬虔
的人泾渭分明。

在宪制改教家(magisterial Reformers)看来,这些答案所确认
的教会存在的根源是错误的。教会无法自己产生自己。教会存在
的根据不是教宗,也不是教会成员的圣洁,而是由教会外部临到教
会的福音。改教家认为,真教会的标记不在于外部组织形式的威
严,也不在于教会成员的信心和敬虔,而在于三一神的同在。他与
我们同在,应许要在赐下救赎性福分的过程中与我们相会。这赐福
的过程,"即神话语的纯正宣讲以及圣礼的合法施行"。④"我们在哪
里看见传讲和听从神纯正的道、根据基督的吩咐施行圣礼,我们就
不可怀疑,那正是神的教会。"⑤

以"正确的纪律"为真教会的突出标记则凸显出过度实现的末
世论——换句话说,就是期待在基督再来之前达到完全。我们希望
能够毫无疑问、毫无保留、毫无疑惑地指出那个真教会。我们不希
望等到基督再来时才将麦子和稗子、绵羊和山羊分开。现在就必须
一清二楚。

---

④ Calvin,*Institutes of the Christian Religion*,ed. John T. McNeill,trans. Ford Lewis
　 Battles (Philadelphia:Westminster,1960),在前言中对法国国王 Francis I 的演讲,25。
⑤ Ibid.,4.1.9.

　　几年前，一位重要的罗马天主教神学家总结了这个观点。他批评了奥古斯丁的"混合集会"说，写道："诚然，教会里充满了罪人，但**正因为**他们是罪人，所以他们不能算在教会里面。他们只能被视为'非正常的''所谓的''表面的''名义上的''虚假的'成员，但不能作为罪人表明自己是那个爱的共同体的成员。"⑥第一次梵蒂冈会议决议说："教会极为广大，至为圣洁，在一切良善之事上结果不止，有普世的合一性，无可改变的稳定性，本身就是令人信服的巨大而恒久的动力，是自身神圣使命无可辩驳的见证。"⑦

　　当然，很多新教宗派也如此宣称，判断是否存在真教会时，看的是有能力的领袖、神迹、外显的敬虔、可见的影响。很明显，有这样的运动，有那样的领袖，或者，有我们特有的标记，则必属真教会无疑：你只是看看外面的果子，就足以相信，教会有神认可的标记。我们当中有很多人，是听着"成熟信徒"的这种观点长大的，他们总是说，城里的教会，凡是敬虔程度不足的，就是假教会。跟我们不一样，他们没有真正重生，跟耶稣没有**个人性**的关系。

　　加尔文认为不能这样判断。在这一点上，你不能用眼看，只能用耳听。我们听了这个应许：虽然教会依然有罪，可教会已被称义，正在被圣言和圣灵的大能更新。有一天，教会会变成荣耀的样式。

---

⑥ Hans Urs von Balthasar, *Church and World*, trans. A. V. Littledale with Alexander Dru (Montreal: Palm, 1967), 145 - 146.

⑦ 转引自 Avery Dulles, SJ, *Models of the Church* (Garden City, NY: Doubleday, 1974), 123。

这个应许，我们听了，也信了。我们此时此刻听了福音，这福音在洗礼和圣餐中得到印证。教会的合一、圣洁、普世性、使徒性，完全取决于教会所听到的和所宣讲的。教会的标记不在教会内部，而在产生教会并不断地喂养教会、使其成长并扩展至地极的服侍当中。加尔文提出警告，如果你只想要一个完美的花园，那么到头来，如耶稣所说，你会将麦子和稗子一块儿拔出。⑧

在加尔文看来，正确的**服侍**决定正确的**服侍者**，而不是相反。如保罗的警告所示，谁要是传另一个福音，谁就该被咒诅——该被定罪——即便他是使徒或天上来的天使（加1：8）。加尔文提醒我们，教宗很难摆脱这样的威胁。⑨ 加尔文相信，"教会唯独靠传讲神的恩典而免于毁灭"，而圣礼又向我们每个人印证福音。⑩ 因此，与教会决裂的唯一合法原因是，教会摈弃了这福音信息和服侍。加尔文提出警告："因神看重他教会的交通，甚至视傲慢离开任何地方教会的人为背道者，只要这地方教会传扬真道和施行圣礼。"⑪

要求一个教会完全，则压伤的芦苇必会折断，将残的灯火必会熄灭。或者，心高气傲的人如果认为一个教会赶不上自己的属灵成就，他在这个教会绝对不会久留。

190

---

⑧ Calvin, *Institutes* 4. 1. 13.

⑨ 加尔文对《加拉太书》1：2—10 的注释，载于 *Calvin's Commentaries*，vol. 21，trans. William Pringle (Grand Rapids：Baker，1996)，25 - 35。

⑩ 加尔文对《诗篇》22：31 的注释，载于 *Calvin's Commentaries*，vol. 4，trans. James Anderson (Grand Rapids：Baker，1996)，389。

⑪ Calvin, *Institutes* 4. 1. 10.

我们应当加倍地宽容教会中人在道德上的不完全,因这经常成为人的滑地,撒但也借这厉害的武器攻击我们。因为从一开始教会就有某些误以为自己已经完全成圣的人,仿佛他们已经离开身体成为至高的灵,弃绝与一切仍表现任何肉体私欲的人交通。

古时的迦他利派(Cathari)和多纳徒派(Donatists)都如此自以为是;今日的重洗派也一样,他们希望被看得比众人更伟大。也有一些人犯罪,是出于不完全来自智慧的热诚,而不是因这疯狂的骄傲,当他们看见出入教会的人行事与所传的真道极不相称时,他们就立刻判断那不是真教会……因为神要求我们仁慈待人,我们却忽略这吩咐而放任自己过于严厉地对待别人。他们误以为若教会的人不完全圣洁和无可指摘,就证明那不是真教会。他们因此恨恶教会而离开神所认可的教会,却以为自己在拒绝与恶人交通……然而既然主宣告教会必须在这极不理想的情况下争战——要担当与恶人混合这重担——直到审判之日,所以在这之前,他们想寻求毫无瑕疵的教会是徒然的。⑫

保罗也提醒提摩太,教会中会有人教导可悲的错谬,引诱很多

---

⑫ Calvin, *Institutes* 4. 1. 13.

人走迷。"然而,神坚固的根基立住了,上面有这印记说:'主认识谁是他的人。'又说:'凡称呼主名的人总要离开不义。'"(提后 2:18—19)加尔文注释这节经文时提醒我们,不要妄自分别选民和非选民。[13]

就像个体信徒既是被称义的,又是有罪的,同样,一群信徒也不会仅仅因为大量糟糕的讲道或教义和仪式上的瑕疵就不配称为教会。"最纯洁的教会也有瑕疵;有的瑕疵不表现为几个斑点,而表现为整体的畸形。"[14]加尔文认为,其实罗马就陷入了这样的"整体的畸形"中。事实上,罗马已经失去了合法教会的身份,不过"我们却没有因此否认在他们当中仍有一些真教会"在遭受教宗的暴政。[15]

无疑,基于个人经验,加尔文承认,"教会……最顽固的敌人莫过于教会成员。"[16]不过,"只要教义和礼拜仪式仍然纯洁,教会的合一就不会因为教会成员所犯的罪而被破坏。"[17]

建造门徒: 家庭事务

"你过你的——不用管我!"比利·乔尔(Billy Joel)* 这句歌词

---

⑬ 加尔文对《提摩太后书》2:19 的注释,载于 *Calvin's Commentaries*, 21:228。

⑭ 加尔文对《加拉太书》1:2 的注释,载于 *Calvin's Commentaries*, 21:25。

⑮ Calvin, *Institutes* 4.2.12.

⑯ 加尔文对《约翰福音》13:18 的注释,载于 *Calvin's Commentaries*, vol. 18, trans. William Pringle (Grand Rapids: Baker, 1996),66。

⑰ Selderhuis, *Calvin's Theology of the Psalms*, 232,转引自加尔文对《诗篇》15:1 的注释。

* 美国当代歌手,钢琴演奏家。——编者注

所表达的情绪，加尔文并不陌生，他认为这是骄傲到了极处。正是因为赎罪祭只一次献上，就成就了永远的果效，我们可以将自己的生命献为感恩祭。加尔文说，最让神喜悦的感恩祭，莫过于"弟兄般的友善"。⑱

布塞认为纪律是教会的第三个标记，这也成了改革宗信条中的标准观点。甚至路德也在他的论文《论教会会议和教会》(On Councils and the Church)中将纪律列为教会的标记，不过《奥格斯堡信条》(Augsburg Confession)只采纳了前两个标记。为了教会的**健康存在**，加尔文非常重视教会纪律，这一点无可辩驳，但他不认为纪律是教会**存在**的标记。加尔文认为，纪律不是教会的第三个标记，而是正确应用圣言、正确实施圣礼的一部分。⑲

关于属灵操练(spiritual disciplines)我们已经听得很多了，即在属灵操练时，我们可以掌控局面，但是尤其是在现代西方世界，教会纪律(church discipline)普遍被视为是对个人自主的威胁。这毕竟涉及的是**我**跟耶稣的个人关系。我们是否加入教会，要看我们愿不愿意。而且，我们想离开就离开，即便是因为微不足道的小事，也不

⑱ 加尔文对《诗篇》16：3 的注释，载于 *Calvin's Commentaries*，4：219。
⑲ 我们要谨慎，在这一点上不要夸大了加尔文和改革宗信条的区别。在某种程度上，这是一个语义学问题：我们所说的"纪律"是什么意思？对加尔文的反对者来说，纪律是严苛之举，不允许教会里有悖道、罪恶和错谬存在。而我们的信条认为，纪律不过是要让教会呈现足够的秩序，承担合宜的职责，来监督教会成员，纠正教义和生活上的错误，关注教会成员属灵和现世的需求。尽管加尔文正确地说到哥林多教会尽管混乱，却依然是教会，不过，保罗呼吁教会领袖采取他已经确立的纪律措施，也是正确的。

觉得必须与长老当面讨论离开的原因，或协商转会事宜。具讽刺意味的是，我们动辄就为我们文化中夫妻忠诚的不复存在而痛惜，可是在用更伟大的誓言和誓约立定的盟约中，我们却似乎无拘无束，任意来去。而有些人在谴责正式婚约外同居这种普遍现象时，自己教会甚至还没有成员制。16 世纪的争辩者虽然各执己见，但对待教会的态度起码比当下的常见态度要慎重。

路德引用教父西普里安(Cyprian)的格言，在他的《大要理问答》中称教会为我们的母亲："教会之外，也就是在没有福音的地方，没有饶恕，因此也没有圣洁……教会是母亲，她用神的道生养每一个基督徒。"加尔文也将教会描述为母亲："神喜悦将他一切的儿女们呼召到教会的怀中，不只为了要借教会的帮助和服侍在他们还是婴儿和孩童的时期喂养他们，也是要他们受到教会母亲般的关怀，被引领至成熟的地步，并至终达成信心最后的目标。"

> "所以，神配合的，人不可分开"，如此，神做谁的父亲，教会也就照样做谁的母亲……此外，若不在这母亲的怀中，没有人能盼望蒙赦罪或得救，就如以赛亚[赛 37：32]以及约珥[珥 2：32]所记载的那般……
>
> 这告诉我们，唯有神的羊才有属灵生命的证据并受神父亲般的关怀，所以离开教会是很悲惨的事。[20]

---

[20] Calvin, *Institutes* 4.1.1,4.

事实上，"拒绝成为教会之子的，想要神做父亲也是徒然；因为我们唯独借由教会的管道才'从神而生'[约壹3：9]，才经过各个阶段，得以成长。"㉑我们总是软弱的，永远不会成熟到不需要教会，就像羊永远不会长大到不需要牧人。

今天在我们听来，"教会纪律"让人想到挨训。不过在新约中，这个词无非是说，我们要做"门徒"（disciple），就是负基督之轭的人，而基督借由下属牧人（undershepherds）教导、引领他的羊。正是因为有了常规的纪律，需要采取责备、逐出教会之类紧急措施的情形得以减少。意为"执行纪律"的希腊文动词通常是指整枝（training），比如，定期照料藤本植物。你把藤本植物搭在架子上，修剪、浇水、培育，它就会生机盎然，沿着正确的方向生长。这个希腊文动词也可以指战士服从长官的吩咐、效法长官的样式、接受长官的训练，为战斗做好准备。让人惊讶的是，圣经的明确命令，我们或是视而不见，或是视为无足轻重，而我们认为对基督徒生活至关重要的很多事情，却并不见于圣经。具讽刺意味的是，有很多人认为新约为社会、经济和外交政策提供了蓝图，但似乎又同时认为，新约就教会治理和敬拜几乎未置一词。

加尔文并不认为新约为我们提供了精确的崇拜仪式或教会秩序，但他确信新约为我们提供了清晰的指引。加尔文研究了新约，认为教会有四种职分：教师（doctor）、牧师-教师、长老和执事。不

㉑ 加尔文对《加拉太书》4：26的注释，载于 *Calvin's Commentaries*，21：140–141。

过,后三种职分是重点。

牧师： 喂养群羊

牧师接受训练,被检验、按立来传道、教导和实施圣礼。他们全职投身于话语和祷告的服侍。改教家的教导与罗马的教导针锋相对：使牧师成为牧师的是洗礼而不是按立礼。就其**个人**(person)而言,教会领袖与所有圣徒共有"一主、一信、一洗"。不过就其**职分**(office)而言,他们不仅是推动者或团队领袖,毋宁说,他们是基督的使者,基督借着他们建立和拓展自己的国度。加尔文这样提醒我们,基督告诉使徒,"这么说吧,福音的执事是天国的守门人,因为他们带着天国的钥匙；其次,他还说,他们被赋予了捆绑和释放的权柄,这样的权柄是由天上批准认可的。"[22]牧师行使这种教牧权柄,是"凭借福音教义",透过讲道、赦罪和圣礼。[23]

"在我们中间,某些牧师没有大学问,这可以接受,不过,连起码的教导能力都没有的牧师,一个也不能容忍。"[24]加尔文反对买卖圣职的常见行径,认为牧师具有职分就要实际履行职责。对贵族来说,为年幼的孩子买下主教职位并不稀奇。不单是教区神父,即便

---

[22] 加尔文对《马可福音》8：19 的注释,载于 *Calvin's Commentaries*,vol. 16,trans. William Pringle (Grand Rapids：Baker, 1996),292。

[23] Ibid. ,293.

[24] Calvin,"The Necessity of Reforming the Church," in *Selected Works of John Calvin*： *Tracts and Letters*,ed. Henry Beveridge and Jules Bonnet,7 vols. (Grand Rapids：Baker, 1983),1：170.

是高级神职人员，甚至是大主教和红衣主教，也不必接受任何正规教育，以及有关呼召的检验。

加尔文不明白，新约有关各职分有明确的指示，有关承担职分的条件有清晰的规定，他们连这也没有遵从，怎么能以使徒统绪夸口。㉕ 他说："古代教规有这样的要求，凡要承担主教或长老职分的，必须先在生命和教义层面接受严格考察。"不仅如此，必须全体会众表示认可才可以按立。所有主教都从事教导；他们不管理世俗事务。㉖ "按立长老时，每一位主教都容许自己的长老们开会协商。"加尔文问，我们可以不顾这些人如此背离使徒著作所制定的教义和治理方式，而相信他们是使徒的继承人吗？㉗

如曼内奇所言，加尔文教会论的关键在于，"保证教会的事工要有多人共治"。"在加尔文看来，教会治理本就不是某一个人的特权，甚至也不仅是牧师的责任。"㉘"因此，加尔文及其同工都不认为，在教牧团队内部，权威应有等级之分或大小之别。"每一个人，包括加尔文，都要服从多数人的决定。㉙

牧师不是领主，会众不是他的封地。牧师治理教会，是凭着职分，不是凭他个人。好的牧师使羊倚靠大牧者，而不是他自己。加

㉕ Ibid., 170 – 171.

㉖ Ibid., 171.

㉗ Ibid., 172.

㉘ Scott M. Manetsch, *Calvin's Company of Pastors: Pastoral Care and the Emerging Reformed Church*, 1536 – 1609 (New York: Oxford University Press, 2012), 62.

㉙ Ibid.

尔文依次到各个教区担任固定的职分，不仅是为了传道，而且是为了教导年轻人学习一周要理问答。"基督呼召他的仆人担任教导之职，不是要让他们征服、控制教会，"加尔文说，"而是要使用他们的忠实服侍，将教会与他联合。"他接着说，"人被赋予治理教会的权柄，代表神的儿子，是极为荣光的大事。""他们就像新郎的朋友，和新郎形影不离，一同操办婚礼，尽管他们必须谨慎自守，属于新郎的，他们不能擅取。"他们"不应该阻碍基督的作为，唯有基督在教会中掌权，或者说，基督唯独借着他的道统管教会……那些将教会归给自己而不是归给基督的人，背信弃义，破坏了他们本该尊荣的婚礼"。㉚

长老： 治理羊群

除了传道、教学、实施圣礼，牧师还要和长老一起关心羊群的属灵需要。㉛ 长老出自平信徒，是属灵的治理者。牧师不是公司总裁，但要作为基督的下属牧人和长老一起担负事工。只有在牧师和长老连为一体时才可实施治理。甚至教会的领袖也不能确定谁真的蒙了拣选、得了重生，他们只能通过听起来可靠的信仰告白来判断，但在有些情况下，这些信仰告白可能最终证明是虚假的。加尔文说，我们都明白，从前在信心上似乎远胜我们的人，如今却背离了真道，而很多在信心和顺服上曾经软弱、不成熟的人，却坚持到了最后。㉜

㉚ 加尔文对《约翰福音》3：29 的注释，载于 *Calvin's Commentaries*，4：80。
㉛ Calvin，*Institutes* 4.3.2 - 8.
㉜ Ibid.，3.24.7 - 9.

195

教会以纪律实施捆绑和释放时,需要长老们作为一个身体去执行。确切地说,他们的服侍就是**释放**或**开门**。**捆绑**或**关门**的呼召"不属于福音的本质,而是意外情况",只在将明显的不信者逐出教会时才使用。[33] 信徒应该知道,当他们听到被授予圣职并且同为罪人的长老亲口赦免自己时,他们面对的是基督,而不仅仅是人。这应该使他们大得安慰。反之,悖逆者应该大为震惊,因为属天的审判因其不知悔改而施行在地上。[34] 与讲道和圣礼一样,这个行动是**代理性的**(ministerial);基督一般是借着他的使者说话,但以他的道为根基;大君王保有最终的赦免权。[35]

好父母不仅给孩子吃的,给孩子洗澡,还会教导、训练、管教他们。不过加尔文发现,在罗马天主教和重洗派的纪律中都有违背福音的严苛之处。罗马天主教的学者基利安·麦克唐奈(Killian McDonnell)指出:"在追求道德的路上,加尔文宁可要求太少,而不愿要求太多,他似乎在罗马天主教和重洗派中发现了痛苦、困惑、可怜的良心,他最想做的,就是不让良心遭受这样的伤害。"[36]

路德发现重洗派寻求的是一尘不染的教会,他曾这样说:"迄今为止,我既不能、也不愿建立这样的教会,因为我还没有一尘不染的会众。如果时候到了,我必须建立这样的教会,并且若我禁止自己

---

[33] 加尔文对《马可福音》8:19 的注释,载于 *Calvin's Commentaries*,16:293。

[34] Ibid.,294.

[35] Ibid.,296 – 297.

[36] Killian McDonnell, *John Calvin,the Church,and the Eucharist*(Princeton:Princeton University Press,1967),276.

这么做就会良心不安,那么我愿意尽自己的本分。"㊲加尔文同意这一点,也认同路德的这个观念:对罪行必须进行个人性的劝诫和纠正,但必须直接针对犯罪的人,而不是在公开的聚会中(逐出教会和重新接纳的情形除外)。㊳ 在罗马失去真教会头衔的同时,加尔文认为,重洗派是诺斯替派和多纳徒派的后裔。㊴

加尔文认为,要合宜施行圣餐,纪律不可或缺。不过他不认为圣餐仪式是对完美无缺者的奖赏。他在 1536 年版的《要义》中提出警告,在圣餐仪式中,不要把重点放在按理吃喝上,而要放在"给你们"的话语上。"某些人要让会众为按理吃喝做好准备,就以可怕的方式折磨、搅扰可怜的良心",好像"按理吃喝"意味着"洁除所有的罪"。"这样的教条会让地上现存或曾经存在的所有人都领受不了这项圣礼的功用。如果关键在于自己要让自己配得,我们就完了;我们里面只有败坏和困惑。"重洗派不认为圣礼是神给软弱有罪的信徒的客观保证。他们是这么看的,"我们要么知道……要么不知道,举行圣餐前所宣告的神的话语,是他的真实意思。如果知道,我们并没有从随后的圣餐中学到什么新的东西。如果不知道,

---

㊲ Martin Luther,转引自 Leonard Verduin, *The Reformers and Their Stepchildren* (Grand Rapids: EerdMans, 1964),127.

㊳ Ibid. ,128.

㊴ Calvin, *Institutes* 4. 1. 23. Verduin 并未否定这样的联系。"多纳徒派是最初的重洗派"(*The Reformers and Their Stepchildren*, 192),他引用了中世纪各类诺斯替派的很多原始资料后,又说,"如果不是现在,时候也快到了,到时人们会骄傲地承认,他们所在的传统可以追溯至中世纪的'异端'。"(159)

圣餐(其全部能量和能力都在神的话语中)也不会教我们知道。"⑩

重洗派关注教会纪律,视之为产生纯洁教会的主要途径,而加尔文更在乎神的荣耀以及对基督绵羊的照看。⑪ 分别绵羊和山羊不是我们的责任,加尔文一再提出警告,不要急于判断。⑫ 我们不能说,鉴于革除教籍这项处罚的重要性,"不实施逐出教会这项处罚"的地方,就没有教会,即便"她持守教会赖以存立的教义"。⑬ 加尔文说,重洗派拿"自愿犯罪"的现象小题大做了。"认识了神,就不再自愿犯罪的人,十个里面也很难找到一个。"⑭

同时,加尔文认为,纠正和责备,还有鼓励和教导,都属于新约为牧师和长老规定的工作。加尔文常常强调,教会纪律的目标是挽回悖逆者,告诫天路客。"牧师应该有两个声音,"加尔文建议,"一个是为了聚集羊群,一个是为了防御、赶走狼和贼。"⑮ 劝诫多时,不悔改、不相信的人仍不接受,这时执行纪律才成为必要。加尔文坚持认为,即便如此,门一直是敞开的,随时欢迎浪子回来。

---

⑩ McDonnell, *John Calvin, the Church, and the Eucharist*, 151, 转引自加尔文在 1536 年版《要义》中的总结(ed. Battles)。

⑪ Willem Balke, *Calvin and the Anabaptist Radicals*, trans. William J. Heynen (Grand Rapids: Eerdmans, 1981), 223.

⑫ Selderhuis, *Calvin's Theology of the Psalms*, 230.

⑬ Calvin, 转引自 Balke, *Calvin and the Anabaptist Radicals*, 225。

⑭ Calvin, 转引自 ibid., 226。

⑮ 加尔文对《提多书》1:9 的注释,载于 *Calvin's Commentaries*, 21:296。

要素和枝节

无论是在敬拜中,还是在治理和执行纪律中,教会的合一都不在于枝节(circumstances),而在于要素(elements)。**要素**是圣经的直接吩咐,或者是由圣经各章节得出的必然结论。很清楚,公众敬拜中必须有讲道、祷告和圣礼。而**枝节**——也就是关于方式、时间和实施顺序的精确细节——由长老酌定。如果我们把可自由安排的枝节视为必备的要素,我们就有律法主义的危险;如果我们把必备的要素视为可自由安排的枝节,我们就有反律法主义的危险。

举个例子,加尔文说,举行圣餐礼时,"至于外在仪式,"比如分发方式,"不管是无酵饼或有酵饼;不管是红色的或白色的葡萄酒——这一切都是无关紧要的。"这些事"都交给各教会决定"。[46] 他认为,枝节可以随时间地点而变化。[47] 他还说:

> 如果主在这些事上给了我们自由,好让我们有更大空间来建造教会,我们却要竭力寻求刻板的一致,不去切实地关注教会生活的真实状况,这实在令人费解。我们站在神的审判台前为我们的行为交账时,不会被问及仪式……

198

---

[46] Calvin, *Institutes* 4. 17. 43.

[47] Andrew Pettegree,"The Spread of Calvin's Thought," in *The Cambridge Companion to John Calvin*, ed. Donald K. McKim (Cambridge: Cambridge University Press, 2004),207 – 208.

正确使用［我们的自由］对教会的建造功莫大焉。⑱

　　有太多的人或是强推特别的形式，或是杜绝特别的形式，他们要在这样的事上寻求一致，将之作为教会本质的一部分。然而，"基督教信仰并不在于这些事"。⑲

　　加尔文及其后继者的另一重要贡献，是强调行为的特定处境。基督徒必须留心考察每一个具体处境，将一般的圣经原则与合乎神心意的常识应用在具体问题上。同一原则在其他不同的情况下需要不同的解决方法。这需要慎重（circumspection）——该词的字面意思是"环顾四周"。有些重要的英格兰清教徒牧师撰写过"良心的案例分析"。在这些通常篇幅很长的书中，他们详细描述了具体的教牧问题以及解决方式——并不期待其他牧师或者宗教法庭也会照章办事。潜在的前提是，神命令的基本原则必须遵守，而具体解决方法则可以照着合乎神心意的自由来安排。

　　教会治理也一样。事实上，虽然加尔文认为某些问题属于基本原则之列，但他对不同意见非常宽容——实际上比他的某些后继者更宽容。虽然他相信新约规定了长老会模式，但他并不认为这是真教会的决定性标记。英格兰、匈牙利和波兰的改革宗教会有主教。他对克兰麦大主教说，他愿意"远涉重洋"，推动改革宗教会的合

⑱ Calvin，转引自 Wilhelm Niesel，*The Theology of John Calvin*，trans. Harold Knight（Philadelphia：Westminster，1956），207。

⑲ Ibid.

一——即便是有主教的改革宗教会——虽然我们相当确定，他若成行的话，定会提出更偏向长老制的治理模式。(50) 因此，改教家甚至发现要素也有重要和次要之别，合一胜过体制。现在我们看到，加尔文是个讲原则的人，当然，在原则当中有爱。他想要遵从基督的所有吩咐，同时又意识到，并不是所有吩咐都同样清晰或者同样重要。

执事：拓展神的款待

除了牧师和长老的职分，神还设立了执事的职分，来满足圣徒的现世需要。(51) 我们已经看到，教会不仅是充满神恩典的"属天的剧场"，还被比作摆设盛筵的地方。在这场盛筵中，有慷慨的父和无私的主人(Host)服侍我们，我们与父和主人的联结唯有圣灵可以做成。除了这样的神圣款待，还能将救恩更好地比作什么呢？

不过，我们不仅有灵魂，也有身体，而基督在方方面面都照顾我们。这不仅是说，穷信徒需要富信徒的慷慨供应。(52) 神倾倒在我们身上的祝福满溢流淌，在圣徒之中化为施与受的美好循环。在斯特拉斯堡和日内瓦，加尔文和伊蒂丽接受了这个使命——尽管在日内瓦时，本地人常对如海水一样涌来的外来者极不友好，这个使命完成得尤为艰难。有一项基金专为到日内瓦避难的孩子设立，加尔文

(50) Calvin, "Letter to Cranmer," in *Selected Works of John Calvin*, 5: 345.

(51) Calvin, *Institutes* 4. 3. 8 - 9.

(52) 就这个主题的详细研究，参见 Jeannine E. Olson, *Calvin and Social Welfare: Deacons and the Bourse Française*(Selinsgrove, PA: Susquehanna University Press, 1989)。

亲自监督该项基金的发放，此外，他还亲自监督一项执事基金的设立，该基金专为帮助贫穷的流亡者。难怪加尔文看基督徒生活是朝圣、流亡、逃向充满宽恕的避难所。

克莉丝汀·波尔（Christine E. Pohl）在她的著作《扫榻以待：重振基督徒的好客传统》（*Making Room：Recovering Hospitality as a Christian Tradition*）中将读者的目光引向加尔文这个榜样。⑬ 加尔文说，"最蒙神喜悦或者最合神心意的职责"莫过于热情款待客人，尤其是难民。⑭ 他对比古代教会，尤其是克里索斯托的榜样，对现今表达了不满：好客传统"几乎不再有人谨守；因为史上著名的古代好客之风，已经不被我们知晓，如今是旅馆在为陌生人提供住处"。⑮ 他还在《要义》中说：

> 因此，不管你遇到什么样需要帮助的人，你都没有任何的理由拒绝帮助他。你或许会说"他是陌生人"，但神已在他身上刻上你应当很熟悉的记号，因同样的缘故，神也禁止你恨恶自己的骨肉（赛 58：7）。你不能说："他是可恶、无用的人。"因为神喜悦这人带着他光荣的形象。你若

---

⑬ Christine E. Pohl，*Making Room：Recovering Hospitality as a Christian Tradition* (Grand Rapids：Eerdmans，1999).

⑭ 加尔文对《以赛亚书》16：4 的注释，载于 *Calvin's Commentaries*，vol. 7，trans. William Pringle (Grand Rapids：Baker，1996)，484。

⑮ 加尔文对《希伯来书》13：2 的注释，载于 *Calvin's Commentaries*，vol. 22，trans. John Owen (Grand Rapids：Baker，1996)，340。

说你没有因他曾经服侍你而欠他什么,但神却将他摆在你眼前,好让你在他身上因神赐给你的一切福分还清你所欠他的债。你若说他本身不值得你任何帮助,然而他身上神的形象,却值得你付出你自己和一切的财产。⑤

慷慨好客之举不仅立基于救赎(呼召我们与其他信徒建立团契),而且立基于创造(呼召我们对所有邻舍友善)。

> [神]将他的形象印在我们身上,给了我们共同的本质,这种本质应该激发我们彼此供应。有人想要免除义务,不去供应邻舍所需,那就是自损,宣告他不想做人,因为只要我们是人,我们就必须像注视自己在镜中的脸庞一样,注视贫穷、遭人轻视、疲乏不堪的人,以及在重担下呻吟的人……如果来了一个摩尔人或者野蛮人,既然他是人,他就随身带着一面镜子,我们从镜中可以看出,他是我们的邻舍。⑤

如果我们遇到的邻舍不是那么幸运,我们绝不能摆出一副自恃优越或居高临下的架势。我们反倒应该这样想:

---

⑤ Calvin,*Institutes* 3. 7. 6.
⑤ Calvin,*Corpus Reformatorum*:*Johannis Calvini opera quae supersunt omnia*,51. 105.

　　我在这样的处境中,肯定想得到帮助……我们安稳无

虞时,根本记不起人的缺乏;我们反倒以为,我们不会缺

乏,我们不再是大众的一员。所以我们才会忘记人的缺

乏,对邻舍及其遭遇不再有怜悯。⑱

　　既然所有的基督徒都必须殷勤待客,加尔文便想要恢复中世纪
时期式微的执事职分。据加尔文起草的《教会法令》规定,执事有两
种:负责教会治理的,以及负责看顾穷人、病人和老人的。圣餐与圣
徒的团契以及对圣徒的看顾有紧密联系。而在教会的崇拜中,奉献
环节不能敷衍了事。如安德烈·比勒尔(André Biéler)所言,"加尔
文效法初代教会,使金钱重新进入属灵生活的领域"。⑲综合医院和
难民的住所修建起来,与此同时,执事和女执事(有些从前是修女)
帮助难民寻找长期的住所和工作。这是一项有些复杂的合作。不
过,加尔文认为教会和国家"虽可区分却不可分割",这种观点在执
事的作用中体现得最为明显。

　　法国的改革宗教会也采用这个模式。事实上,以前的修女组成
了慈善姐妹会(the Order of the Sisters of Charity),不过这个组织

---

⑱ Calvin, *John Calvin's Sermons on the Ten Commandments*, trans. Benjamin W.
Farley (Grand Rapids: Baker, 1980),127.

⑲ André Biéler, *The Social Humanism of Calvin*, trans. Paul T. Fuhrmann (Rich-
mond, VA: John Knox, 1961),38.

并不要求成员立下终生誓言。作为加尔文主义复兴的一部分,红十字会在日内瓦成立或许不足为怪。[60] 还有谁比难民、无证工人和没有合法身份证件的外国人与我们更不相干呢? 加尔文发现,主在讲述好撒玛利亚人的比喻时,我们同样发出质问:"谁是我的邻舍?"以此来表达不屑。"既然主在好撒玛利亚人的比喻中告诉我们'邻舍'这一词甚至包含素不相识的人(路 10:36),所以我们不当将爱的诫命仅限于熟人身上。"[61]当然,我们必须有智慧。不过加尔文警告说:"我们要警醒,不要为以谨慎为名行吝啬之实的行为找借口。"虽然分辨真实的需要是合宜的,不过我们的询问不该"过于严苛",询问时要怀着"仁慈的心肠,富有怜悯的同情"。[62]

我们再次看到加尔文的思路:从公众到个体,从正式到非正式,202从被神的事工所服侍到服侍教会中的彼此和世界上的邻舍。服侍身体中的每一位肢体非常重要。《哥林多前书》12 章和《罗马书》12章列了一长串属灵的恩赐,而《以弗所书》4 章单单提到话语的服侍,因为借由这特别的职分,圣徒才能有力地担起一般的职分。牧师、长老和执事担负了特殊的职分,使教会其余人从他们的服侍中大得益处,而教会中其他肢体做好准备,去履行每日以不那么正式的方式交托所有圣徒的一般职分。一个人可能不是牧师,却仍然可以向

---

[60] John B. Roney and Martin I. Klauber, eds. , *The Identity of Geneva*: *The Christian Commonwealth*, *1564 - 1864* (Westport, CT: Greenwood, 1998),2,14,179,186.

[61] Calvin, *Institutes* 2. 8. 55.

[62] Calvin, *Sermons from Job* (Edinburgh: Banner of Truth, 1993),202.

信徒朋友以及还不认识基督的人,"凭着爱心说诚实话"。即便我们不是长老,也都可以在信心和善行上彼此鼓励、彼此劝勉。并不是只有执事才能获得殷勤招待的恩赐。我们不应将基督设立的这些正式职分视为死水一潭,而应视为泉源,流入整个教会,再借由每个人的恩赐,流向世界。

我们的合一

在什么地方才能找到真正的救赎?唯独在福音所启示的基督里。因此,唯独在福音里,我们发现了"那一个圣洁、大公和使徒性教会"的根源。教会是一体的或者大公的,不是因为我们有同样的政治观点或在文化上彼此认同,或在人口统计方面年龄相同,或者有同样的休闲方式,而是因为我们虽有差异,却同有"一主、一信、一洗"。

教会的合一在加尔文看来非同小可。他也没有躲在不可见教会的概念背后,为可见教会中的分裂做辩护。加尔文忠告我们,"即便教会成为废墟,我们也要爱那堆废墟。"(63)他还劝诫说,"合一珍贵无比",它不仅仅是实现目的的途径。(64) 看到分裂,"我们洒下的泪不是几滴,而是一条河。"(65)

---

(63) Selderhuis, *Calvin's Theology of the Psalms*, 235,转引自加尔文对《诗篇》102:15的注释。

(64) Ibid.,转引自加尔文对《诗篇》133:1的注释。

(65) Ibid., 237,转引自加尔文对《诗篇》119:136的注释。

一个人视宗教改革是可悲的分裂还是对基督身体的美妙医治，取决于这个人对待那个利害攸关的问题的严肃程度。在改教家看来，是教宗败坏了古道，违背了福音，将基督的身体分裂成彼此争竞的派系。是教宗革除了改教家及其追随者的教籍，并调动军队要除灭新教徒。改教运动旨在为可见的身体带来更伟大的、真正的合一，这样的合一并非出于帝王、教宗或共同的文化和法律，而是出于基督及其福音——以及属灵的、由相互关系而不是暴政约束的治理。很多主教和神父明确接受改革；还有人，包括大主教和红衣主教，同情改教运动的教导，甚至是关于称义的教导。很多时候改教家冒着生命危险出席了他们受邀参加的每一次重大会议。不过，16 世纪 60 年代，特兰托公会议发出了最后的"咒诅"，所有相信自己是唯独借由恩典、唯独在基督里、唯独因信称义的人，都被罗马定罪。

加尔文以自己的教导、警告和个人示范一再表明，他鄙视琐碎的争辩。他在写给那位国王 * 的话里承认，"教会历来就有并且将来一直会有一些瑕疵，敬虔人一定不喜欢，但我们应该忍耐，不应该由此生发激烈的争辩。"然而，福音被完全败坏，敬拜被玷污，并不仅仅是"一些瑕疵"。⑥⑥ 加尔文问，罗马将身体与它的头分开了，改教家又怎么能背上分裂教会的罪名？⑥⑦

＊ 那位国王指的是查理五世。——译者注

⑥⑥ Calvin, "The Necessity of Reforming the Church," 186.

⑥⑦ Ibid., 213.

国王陛下明白,现在我要探讨的这个领域极其广阔。不过可以长话短说:我不认为宗座在遵从使徒统绪,因为我们在他的行为中只看到令人惊骇的背叛。我不认为他是基督的代理人,因为他大力破坏福音,以自身行为表明,他是敌基督;我不认为他是彼得的继承人,因为他在竭力毁坏彼得建造的幢幢大厦;我不认为他是教会的头,因为他先将教会与她真正的、唯一的头基督分开,又以暴政割裂她、肢解她。(68)

怎能指控力图使身体与其升天的头重新联结的人为分裂教会?说到底,并非是改教家怀着对同道基督徒的痛恨在使用国家权力。

204 1539年,加尔文还在斯特拉斯堡,红衣主教萨多雷托呼吁日内瓦重归教宗门下,日内瓦议员请加尔文代为答复。这位改教家写道:

萨多雷托,我们的确不否认,你掌管的教会是基督的教会,但我们坚持认为,罗马教宗,连同他那伙攫取了教牧职分的名不符实的主教,都是饿狼。迄今为止,他们只知道分裂、践踏基督的国度,使其死亡和毁灭。

(68) Ibid., 219-220.

他又援引历史记载——这次提到的是 14 世纪的西多会改教家、明谷的伯尔纳(Bernard of Clairvaux)——"最先抗议的不是我们,伯尔纳是多么激烈地怒斥尤金尼乌(Eugenius)* 以及当时的所有主教啊! 那时的情况可比现在要宽容得多啊!"(69)

当然,加尔文承认,改教家发起改革之前,天下一片安静。没有人明白福音。"因此,如果安静的原因仅仅是因为基督沉默了,你就不能称赞一个国度安宁。"(70)现在不是有很多异端教派吗? 是的,即便在基督教的黄金年代,基督教的真道也总是遭到异端教派的攻击。(71) 加尔文直陈胸臆,最后发出了热切的呼吁:

> 萨多雷托,愿主使你和你的同侪最终明白,如果让我们与父神和好的主基督要聚集我们,将我们如今的分散变为他身体的团契,我们就有了教会合一的唯一、真正的纽带,可以借由他独一的道和独一的灵,一心一意,达成联合。(72)

改教家渴望召开普世会议来解决这样的问题,但 1547 年召开

---

* 指当时的教宗尤金尼乌三世。——译者注

(69) Calvin,"Reply by John Calvin to Cardinal Sadoleto's Letter," in *Selected Works of John Calvin*: *Tracts and Letters*, ed. Henry Beveridge and Jules Bonnet, 7 vols. (Grand Rapids: Baker, 1983), 1: 50.

(70) Ibid., 67.

(71) Ibid., 68.

(72) Ibid.

的特兰托公会议与早期的公会议"大不相同"。[73] 这次公会议被称为"普世会议……好像是说,这个宜居星球上的所有主教都聚集到了特兰托。即便称这次会议为省区会议,他们也当因为与会人员寥寥无几而羞愧"。[74] 不用说,这次会议没有东方教会的代表(因为东方教会和西方教会革除了彼此的教籍),凡支持改教家的福音观的人,也不被获准到会。"出席会议的可能有五十多位主教",没有一位是教会杰出的牧师。[75] 借着圣言说话的圣灵,才是教宗和公会议要服从的终极权威,而加尔文说,到目前为止,教宗和公会议并没有真正探讨圣经的教导。[76] 法兰西的主教只来了两位,"两人同样迟钝和不学无术"。[77] 这一切都无关紧要。"因为在那里,罗马教宗不认可,就做不出任何决定。"[78]总之,加尔文认为,任何人一眼就能看出,特兰托公会议是私设的法庭。[79]

特兰托公会议召开期间,加尔文详细评论了该会议的历次分会,罗列历史证据,来估量罗马距离使徒的信仰实践已有多远。他提到 3 世纪的迦太基主教西普里安,这位主教认为,除了基督的普世首席权,不存在其他的普世首席权。他也提到罗马主教大格列高

---

[73] Calvin, "Acts of the Council of Trent," in *Selected Works of John Calvin*, 3：31.

[74] Ibid., 57.

[75] Ibid., 33.

[76] Ibid.

[77] Ibid.

[78] Ibid., 35.

[79] Ibid., 36 - 37.

利,这位主教说,谁自称担任着这样的首席权,谁就是"敌基督的先驱"。加尔文援引了哲罗姆在这方面的详细记述,众主教本是平等的,后来在"魔鬼的教唆下",他们才耍诡计图谋高人一等。"虽然众所公认,那位罗马宗座曾被提到了第三层天上,可是这个人一丁点主教的样子都没有,如果说这样的人像主教,一只狼也可以被当做一只羊了。让这样的人做众主教的首领,岂不荒谬!"⑧罗马教会从圣经或古代教会找不到任何支持,它们所仰仗的无非是权力。"因此我们发现,他们采用的是暴君的通常路数。不能以温和的方式维持统治时,他们就诉诸凶恶和野蛮的暴行。"⑧

即便看起来没有希望与罗马和好时,加尔文也没有放弃。事实上,他的继任者贝扎继续出席此类会议,虽然出席会议可能遭遇人身危险,并且和好的希望也越来越渺茫。加尔文向路德宗求助,他提出一种圣餐观,他和梅兰希顿希望这种圣餐观可以使新教教会彼此和解。⑧ 可在诸如善辩者约阿希姆·韦斯特法尔之类众多路德宗信徒中间,梅兰希顿正在逐渐丧失路德宗首席神学家的公信力。约阿希姆·韦斯特法尔宣称自己在论战中击败了加尔文,可是他完全误解了加尔文提出的观点。另一方面,苏黎世人对任何批评茨温利的话都过度敏感,不明白加尔文为什么如此热衷于与路德宗和好,

---

⑧ Ibid. , 49.

⑧ Calvin, "Articles Agreed Upon by the Faculty of Sacred Theology of Paris, with Antidote (1542)," in *Selected Works of John Calvin*, 1: 120.

⑧ Calvin, *Institutes* 4.14.17.

这个意图的确在加尔文的《简论圣餐》(*Small Treatise on the Lord's Supper*)中尤为明显。[83]

　加尔文直接来到苏黎世，与海因里希·布林格制订了一份联合声明，这份声明为苏黎世的教会带来更大的合一。[84] 虽然布林格在某些场合没有公正地对待加尔文，但加尔文一直在倡导双方重归于好："亲爱的布林格，我们的当务之急，岂非是达成一致，竭尽所能地维护与巩固我们之间的兄弟情谊?"[85] 经过坚持不懈的努力，他才得以在 1549 年与布林格就一种非茨温利式的圣餐观大体达成一致。[86] 布林格撰写《第二纥里微提信条》时，已经从他导师的观点转而靠近加尔文和其他改革宗领袖了。

　即便各方都抱有善意，希望可见的教会达成合一，可毕竟受限于政治环境，任何程度的合一，都要经过教宗允许，并经过新教国家的教会、王侯和市议会协商后同意。当大主教克兰麦计划召开普世会议而无果时，加尔文哀叹，基督的身体"在流血，各个肢体都被分

---

[83] T. H. L. Parker, *John Calvin* (Tring, UK: Lion, 1975), 162. Parker 说："据说路德读了这篇文章后对朋友说：'这肯定是个敬虔而博学的人。我一开始就可以将这场争论交由他去处理的。如果我的对手也这么做的话，我们很快就会达成和解。'在这之前，路德就读了《要义》(应该是 1539 年版)，并托布塞带了去问候：'代我向 Sturm 和加尔文致敬，读完加尔文的书我非常高兴。'加尔文本人说：'路德和 Pomeranus 认为，应当向加尔文致敬。加尔文深得他们赞许。'"

[84] Theodore Beza, "Life of Calvin," in *Selected Works of John Calvin*, 1: liv.

[85] Calvin, 转引自 Parker, *John Calvin*, 164。

[86] François Wendel, *Calvin: Origins and Development of His Religious Thought*, trans. Philip Mairet (New York and London: Harper & Row, 1963), 101.

割了".⑰ 就像为了很多其他目标一样,这位改教家为了基督身体的可见合一锲而不舍,奋斗不息,即便挫败常常多过成功。

特别是与我们这个时代相比,16 世纪后期的改革宗教会最接近于合一的新教。路德宗人士的争辩有时非常尖刻,即便如此,改革宗和清教徒作家仍然称重要的路德宗神学家为"我们的神学家"。贝扎将《奥格斯堡信条》纳入了他的著作《改革宗信条的和谐》(*Harmony of Reformed Confessions*, 1581)。英国国教以"大陆最好的改革宗教会为榜样",不断致力于进一步的改革。

可悲的是,环境——主要肇因是国教政治——致使改革宗在英国的合一解体。英国国教认为自己最具改革宗精神之时,也是它最配称为大公之际。到了查理一世执政,当阿明尼乌派(Arminian)和高派教会(High Church)的大主教劳德(Archbishop Laud)兴起时,英国国教才明显变为"安立甘宗"(Anglican),并日益背离自己的《信纲》(Articles of Religion)。加尔文急切地追求普世教会的合一,而他的属灵后裔却心满意足地接受了以下局面:拥有共同信仰的独立宗派数目众多,而且还在不断增多,并将一直存续下去。这两者形成了鲜明对比。

我们共同的宣教

在加尔文的思想中,普世教会合一和宣教不可分割。基督的国

---

⑰ Calvin,转引自 Parker, *John Calvin*, 165。

度遍及全世界,靠的也是创造教会的福音。新约教会是从以色列这根藤上生长起来的,这让加尔文深受触动。他多次说犹太人拥有"长子的权利","在神的教会中永远居于首位"。⑱众先知预言过,以色列会随着外邦人的到来而扩展。

> 于是,此前局限于犹太这弹丸之地的真信仰,扩散到了全世界。于是,从前仅为一族知晓的神,有万国万民用不同的语言向他求告……于是,彼此争竞的人,携起手来,与他们从前憎恶的犹太社会联合。⑲

加尔文还说,"我们因为被嫁接到亚伯拉罕和他的子孙身上,才被视为神的儿女。"⑳在注释《诗篇》47:4时,加尔文说,通过这种方式,"外邦人隶属于以色列"。"犹太人因为做了神浇灌全地的泉源而喜乐"——所以他们更有理由信靠基督。㉑

在一个五旬节主日证道时,加尔文谈到使徒在这个改变历史的节日中所发生的惊人变化。圣灵随着火舌降下,首先是要"表明,福音教义以这样的方式被神认同、印证",并使他的使者为福音作见

---

⑱ 加尔文对《使徒行传》13:45 的注释,载于 *Calvin's Commentaries*,vol. 18,trans. Henry Beveridge (Grand Rapids:Baker,1996),551。

⑲ 加尔文对《诗篇》87:16 的注释,载于 *Calvin's Commentaries*,5:395。

⑳ Selderhuis, *Calvin's Theology of the Psalms*,239,转引自加尔文对《诗篇》47:10,110:2 的注释。

㉑ Ibid.,239,转引自加尔文对《诗篇》47:4,10 的注释。

证,使听到的人从属灵的死亡里活过来,真心领受福音。^⑨ 圣灵曾经带着审判降下,在巴别塔使骄傲的各族分散,使他们的语言彼此不通;而在五旬节他屈尊降下,使他们合于一个福音,虽然是用不同语言讲述的福音。这样一来,神使审判变为赐福,使福音以多种语言传到了地极,"我们才得以一起进入墙被拆毁之前唯独属于犹太人的救赎之约"。^㉝ 加尔文还说,"这也是圣餐桌如今是为我们而设的原因。"虽然升天的主尚未以身体的形式重返地上,"但我们要知道,人所无法理解的,由圣灵隐秘而不可见的恩典成就了;因为我们就是借由圣灵的恩典领受耶稣基督的身体和血的"。^㉞ 如今的教会就像早期的社群一样,是人数稀少、分散各处的余民,不过圣灵借由自己的话语聚集他们,使他们与他们的头联合,虽有逼迫,他们却定了心意,要将福音传遍世界。^㉟

在加尔文的故乡法国,幸免于难的新教基督徒本是小群,到了1562 年却激增到三百多万。加尔文与起主导作用的牧师和传教士保持密切而定期的联系。弗兰克·詹姆斯三世(Frank James III)说:"历史表明,加尔文对宣教非但不冷漠,反而极其投入。"^㊱我们传

---

⑨ Calvin,"First Sermon on Pentecost," in *John Calvin: Selections from His Writings*, ed. John Dillenberger (Atlanta: Scholars Press, 1975),560 – 573.

㉝ Ibid. , 564 – 565.

㉞ Ibid. , 571.

㉟ Ibid. , 572 – 573.

㊱ Frank A. James III,转引自 Keith Coleman,"Calvin and Missions," *WRS Journal* 16, no. 1(February 2009): 29 – 30。

道,不仅是为了建立圣徒,也是为了"劝没有听过真道、似乎与神的良善完全隔绝的人,让他们接受救恩。耶稣基督不仅仅是少数人的救主,他将自己给了所有人"。"神心中愿意所有人得救,因为他邀请所有人来认识他的真理……神希望福音无一例外地传给每一个人。"⑰我们传到地极的福音,创造了地方教会并且每周都在维系着它。

自使徒时代以来,改教运动本身就是规模最大的宣教运动。欧洲有几百万人认为自己被再度福音化了。如宣教史学家鲁思·塔克(Ruth Tucker)所言,差派传教士对新教徒来说极其艰难。忠于教宗的国家控制着港口,而传教的修士跟随欧洲征服者远渡重洋。⑱"不过起码从外在言行看来,加尔文本人在改教家中最具宣教意识。"塔克还提到,"他不仅差遣几十个人到他的家乡法国传福音,而且差派四位传教士和一些法国的胡格诺派信徒(Huguenots)到巴西建了一块殖民地,向当地的印第安人传福音"。事实上,这是第一批在新世界立足的新教传教士。这一行人中变节的领袖逃到了葡萄牙,"害得为数不多、毫无防备的幸存者死在了耶稣会的手中"。⑲

加尔文认为,宣教士应该像本地的牧师一样,有充足的预备,受充分的训练。志向远大的宣教士从欧洲各地、非洲、中东和奥斯曼

---

⑰ 加尔文对《提摩太前书》2:4的注释,载于 *Calvin's Commentaries*,21:54-55。

⑱ Ruth Tucker, *From Jerusalem to Irian Jaya: A Biographical History of Christian Missions*(Grand Rapids: Zondervan, 1983), 67. 也参见 Fred Klooster, "Missions, the Heidelberg Catechism, and Calvin," *Calvin Theological Journal 7*, no. 2(1972): 183。

⑲ Tucker, *From Jerusalem to Irian Jaya*, 67-68.

帝国来到日内瓦接受培训。日内瓦"是宣教事业的活跃中心",是培训和差遣新教宣教士的第一个重镇。[100] 从现代宣教运动开始直到今天,这些教会一直在为宣教事业输送领袖。[101]

　　唯有我们的头基督才能使他的肢体与自己联合,成为一个身体。圣灵创造、保守这个身体,并将这个身体扩展到地极,唯独是借由基督的福音。确保福音的纯正与将福音传扬出去,二者密不可分。有神在基督里施行救恩的好消息不断传讲的地方,世俗的分歧会消失,荒地会变成沃土,而沃土会迎来辉煌的丰收。

---

[100] P. E. Hughes, ed. , *The Register of the Company of Pastors of Geneva in the Time of Calvin* (Grand Rapids: Eerdmans, 1966), 25.

[101] Michael Horton, *For Calvinism* (Grand Rapids: Zondervan, 2012), 151 - 169.

第四部分

活在世界当中

第十二章　基督和凯撒

　　在一些人看来，加尔文开创了现代世界——我们或喜爱或厌恶的一切。他既是日内瓦神权政体的阿亚图拉，同时又是为宗教自由和政治自由开路的民主革命人士。有人说他是自由资本主义背后的幽灵，也有人说他是国家社会主义背后的幽灵——皆由一个人的目的而定。安德烈·比勒尔所言极是："事实上，各种运动各取所需，加尔文作品中支持其纲领的部分，就放心援引，（这位改教家博大精深的作品中）与他们观点相左的部分，就弃之不顾。"[①]更重要的是，因为年代误植，所有援引（或应用）都是有缺陷的，因为人们将一位16世纪的法国牧师甚至都不理解的现代动机、信念和愿景投射到他身上。他的目标是传道，无论得时不得时都要传道，并把结果交给神。没有证据表明他有改变文明进程的野心。

　　一方面，在理查德·尼布尔（H. Richard Niebuhr）著名的类型学中，奥古斯丁和加尔文是"基督更新文化"这一路径的先驱。[②] 另

---

① André Biéler, *The Social Humanism of Calvin*, trans. Paul T. Fuhrmann (Richmond, VA: John Knox, 1960), 27.

② H. Richard Niebuhr, *Christ and Culture*(New York: Harper, 1951). 尼布尔列出四种类型：基督超越文化（罗马天主教）、基督属于文化（自由派）、基督与文化对立（路德宗）、基督更新文化（奥古斯丁/加尔文）。这样定位与其说是在澄清，不如说是（转下页）

一方面,研究加尔文的专家理查德·甘布尔被这样的论点惊得目瞪口呆。"'救赎文明或受造物'这观念能否得到加尔文重要著作的支持?"他引用约翰·利思的论述来支持以下观点:虽然加尔文对国家有简要论述,可他并没有在《要义》这本书中谈到基督徒有更新世界的呼召。[③]

至少在我看来,加尔文对基督与文化之间关系的看法不能轻易归结为"更新世界"。不过,若说在加尔文看来,"人的生活主要在于'逃离世界',而不是肯定世界",这也是矫枉过正。[④] 与在其他问题上一样,加尔文对这个问题的观点要更复杂,甚至更充满悖论。

虽然改教运动与现代民族国家的兴起同步,但加尔文想象不到,文化和社会在多大程度上会被化约为政治。不过,我们可以从政教关系这个主题具体了解加尔文对基督与文化更为清晰的观点。

在浏览加尔文关于这方面的重要著作之前,先来看一个可以说明问题的事件或许很有益处。吉斯家族(The House of Guise)* 趁法国国王法兰西斯二世(King Francis II)尚未成年,意图除灭改革宗信徒。1560 年,一群归向改革宗的法国贵族(包括孔代亲王路

(接上页)在掩盖。加尔文与路德二人对基督与文化的看法,几乎无从分别,而奥古斯丁也很难列入"文化更新者"之列(尼布尔本人更欣赏这个类型)。

③ Richard Gamble, "Calvin and Sixteenth-Century Spirituality: Comparison with the Anabaptists",载于 *Calvin Studies Society Papers*, 1995, 1997; *Calvin and Spirituality*; *Calvin and His Contemporaries*, ed. David Foxgrover (Grand Rapids: CRC Product Services, 1998),50。

④ Ibid. , 49.

* 法国著名的贵族世家,其成员出任吉斯公爵和吉斯枢机主教。——编者注

易·德·波旁［Louis de Bourbon，Prince of Condé］)计划绑架年幼
的国王,将吉斯公爵法兰西斯和他的弟弟、洛林(Lorraine)的红衣主
教当作僭主处死。加尔文写信给身为法国海军上将的一位改革宗
领袖,对这次密谋深表不以为然:

> 　　对这样的反抗,我的意见很简单,只要流了一滴血,势
> 必血流成河,淹没整个欧洲。因此,我们宁可毁灭一百次,
> 也不能让基督教和福音蒙上这样的羞辱。是的,我承认,
> 如果亲王［王位继承序列中的人］为了公众益处要求保有
> 自己的权利,如果议会也支持他们去争取,那么良善的臣
> 民以武力向他们施以援手就是合法的。那个人后来问我,
> 如果有位亲王(虽然不是王位的第一继承人)决定反抗,我
> 们有没有正当理由支持他。我回答说,没有。⑤

215

记住这两个关键条件。第一,即便是暴君,也不应该由个体公
民来推翻,而只能由合宜的掌权者在议会的支持下,利用他们的世
俗权利来推翻。第二,他们行使权利,必须是为了"公众益处",不能
专门为了保护福音,当然,也绝不能为了个人利益。由结果可见,加
尔文的警告颇具预见性。安博瓦兹密谋(Conspiracy of Amboise)引

---

⑤ Calvin,"To the Admiral de Coligny"(Geneva，April 16,1561)，in *Selected Works of John Calvin*：*Tracts and Letters*，ed. Henry Beveridge and Jules Bonnet，7 vols. (Grand Rapids：Baker，1983),7：176 - 177.

发了宗教战争，虽然孔代亲王深为加尔文的反对意见触动，曾为安博瓦兹带来短暂的和平。

基督的国度和今世的国度

谈到基督的国度与世俗的国家，加尔文的原则仍是"虽可区分却不可分割"。一方面，他反对基督教王国"利用人手建立帝国"。[⑥]当时的基督教王国引用旧约经文为十字军东征、圣战和宗教法庭辩护，好像欧洲是神权治理下的以色列的再版——教宗是大祭司，皇帝和国王是神的受膏者，要赶出迦南人。加尔文认为，基督的国度与所有今世的国度截然不同。另一方面，他也反对重洗派所主张的基督对抗文化的观点。

在我们的记忆中，重洗派是和平主义者。其实在第一代重洗派领袖中，很多人是革命分子，他们企图以武力来开创他们心中的千禧年国度。如马克思，特别是恩格斯所见，极端的重洗派是现代革命精神的先驱。尽管说得天花乱坠，实际上，对自由的乌托邦式幻

⑥ Oliver O'Donovan and Joan Lockwood O'Donovan, eds., *From Irenaeus to Grotius: A Sourcebook in Christian Political Thought*, 100 - 1625 (Grand Rapids: Eerdmans, 1999), 662; 也参见 David VanDrunen 在这方面的研究, "The Context of Natural Law: John Calvin's Doctrine of the Two Kingdoms", *Journal of Church and State* 46 (Summer 2004): 503 - 525; VanDrunen, *Natural Law and the Two Kingdoms: A Study in the Development of Reformed Social Thought* (Grand Rapids: Eerdmans, 2009)。这个观点在我们的处境中也是适用的，肯定这种相关性的论述，参见 VanDrunen, *Living in God's Two Kingdoms: A Biblical Vision for Christianity and Culture* (Wheaton, IL: Crossway, 2010)。

想,通常并非来自对这个世界和对人类的爱,而是出自一种不耐烦的态度,这种态度会将两者当作祭物献在完美主义意识形态的祭坛之上。埃里克·沃格林(Eric Voegelin)一语中的:"哪位圣徒若不愿将转变世界的工作交给神超越历史的恩典,而要在此时此地、在历史中完成神自己的工作,他就是一位诺斯替主义者。"⑦

中世纪明显混淆了基督与帝国的关系,初期的重洗派运动也一样。关键不同在于,今天所谓的神圣罗马帝国当时被当作了"迦南人"。一开始,托马斯·闵采尔劝王侯们接受他所谓圣灵时代的乌托邦式愿景,王侯们(一定程度上在路德的影响下)拒绝后,闵采尔和莱顿的约翰(John of Leyden)率领他们所谓的"主的农民军"入城,宣称他们自己是王,虐待屠杀男人、女人和孩子。他们建立的政权虽然短暂,却被哥伦比亚大学的历史学家尤金·赖斯(Eugene F. Rice)称为"暴力的、推行一夫多妻制的、共产主义式的"政权。⑧ 具讽刺意味的是,他们与中世纪基督教王国的分歧,与其说在原则上,不如说在狂热和异象的纯粹上:他们要立刻在地上完全实现神的国度。在现代共产主义的学说中,闵采尔等革命分子成了历史上的偶像。

建立基督千禧年王国的宏愿破灭后,重洗派退出了社会。不

---

⑦ Eric Voegelin, *The New Science of Politics* (Chicago: University of Chicago Press, 1952),147.

⑧ Eugene F. Rice Jr. and Anthony Grafton, *The Foundations of Early Modern Europe*, *1460-1559* (New York: W. W. Norton, 1994),138.

过,污秽的世界与洁净的圣徒社会二者根本对立在重洗派仍是主要原则。比如,在《施莱特海姆信条》(Schleitheim Confession,1527)中,圣洁的信徒与不信神的世界、光明与黑暗这摩尼教式的对立是绝对的、不容含混的。⑨ 重洗派与中世纪设想的分歧,似乎不是关乎基督教社会的观念——教会与国家融为一体——而在于前者秉持极端纯粹的理想主义。像中南美洲解放神学影响下的"基层社区"(base communities)一样,重洗派过度倡导教会和社会的一体化,这比罗马天主教国家和新教国家更甚。

至少从理论层面说,宪制改教家质疑,欧洲是基督的国度,更不用说是旧约神权政体的复兴了。不过他们与重洗派不同,他们没有将当时的教会与离开巴比伦返回圣地的流放者相比。毋宁说,这个时代的教会更像身处巴比伦的流放者。他们像但以理一样拒绝异教崇拜,却利用它的教育,同时也为那城的福祉祷告,参与其中并做出贡献。

加尔文强调,当神将他的教会等同于一个特殊的国家时,以色列享有与神之间独特的盟约关系。如今所有的国家都不再具有独特地位。"基督属灵的国度与世间的管辖权截然不同……虽有这种

---

⑨ *The Schleitheim Confession*, trans. and ed. John Howard Yoder (Scottdale, PA: Herald, 1977),8‒12.世界(进而是可见的教会)与"从世界分别出来的"选民之间是完全对立的。既然没有加入重洗派的人"在神面前大受憎恶,从他们所生或所出的,除了可恶的事,再无其他。在世界和受造物中,无非善恶对立、信与不信对立、光明与黑暗对立、世界与脱离世界者对立……一者与另一者毫不相干……而且,他命令我们从巴比伦和现今的埃及出来,免得我们承受主加在他们身上的痛苦与祸患"(第4条)。

区别,但我们并不认为政府从根本上完全污秽了,与基督徒没有任何关系。"这两个国度"不同",但"并不抵牾"。⑩ 即便在旧约之下君王和大祭司是不同的,但在基督教王国却并非如此,教宗和他的僚属都渴望世俗权力。在《马太福音》20 章,耶稣开始着力"区分教会的属灵治理与世界的帝王统治,使徒不可指望得到宫廷的支持⋯⋯基督为他的教会设立牧师,不是让他们去**统治**,而是让他们去**服侍**"。加尔文宣称这就驳斥了教宗,**也**驳斥了重洗派。⑪

奥古斯丁,尤其是他的《上帝之城》(*City of God*),明显影响了加尔文。在这位希波主教看来,现世的王国是神约束世间罪恶的重要途径,但不是基督的国度。⑫ 奥古斯丁认为,既然教会本身是选民与非选民的"混合体",我们肯定不能将帝国等同于基督的国度。因此,这两座城各有各的体制,借由不同的途径,服务于不同的目标。奥古斯丁说,我们发现这两座城"在现今这个暂时的世界上可以说是互相交织,彼此混合"。⑬ 我们共享的益处是有价值的,即便它们不是终极的,而选民盼望的是基督的再来,到了那时,"一切的不义都会消失,一切人的统治和权力都会废除,神是一切的一切。"⑭虽然

---

⑩ Calvin, *Institutes of the Christian Religion*, ed. John T. McNeill, trans. Ford Lewis Battles (Philadelphia: Westminster, 1960), 4. 20. 1 – 2.

⑪ 加尔文对《马太福音》20: 25 的注释,载于 *Calvin's Commentaries*, vol. 16, trans. William Pringle (Grand Rapids: Baker, 1996), 424。

⑫ Augustine, *City of God*, ed. David Knowles, trans. Henry Bettenson (New York: Penguin, 1972), 527.

⑬ Ibid. , 430.

⑭ Ibid. , 875.

奥古斯丁认为这两座城有这样的区别，可他支持国家除灭多纳徒派，他的实践似乎违背了他的理论。

路德像奥古斯丁一样强调"属天之事"与"属地之事"、神面前的真公义与人类同胞面前的世俗公义的区别。他在其重要著作《论世俗权威》(*On Temporal Authority*)中详述了他的两国论教义，并比较了世俗国度和属灵国度的联系与身体和灵魂的联系。⑮ 他抱怨道：

> 魔鬼从未停止自己的工作，一直想要将这两个国度炖成大杂烩。世俗领袖常常奉了魔鬼的名号，想要做基督的老师，教他怎样管理教会，怎样实施属灵的治理。与此相似，假牧师和分裂的灵总是想要做老师，教人怎样组织世俗的政府。这样一来，魔鬼实在是两头忙，要做的事很多。⑯

事实上，路德接着说，"无论是福音还是谎言，人愿意教什么就教什么，愿意信什么就信什么。统治者对此不该阻止，他只要阻止人煽动暴乱和叛乱就够了。"⑰ "受苦，受苦；十字架，十字架！基督徒

---

⑮ 参见 Bernhard Lohse, *Martin Luther's Theology*: *Its Historical and Systematic Development*, trans. Roy A. Harrisville (Minneapolis: Fortress, 1999), 151–159。

⑯ Martin Luther, "Commentary on Psalm 101," in *Luther's Works*, American Edition, 55 vols., ed. Jaroslav Pelikan and Helmut T. Lehmann (Philadelphia: Fortress; St. Louis: Concordia, 1955–1986), 13: 194–195.

⑰ Martin Luther, "Friendly Admonition to Peace Concerning the Twelve Articles of the Swabian Peasants," in *The Protestant Reformation*, ed. Hans Hillerbrand (New York: Harper & Row, 1968), 71.

的律法仅此而已,别无他者!"⑱基督徒可以拿起武器保卫国家和财产,但不能拿起武器保卫福音。⑲ 保罗到了雅典,只是传道,并没有用武力摧毁偶像。

> 因为是道创造了天地万物;成就这件事的只能是道,不是我们可怜的罪人⋯⋯简而言之,我会传讲、教导、写作,好叫人明白真道,但不会强迫人信从,因为信心只能出于自愿,而不能出于强迫。以我为例。我反对赎罪券和所有的教宗制支持者,但绝不用武力。我只是教导、传讲、写作,让人明白神的道,仅此而已。当我睡觉,或与好友菲利普和阿姆斯多夫(Amsdorf)喝着维滕堡的啤酒时,道大大削弱了教宗的权力,没有哪位王侯或帝王曾使教宗遭受过这么大的损失。我什么也没做;道成就了一切。⑳

他还说:"要是我想煽起动乱,我本可以让德国血流成河;说实话,我本可以启动这样的游戏,让帝王都难保无虞。但那会是什么局面呢? 不过是蠢才的游戏。我什么也没做,只是让道成就自己的工作。"㉑路德这么说并非自我吹嘘。

219

---

⑱ Ibid. , 76.

⑲ Ibid. , 78.

⑳ Martin Luther,"On God's Sovereignty," in *Luther's Works* , 51：77.

㉑ Ibid.

然而,他在 1530 年却又说,那些拒绝"明显基于圣经、为整个基督教王国所相信"的教义之人,王侯有权对他们加以处罚。[22] 就像奥古斯丁容许国家用剑来惩罚多纳徒派一样,路德也与现代的宗教自由观念相去甚远。

加尔文精通希腊-罗马和中世纪的法律,这也让他的思考有了深度和精微之特点,而这是激进的社会-宗教行动常常缺失的。他在历史层面和神学层面都有清醒的意识,知道文化、政治和社会层面的斗争能成就什么,不能成就什么。

比勒尔提醒我们,加尔文以福音的人文主义为本,这明显影响了他对我们的教会生活和世间生活的看法。"这么说吧,福音的人文主义,也就是加尔文的人文主义,主要是社会层面的人文主义……'神创造了人,'加尔文说,'所以人是彼此相交的族类。'"[23]在世俗社会中,"这个秩序并不倚赖基督使人重生得自由这个前提,而是相反,倚赖外部的约束,是外部的约束把人维持在相对道德的状态中"。[24] 这是"暂时"的秩序:既不是终极的,也不是无关紧要的。"在等待最终的完满期间,为了生存,所有社会都需要临时的秩序,也就是作为政治秩序的人类体制。"[25]"当然,加尔文希望地方行政官员是基督徒。不过,他在鼓励受逼迫的教会时表明了自己的观点:

---

[22] Martin Luther, "Psalm 82," in *Luther's Works*, 13: 61.

[23] Biéler, *The Social Humanism of Calvin*, 17.

[24] Ibid., 23.

[25] Ibid.

基督徒是否要顺服国家官员,绝不取决于这些当权者是信还是不信。"㉖比勒尔还说:

> 由加尔文关于政治的教导可见,除非极端异常的情况,基督徒不能做极端的革命派,企图根除他生存于其中的社会秩序。另一方面,基督徒也不能做彻底的保守派……总之,当基督徒意识到了由信仰而来的责任,他们就有责任积极投身于政治生活。㉗

220

虽然像约翰·诺克斯这样在日内瓦寄居过的人盛赞这座城市是"使徒时代以来最完美的基督学院",可加尔文临死前对日内瓦的议员说,托付给他们的是"一个堕落而悲惨的国家"。㉘ 他至多只能这么说:"你们看到了,问题解决得差强人意。"最后他还劝勉道:"所以,如果你们懒散怠惰,无所作为,你们在神面前的罪就更大了。"㉙很难说,这是胜利的演讲。在加尔文看来,我们在神面前都是失职的,世俗的国度绝不是上帝之城。

加尔文在《要义》中先论述了基督徒的自由,然后探讨了两个国度的关系,在这之后才是"论世俗政府"这一节。在"论世俗政府"这节之

㉖ Ibid. , 24.

㉗ Ibid. , 25.

㉘ William Monter, *Calvin's Geneva* (New York：John Wiley and Sons, 1967), 120.

㉙ Theodore Beza, "Life of Calvin," in *Selected Works of John Calvin*, 1：xciv.

前论述基督徒的自由有一个原因：欧洲对闵采尔和莱顿的约翰等极端重洗派人士的压迫对每一个人仍然记忆犹新——蒙加尔文敬献《要义》的法兰西国王更是如此。在给萨默塞特公爵(Duke of Somerset)的信中，加尔文力促这位护国公(Lord Protector)惩罚“狂乱的灵”，这“狂乱的灵”企图以福音为名，颠覆整个国家(commonwealth)。㉚

加尔文一开始就这样说道：

> 因此，为了避免任何人在此跌倒，我们应当先考虑神对人有双重的管理：一是属灵的，在这管理下，人的良心受敬虔和敬畏神的教导；二是政治的管理，这种管理教导人尽他做人和公民的本分。㉛

凡是可以区分(而不分割)身体与灵魂的人，都能明白这一点。他还说：“这个问题……本身并不是很模糊或复杂。”一边是对社会法律的外在遵从，一边是因良心确信神在基督里的恩典而唯独向神的终极降服，在两者之间作出区分即可。㉜

221 在此基础上，加尔文质疑中世纪的观点，即国家(地位较低)必须学教会(地位较高)的样式，也质疑重洗派对世俗世界本身

㉚ Calvin,“To the Protector Somerset”(Geneva, October 22,1548),in *Selected Works of John Calvin*, 5: 187. 加尔文在这封信中预见到在克伦威尔摄政时期达到顶峰的那种狂热。

㉛ Calvin, *Institutes* 3. 19. 15.

㉜ Ibid.

的全盘弃绝。他与路德都谈到两个国度或"两种管理"。"就如在人身上有两个世界，而这两个世界有不同的君王和不同的法律管理。这区分教导我们不可将属灵的自由误用在政治上。"㉝

　　既然教会不再被视为一个特定的国家，以色列神权政体下的民事律在新约中便消失了。"因为［使徒的］目的并不是要建立任何属世的政府，乃是要建立基督属灵的国。"㉞荣耀的耶路撒冷有城墙和堡垒，而新约教会有让自己熠熠生辉的属灵恩赐，前者的荣耀不过预表后者更大的荣耀。㉟

　　以身体和灵魂来类比国家和教会可能有所不妥。不过，加尔文对这一联系的看法却很有趣。罗马天主教认为灵魂（教宗）高于身体（帝国）；有些改教家（路德宗和改革宗）认为国家高于教会；重洗派认为二者彼此对立。然而加尔文并不认同上述说法。对加尔文来说，两者并行：虽可区分却不可分割。比勒尔解释说："加尔文是基督徒，以福音为自己的唯一根基，至于将虚假的属灵价值和物质界相对立的异教对抗观念，他一无所知。加尔文否认自古以来就有的将唯灵论（spiritualism）和唯物论对立起来的做法。"㊱

㉝ Ibid.

㉞ Ibid. , 4. 20. 12.

㉟ Herman J. Selderhuis, *Calvin's Theology of the Psalms* (Grand Rapids: Baker Academic, 2007),130.

㊱ Biéler, *The Social Humanism of Calvin*, 30.

普遍恩典

在加尔文看来,神说的话就是道,不仅有拯救的功效,而且是维系世界的"道"。约翰·慕理(John Murray)就普遍恩典教义所作的总结很有道理:"加尔文在这个问题上不仅开拓出神学系统性阐述(theological formulation)的新境界,而且开创了神学建构的新时代。"㊲人人身上天生就有神形象的残余,除此之外,加尔文还谈到神的普遍恩典,"这样的恩典不能洁净它[本性],但能从内里约束它"。普遍恩典与护理紧密相连,神借由护理限制本性,"但他没有从内里净化它"。㊳ 只有福音可以从里面净化人。因此,普遍恩典不是救赎恩典,自然法也不是圣经,但在神的双重统治中,各有各的功能。这些概念既不相同(如罗马以为的那样),也不对立(如重洗派似乎教导的那样);它们不同,但不抵牾。㊴

因此,加尔文不必将文化活动归入**圣洁的**和**救赎性的**一类活动当中,来证实它的重要性。㊵ 甚至不信神的罗马皇帝都被称为神的"仆人"(罗 13:1—7)。基督实在是所有人的主:借由他的护理和普遍恩典,做地上所有王国的主;借由教会的服侍,以救赎性

㊲ John Murray, *The Collected Writings of John Murray*, vol. 2, *Select Lectures in Systematic Theology* (Edinburgh: Banner of Truth, 1978), 94.

㊳ Calvin, *Institutes* 4.20.8,14.

㊴ 这一观点的精确表述,参见 Philip Melanchthon, *Loci communes* (1543), trans. J. A. O. Preus (St. Louis: Concordia, 1992),70。

㊵ Calvin, *Institutes* 2.2.15.

的恩典，做他圣洁国度的主。基督徒的确蒙召做世上的光和盐，但加尔文从未说他们要"救赎文化"。唯有基督是救赎恩典的施行者，但他施行救赎，仅是借由圣道和圣礼的圣洁服侍，而不是靠刀剑。

加尔文说，我们自然会想到圣灵在信徒生命中的工作，这么做有充分的理由。不过，圣灵也在非信徒的生命中做工，激发他已经在普遍恩典中给他们的恩赐。极端的新教徒认为，信徒从非信徒学不到任何东西。加尔文反驳道："主若喜悦我们在物理学、辩证法、数学以及其他的学科上，借不敬虔之人的成就和劳力得到帮助，那么我们就当使用这帮助。我们若忽略神在这些学科上白白赏赐人的才能，理当因这忽略受罚。"[41]他以艺术、科学、哲学和医学为例，总结说："因此，我们从他们身上得知主在人堕落、丧失属灵生命之后，仍留给人诸多的恩赐。"[42]即便在堕落状态下，世界——包括人类——仍然反映出神的智慧和良善、诚实和公义、荣美和慈爱。

"对重洗派的属灵领袖而言，"威廉·巴尔克（Willem Balke）说，

> 圣灵的"充满"完全补足了教育的缺乏。在明斯特（Münster），书籍和手稿被扔出图书馆并付之一炬。除了圣经，不准读任何书。明斯特的重洗派人士因为没有犯获

㊶ Ibid. , 2.2.16.

㊷ Ibid. , 2.2.15.

223 ▋ 取书本知识的罪而感到自豪。另一方面,对加尔文来说,
"科学"与属灵恩赐不能相提并论。他一再地强烈反对重
洗派的反智倾向。㊸

普通法

　　神以隐秘的方式治理国家,就像他以隐秘的方式治理教会一
样,虽然他治理前者,是借由自然法和普遍恩典,治理后者,是借由
成文和被宣讲的圣道。加尔文认为,期待照着"摩西的政治制度"而
不是照着"国家的普通法(common law)"来建立政府,是"错误和愚
昧的观念"。㊹

　　保罗宣称,圣经中启示的道德律就是在受造物中启示的自然
法,加尔文遵从保罗的观点,极力反对合法社会秩序必须基于圣经
的观念。

　　　　若有人反对这不同的执行方式,不过表示他对公共的
　　福祉心怀恶意和憎恶。因为这不同的执行方式不过是保
　　守人遵守神的律法的极为恰当的方式。有人说神借摩西
　　所颁布的律法,若因新的律法而被取消,是羞辱神的律法。

㊸ Willem Balke, *Calvin and the Anabaptist Radicals*, trans. William J. Heynen (Grand
　　Rapids: Eerdmans, 1981),237 - 238.

㊹ Calvin, *Institutes* 4. 20. 14.

然而这是完全无知的说法。⑤

加尔文说，毕竟，"我们所说的'道德律'，只不过见证了神雕刻在人心智中的自然律和良心"。⑥

自然律——写在每个人良心上的神的律法——表现在宪法、政府组织形式和法律上，可以有巨大差异。⑦ 摩西的神权政体仅限于旧约，现在已经不再是民族国家的蓝图了。⑧ 激进的启蒙运动一直认为，自然律出于自主的理性，其实并非如此。确切地说，自然律是神起初对被造物中有他形象之人的呼召，而且一直借着这自然律使人最终向他负责，然而自然律并无拯救功能。⑨ 加尔文与一个世纪后的《威斯敏斯特信条》（Westminster Confession of Faith）思路一致：摩西有关司法方面的法律"已经废止"，"现在除了一般公正的要求外，对任何国家都不再有任何约束"。⑩ 因此，在加尔文的解经中，神权政体这个体系是被严格禁止的。所以，所有的真理（和法律）都

224

----

⑤ Ibid.，4.20.16. 加尔文政治神学的基本脉络，参见 4.20.1‑32。

⑥ Ibid.，4.20.16.（译文据作者所引英译本略有改动。——编者注）

⑦ Ibid.

⑧ Ibid.

⑨ 参见 Francis Turretin，*Institutes of Elenctic Theology*，trans. John Musgrave Giger，ed. James T. Dennison，vol. 2 (Phillipsburg，NJ：P&R，1994)，2.1.7。17 世纪的日内瓦神学家 Francis Turretin 已经意识到，有人持这样的观点：独裁者或社会契约之下的自治权产生世俗政府。"但［改革宗］正统却不这么看，"他说，"他们确信，还存在一种自然法，不是出于自愿的契约或社会法律，而是出于神造人的良心时就刻在上面的神圣义务。"

⑩ Westminster Confession of Faith，19.4.

来自神,但不一定来自圣经。

加尔文认为,世俗国家不能**废止**由摩西颁布的有关政治方面的法律(the political laws),因为这些法律起初就没有**赐予**世俗国家。⑤自然法可以用"公正"一词来概括,大体是指人与人关系中的公平,而公平可以用仁慈来适度调节公义之严苛。这需要就特定的情况作审慎的分辨。因此,"唯独公正是所有法律的目标、准则和限制"。⑤ 作为人所共有的自然美德,这样的公正是"爱的永恒法则",是所有法律的源泉。"这就证明每一个国家都能随自己的意思颁布它所认为最适合它的法律。然而,这一切必须与爱的永恒准则一致,只有这样它们才能形式不同,目的却相同。"⑤圣经并没有为我们在神普遍恩典下的一般生活指定政府组织形式。

中世纪禁止放贷取利(基于出 22:25),连路德都维护这样的看法。但加尔文说,放贷取利的行为"今天并不违法,除非它有违公正和兄弟间的盟好"。⑤ 加尔文认为,一般的公正原则足以顺利解决这个问题。"异教作家也发现了这一点,"他写道,"虽然表述得不是很清晰,可他们宣称,既然人生来就是为了彼此的益处,那么只有互相帮助,人类社会才能正常存续下去。"⑤在所有改教家中,加尔文对普

⑤ Calvin, *Institutes* 4.20.16.

⑤ Ibid.

⑤ Calvin, *Institutes* 4.20.15.(译文据作者所引英译本略有改动。——译者注)

⑤ 加尔文对《出埃及记》22:25 的注释,载于 *Calvin's Commentaries*, vol. 3, trans. Charles William Bingham (Grand Rapids: Baker, 1996),132。

⑤ Ibid. ,126.

遍恩典光照下异教徒的常识最有信心。

　　道德律要求的公正可以体现在不同的法典中,就像敬拜和基督徒生活的要素可以依特定的处境而有不同的践行方式。即便在普遍原则上达成一致的人,也可能会在实施策略上各有所见。加尔文并未退缩,而是勇敢宣告神审判"有权势者用以压迫和欺诈无助的人之苛刻和不人道的法律"。⑤⑥ "因此,当权者是穷人的'保护者',"⑤⑦ 弗雷德·格雷厄姆(Fred Graham)指出,"对加尔文来说,真正决定某个政治体制的价值的,是它如何对待弱者"。⑤⑧ 不过,他并没有擅取市政官的职责,制定特定的方针或法律,而是将这项原则交由担负市政官责任的人按自己的智慧去实施。

　　当涉及政治体制的重大问题时,加尔文表现出同样的审慎。⑤⑨ 虽然加尔文精通这方面的知识(或许正是因为他精通这方面的知识),他行事仍极为谨慎。他指出纯民主政体和纯专制政体的

---

⑤⑥ Calvin, *Institutes* 2.8.45.

⑤⑦ Selderhuis, *Calvin's Theology of the Psalms*, 153,对《诗篇》82:3 的注释。

⑤⑧ W. Fred Graham, *Constructive Revolutionary: John Calvin and His Socio-Economic Impact*(Richmond, VA: John Knox, 1971),62.

⑤⑨ 研究加尔文政治思想的著作有很多,最重要的有:Harro Hopfl, *The Christian Polity of John Calvin* (Cambridge: Cambridge University Press, 1982); Quentin Skinner, *The Foundations of Modern Political Thought: The Age of the Reformation*, vol. 2 (Cambridge: Cambridge University Press, 1978); Ronald Wallace, *Calvin, Geneva and the Reformation*(Eugene, OR: Wipf & Stock, 1998). 以下是一篇考察加尔文政治思想的优秀文章,David W. Hall, "Calvin on Human Government and the State",参见 *A Theological Guide to Calvin's Institutes*, ed. David W. Hall and Peter A. Lillback (Phillipsburg, NJ: P&R, 2008),411–440。

危险,表明他个人倾向于"贵族制或贵族制和民主制的混合政体"。无论就教会还是就国家来说,他都既反对无政府主义,也反对专制。在国家和教会这两个领域,他都提倡代议制政府,在这种体制下,权力为众人共享。不过,他立即补充说,这不是普遍适用的原则,有些文化因其历史特征的缘故,可能更适合其他的政体。⑩

　　虽然加尔文在天性和神学倾向上都趋保守,可他的见解的确有政治含义。得益于他在罗马法学上的精深造诣,他对自然权利和法律面前人人平等的见解影响了之后的数代人。⑪ 加尔文的很多属灵后裔发展了加尔文的思想,在某些方面还有所超越。这些神学后继者在政体理论、反抗暴君的权利和宗教自由方面有重大贡献。⑫ 除此之外,加尔文对圣经的解释、对特定教义的强调,以及由此产生的那种敬虔观,也产生了重大的社会影响。当然,之所以如此,某种程度上是因为很多杰出的思想家、艺术家、教育家、律师、政治理论家认同了这位改教家对圣经的见解。每一位基督徒都是两座城的公

---

⑩ Calvin, *Institutes* 4.20.8.也参见注释 6 中 VanDrunen 在这方面的那本优秀著作。

⑪ John Witte Jr., *The Reformation of Rights: Law, Religion and Human Rights in Early Modern Calvinism*(Cambridge: Cambridge University Press, 2007),2:"加尔文就权威和自由、责任和权利、教会和国家所提出的新见解引人瞩目,对新教国家影响深远。"

⑫ 比如,贝扎写了近代最早的一篇谈反抗暴君的论文,同意他观点的现代人大多数也是改革宗人士。德国改革宗政治神学家 Johannes Althusius 将对盟约神学的洞见与他对立宪政府之联邦体系的定义联系起来。而加尔文一向保守,警惕混乱,从他的作品中根本看不出他会认同为现代世界所熟知的自由政治经济体系,更遑论作为其先驱了。

民,两个国度在他们的生命中交汇。加尔文等人的洞见以及他们强调的信息,为理解、协调和智慧地投身于这两种呼召提供了丰富的资源。

　　加尔文从未设想这两个国度彼此无关,在这一点上他与路德完全一致。以他们那个时代的标准来看,宗教法及其实施在新教国家更加宽松。不过以现代的标准来看,那时根本没有政教分离这回事。[63] 相较而言,日内瓦的实践在某种程度上是相当自由的。但与奥古斯丁、路德、茨温利等人一样,区分两个国度的理论并未阻止加尔文得出这样的观点:国王、皇帝和市政官负有保护真教会的重任。加尔文在致查理五世的那番陈词中,呼吁这位皇帝效法古时的君士坦丁(Constantine)、狄奥多西(Theodosius)和查理曼大帝(Charlemagne),像父亲一般照看教会。

　　如果说加尔文在这方面与改教家同仁有分歧,那是因为他努力使教会免于政治干预(反之亦然),由此越发清晰地区分两个国度。他甚至批评奥古斯丁时代让主教陷于"与自身职分不相干的"世俗事务的做法。这些教会领袖"以神的权威和命令作为借口,为撤弃所受的呼召辩解,使神蒙羞"。[64] 不过,要想理解加尔文在这些问题

---

[63] Leonard Verduin, *The Reformers and Their Stepchildren* (Grand Rapids: Eerdmans, 1964),202. 他指出,施佩耶尔帝国会议(Imperial Diet of Speyer, 1529)规定:"凡是重洗派成员或者重新接受洗礼的人,无论男女,都要用火、刀剑或其他方式处死。"不过,即便是在斯特拉斯堡,没有受洗的孩子在必要时也要接受"执法人员"为其施洗。

[64] 加尔文对《哥林多前书》6:5 的注释,载于 *Calvin's Commentaries*, vol. 20, trans. John Pringle (Grand Rapids: Baker, 1996),203。

上的智慧,必须谨慎,并敏锐体察与现代迥异的历史处境。具讽刺意味的是,他对基督与文化的最伟大的洞见,很多都更适于"后基督教世界"的实际情况,而"后基督教世界"的实际情况,是改教家本人无法想象、更无法预期的。

第十三章 呼召：善行的去向

我们一贯认为，一般呼召不过是工作或营生，我们从内心深处都想要遵循一种比一般呼召更属灵、更卓越的生活方式，来让神满意。通常情况下，新成员一加入教会，就有人鼓励他去"找一项服侍"。毕竟所有成员都是服侍者。做医生、面包师和家庭主妇或许不错，不过"全职基督徒服侍"更好。我们总得用某种方式去证实，我们的日常劳作也是"国度的工作"。或许我们可以用某种方式使我们的一般呼召成为个人传福音或革新社会的途径，从而使我们的一般呼召成为圣洁的呼召。具讽刺意味的是，这样的反教权倾向表现出更深的教权主义：亦即，教会的所有会众都必须是服侍者。我们像彼得一样很难理解这道理：自己要先被基督**服侍**（约13：8—9），再去服侍世上的邻舍。

如我们将在本章所看到的那样，加尔文碰到了类似修道院生活的情形，尤其是在重洗派运动中，每一位成员都被期待要过类似于修道模式的生活。在今天，福音派创造了一种亚文化，它常常不过是以福音和道德为虚饰反映了这个世界。其危险在于，尽管我们与世隔绝，在"基督徒"活动的蜂箱里忙碌时，也会变得与世界相像：我们属世而不入世，而非入世而不属世。

呼召：我们善行的去向

与路德一样，加尔文也认同所有信徒皆祭司，但对这两位改教家来说，这并不意味着所有信徒都是牧师——被训练、考验、按立的可见教会的牧师和教师。的确，加尔文认为，我们来教会首先是为了得到服侍：借由基督的牧师，得着基督的丰富供应；借由基督的长老，得着基督的智慧引领；借由基督的执事，从基督得着现世需要的满足。每一个主日，基督徒都像在圣诞节早晨聚在起居室里的小孩子们，接受礼物，交换礼物。众多的属灵恩赐从我们接受的服侍中出现，在所有会众当中传递，然后会众借着一般呼召去爱和服侍世上的邻舍。加尔文就特殊职分（牧师、长老和执事）与一般职分（信徒皆祭司）的区别给出了很多洞见。①

在改教家们的敬虔观中，善行有重要地位，但是现在，善行是在呼召这一主题下谈的，而不是在称义这个话题下谈的。我们行善不是为了向神还债，而是为了邻舍的益处。如路德所言："所以我们认为，基督徒不是活在自己里面，而是活在基督里面，活在邻舍中间。他借着信心活在基督里面，借着爱活在邻舍中间。"②教会是产生门

---

① 比如，加尔文对《以弗所书》4：11 的注释，载于 *Calvin's Commentaries*，vol. 21, trans. William Pringle（Grand Rapids：Baker, 1996），278；参见 Calvin, *Institutes of the Christian Religion*, ed. John T. McNeill, trans. Ford Lewis Battles（Philadelphia：Westminster, 1960），4. 1. 3。

② Martin Luther, "The Freedom of a Christian," in *Luther' s Works*, American Edition, 55 vols. ,ed. Jaroslav Pelikan and Helmut T. Lehman（Philadelphia：Fortress；（转下页）

徒的地方,而世界是门徒去服侍的地方。

"虽可区分却不可分割"的原则也可以用在两个国度的问题上。我们是基督国度的继承人,"在基督耶稣里成圣"(林前 1：2)的人,即便在我们没有直接拓展基督国度的时候,也是如此。换句话说,**我们本身**是圣洁的——是分别出来的——即便我们的**呼召**只是普通的职业：根本不存在基督徒农业、神圣医学或者神国艺术之类的东西。即便如此,与非信徒一同投身这些职业的信徒,依然是基督国度的圣洁国民。清洁工、家庭主妇、医生或者商人所提供的服侍,是神对他创造的一切所施护理的一部分,这不需要作进一步的理由。

于是,为神工作的观念由神为我们工作(在救赎行动中)和借由我们工作(在我们的呼召中)的理念所代替。当我们照顾临终的父母,或者挖一条沟渠,或者在法庭上为一个案子申辩,神是原初的行动者,我们是他的工具。路德说,当我们祷告说"我们日用的饮食,今日赐给我们",神的回应"并不像他给以色列人吗哪时那样直接,而是借由农民和面包师的工作来供应"。他们是神的"面具"。③ 他写道："神将厚恩倾在义人身上,也倾在不义的人身上,倾在信徒身上,也倾在不信的人身上。他隐身在普通的社会职能和社会阶层当

229

(接上页)St. Louis：Concordia, 1955 - 1986),31：371.

③ Gene Edward Veith,"The Doctrine of Vocation：How God Hides Himself in Human Work," *ModernReformation* 8, no. 3 (May/June 1999)：4. 也参见 Veith, *The Spirituality of the Cross*, 2nd ed. (St. Louis：Concordia, 2010)；Veith, *God at Work*, rev. ed. (Wheaton, IL：Crossway, 2011)；Gustaf Wingren and Carl C. Rasmussen, *Luther on Vocation* (Eugene, OR：Wipf & Stock, 2004)。

中,甚至是最卑微之处。神借着呼召挤奶女工为奶牛挤奶。"④加尔文持相同看法:"我们也能借此获得独特的安慰,只要我们在万事上顺服神的呼召,一切看来似乎羞辱的职事,在神的眼目中则是光荣和极有价值的。"⑤

望向自身之外: 恩赐伦理

在加尔文看来,圣经的敬虔观会将我们的信心引向神,将我们的爱引向邻舍。基督徒的生活是外向型的:也就是说,基督徒望向自身之外。诚然,有时候要自省。不过,自省主要是为了发现我们极其需要基督,而不是为了在我们里面发现什么有价值的东西,可以献给神。加尔文劝我们逃离由我们的罪和死构成的内在监狱,在基督里面找到唯一的避难所。如果我们将目光从基督身上移开,转而探寻内在的平安、稳妥和洁净,就只能陷入绝望或自义。"若你注目于自己,就必定灭亡。"⑥具讽刺意味的是,只有在此基础上,你才能最终脱离自恋,凭信心拥抱基督,以爱拥抱邻舍。如果你要努力追求经得住神审判的内在圣洁,你就会关注自己,无视基督和他人。这样的敬虔帮不了任何人。这种愚昧的做法会激起神的愤怒,避开我们的邻舍,甚至最终也不会给我们带来益处。

与其他宪制改教家的敬虔观一样,加尔文的敬虔观有两大标

---

④ Martin Luther,转引自 Veith,"The Doctrine of Vocation," 5。

⑤ Calvin, *Institutes* 3.10.6.

⑥ Ibid. , 3.2.24.(译文据作者所引英译本略有改动。——编者注)

记：(1)所有美善的恩赐都是从神那里临到我们的；在神面前，我们不过是领受者(徒 17：25—26；罗 11：35—36；雅 1：17)；(2)神不仅爱我们，服侍我们，也借着我们、以我们的呼召为途径来爱和服侍我们的邻舍；在他人面前，我们是给予者。因此，我们唯独将信心给神，而将善行给邻舍。我们的呼召——作为子女、配偶、父母、志愿者、雇主和雇员——是这些善行从神流向他人的渠道。我们同时投身于很多不同的呼召。所以，与其说这是工作伦理，不如说这是恩赐伦理。⑦

这样，首先是**神喜悦**。他因喜悦基督而喜悦我们，因为我们借由信心藏在基督里面。如今神是我们的父亲，不是我们的审判者，他视我们为儿女，借由基督的功德，他赦免了依附在我们善行上的罪。因此，既然我们在基督里，父不仅喜悦我们，也喜悦我们的行为(我们的行为是不完全的，永远不可能让作为审判者的他满意)。加尔文认同奥古斯丁的看法，认为神给予我们的奖赏，是他自己恩赐的冠冕。⑧

第二是**我的邻舍得到了帮助**。我们自由地做了神借以施惠他人的工具，而不是忧心于因为不知道该怎样向神献上礼物而使他悦纳，也没有炮制出他未曾吩咐的原则和习惯。神给了我们各人不同的技艺、知识、能力和兴趣，他的诫命指向我们周围其他人的实际需要。

第三，**我也受益**。加尔文常常攻击斯多葛派哲学，认为它为修

---

⑦ 对呼召的这个方面以及其他方面的有益探讨，参见 Veith，*God at Work*。

⑧ Calvin，*Institutes* 3.18.1-10.

道院生活奠定了基础。斯多葛派认为,我们必须离群索居,不靠他人,自己做自己的事。不可出于私利做任何事情。加尔文一再反驳,指出我们被造是为了神和彼此——在圣约中。神不需要我们,但我们需要他,需要彼此。因此,我的幸福取决于邻舍所得的益处。当神得到荣耀,邻舍得到服侍,我也寻获了巨大的喜乐和满足。即便在我服侍他人时,我也在这恩典的运行(economy of grace)中领受了神的善行。在神的荣耀和他人所得的益处中寻获我们自己的喜乐和幸福,不是自私,而是敬虔。

当我们定睛于我们自己的属灵成长和奖赏时,我们就退出了交换神恩赐的传递。事实上,我们弄反了恩赐的流向,我们带给神善行,代替了对他为我们在基督里所成就之工的充足信心。

改教家们认为,罗马和重洗派都弄反了恩赐的流向。他们带着自己的敬虔,沿梯而上献给神,更多是在关注自己,而不是基督和邻舍。当然,加尔文尤其想到了修道院生活:"有些人靠别人的汗水活着,对有助人类的共同事业却没有丝毫贡献。保罗责备了这类懒人。我们的修士和祭司就是这类人,他们大都无所事事,养尊处优,只是为了防止厌倦,在教堂唱唱诗罢了。"他们如果不是被人以无知的赞美尊崇,就会被视为贼偷。⑨ **呼召**或**天职**这样的术语,从前只能用在神职人员和修士身上。不过在这样的系统中,根本无人受益。重洗派领袖并未真正挑战修道院生活,而是期待全体会众从世界分

⑨ 加尔文对《帖撒罗尼迦后书》3:10 的注释,载于 *Calvin's Commentaries*,21:355。

别出来，去追求完全。

自马克斯·韦伯（Max Weber，1864—1920）以来，有一种说法广为流传：新教工作伦理成为了资本主义的精神，加尔文主义要为此负责。加尔文主义者创造了大量财富，他们迫切地要以世上的成功来证明自己是蒙拣选的，同时又反对挥霍钱财。于是产生了这样一种文化：提倡努力工作、积蓄、为慈善事业捐款。但是，如我们所知，所谓的新教工作伦理，更大程度上要归功于富兰克林（Ben Franklin）而不是加尔文。所谓新教工作伦理其实是**价值**伦理。当然，你给出了这样的说明：神借着护理恩待你，不是因着你生来的身份，而是因着你努力成为的样子。是顽强的个人主义奠定了你在社会中的"市场价值"。今天我们甚至会谈到一个人的"净值"（net worth）。像这样以可估算的价钱来定义的行为-公义的做法，与加尔文有什么关系？

韦伯认识到宗教改革的教导所生发的功效，不过他提出的财富成因仅仅是一个推论，而不属于主要根源。事实恰恰相反。加尔文说："但神若在基督里拣选了我们，我们就不可能在自己身上获得被拣选的确据。"信靠基督就是确信我们蒙了拣选。⑩ 正如威廉·尼泽尔所提醒我们的，"人们对加尔文的行动主义讨论了很多。这种行动主义是基于这样一个事实：我们属于基督，因此可以毫无顾虑地行动，可以承认自己在基督里的身份；但这样的行动主义，绝非出自

---

⑩ Calvin, *Institutes* 3.24.5.

想借善行证明一个人的基督教信仰的热切意愿。"⑪

加尔文常常思考这样的事实：我们不配得到所领受的任何恩赐；忠信不能保证地上的昌盛，属世的成功更多时候会危害信心，而并不表明神的恩待。有人认为努力工作就会获得财富，并以此为神赐福之标记，加尔文对这种人并未给予肯定。⑫ 他强调的是出于感恩的慷慨。"'因为我们最像神的地方，就是慷慨'……对待邻舍，除了爱的原则，加尔文没有给出其他原则。"⑬

加尔文认为，苦行没有可夸之处。奢靡的自我放纵和禁欲主义同样可以使我们脱离神恩赐的流通。比勒尔解释说，对这位改教家而言，牺牲可能有属灵价值，但与"将精神和物质对立的古代基督教传统"没有关系，与"功德"就更没有关系了。⑭ "加尔文厌恶贪婪和囤积的行为。因此他强调，积累起来的经济财货应该重新投入流通，以实现互助的目的。"⑮他也不像更加世俗化的后人那样热心于攒钱。⑯ 加尔文写道，所有的恩赐都是从神那里临到我们，供我们享

---

⑪ Wilhelm Niesel, *The Theology of John Calvin*, trans. Harold Knight (Philadelphia：Westminster，1956)，99.

⑫ Herman J. Selderhuis, *Calvin's Theology of the Psalms* (Grand Rapids：Baker Academic，2007)，199. Selderhuis 写道："加尔文对《诗篇》的注释挑战了一个著名的假设，反驳了他是资本主义之父的观点。"

⑬ Ibid.，200，对《诗篇》30：5 的注释。

⑭ André Biéler, *The Social Humanism of John Calvin*, trans. Paul T. Fuhrmann (Richmond，VA：John Knox，1960)，41.

⑮ Ibid.，60 - 61.

⑯ Ibid.，61.

用并与人分享。"简而言之,就像耶稣基督将自己给了我们,我们也应该存着爱心将他给我们的恩典传递给他人。财富是帮助穷人的工具。这才是财富作为幸福媒介的使用之道。"[17]

如果我们的确据并非来自世上的**工作**,那我们也不该认为**休息的目的**就是为了**休息**。"神命令人休息,唯一的原因是……让人进入神的工作。"因此,没有我们为神工作的份,只有神为我们工作,并借由我们、与我们一起为他人工作。正是因为我们在神里面休息,我们可以为他人工作。"这样,在神的伟大工作中得到恢复和重建,工作再次变得具有创造力和自由。"[18]视工作为功德的观念在加尔文的思想中无立锥之地:无论富足还是贫穷,无论工作还是休息,都无法从神那里赚取功德。

即便我们履行了自己的责任,神也不欠我们工钱。可他还是供养了我们——不是作为雇主,而是作为父亲。而那些虐待雇员或者剥夺他们当得的工钱的人,必将因为阻止了恩赐的循环而面临神的问责。[19] 违反神的律法,违背雇主和雇员共有的人性,这样的行为"出奇地残忍"。[20]

改教运动发生时,正值民族国家和商业资本主义兴起。商业资本主义在改教家那里找到了现成的参与者,部分原因是他们重新肯

---

[17] Ibid., 63.
[18] Ibid., 44 - 45.
[19] Ibid., 48.
[20] Ibid., 49.

定了世俗职业。改教家提倡的关乎世俗责任、自由和卓越地工作的伦理，有助于经济增长。不过，加尔文主义与资本主义（尤其是韦伯所谓的那种资本主义）之间没有神学上的联系。修士将工作献给神是为了奖赏，而今天的世俗主义者主要是根据其物质回报、自我价值或个人权利来为工作辩护。在改教家的观点中，真正具有革命性的信息在于，即便我们最普通、最日常的工作，如今也被带回到神恩赐的流通中。不过，虽然有言过其实之处，比勒尔的话还是有一定道理，他认为，"加尔文主义是第一种赋予工作以宗教特质的基督教伦理"——即便撇开作为谋生之道这一点不谈，工作也完全可以说是"神圣的呼召"。[21] 工作时，我们被纳入神对他创造物的爱的行动中——不是说我们现在与神同为救赎者，而是说我们成了他向他人传递一般恩赐和救赎恩典的工具。换句话说，我们不是圣诞老人，而是圣诞老人的精灵。

基督徒是天路客，不是漫游者

我们生来就有"闲逛"的倾向，好管闲事，爱介入他人的事务。加尔文一再鼓励我们投身到我们的呼召中，用我们投身呼召来纠正这种倾向。我们需要神亲自将我们呼召到世界的某个**特定**的位置上。

为了避免人因自己的愚昧和轻率使一切变得混乱，神

---

[21] Ibid. , 59.

安排每一个人在自己的岗位上有其当尽的本分,也为了避
免任何人越过自己所当尽的本分,神称这些不同的生活方
式为"呼召"。因此,每一个人都有神吩咐他的生活方式。
这生活方式是某种"哨岗",免得人一生盲无目的地度日。㉒

加尔文告诫说,这不该用作忽视邻舍需要的借口,而是要激励我们
献出有益而卓越的服侍。㉓ 神将我们每个人都放在特定的位置上,
而我们的邻舍需要我们委身呼召、献上服侍,就像我们也需要他们
委身呼召、献上服侍一样。那不仅是一份工作,而且是一份呼召,来
自神,不仅仅来自我们的雇主。

　　加尔文临终前,贝扎责备他为写作耗尽心力,他记得这位改教家
这样回答道:"难道你想要主来时看见我无所事事?"我们与其以修士
为榜样,倒不如关注大卫这位敬虔的统治者、底波拉这位智慧的士
师、但以理这位异教宫廷中敬畏神的谋臣,以及在父亲的木工坊里的
耶稣。教会是神恩典的剧场,但整个世界是他荣耀的剧场。如果你知
道耶稣今天下午就会再来,你今天会做什么? 加尔文的回答是,他以
前做什么,今天还会做什么,就如保罗激励帖撒罗尼迦人,劝他们以耶
稣的再来为念,继续委身呼召,追求卓越(帖后3:1—13)。

　　修士自以为蒙神喜悦,从事自以为敬虔但神并未吩咐的工作,

234

㉒ Calvin, *Institutes* 3.10.6.
㉓ 加尔文对《帖撒罗尼迦后书》3:13 的注释,载于 *Calvin's Commentaries*,21:358。

与修士相比，为一户人家盖了一座房子的那个木匠要更加高贵。事实上，在加尔文看来，相较于神委派给妻子和母亲的呼召，修女的贞洁并不是最重要的。男人没有资格轻视这样的呼召，好像它有损她们的尊严一样。"因为男人生来不是为了闲散度日，女人也不是。"女人要这么说，

> ［神］很喜悦她们的责任……所以女人要学会喜乐地履行自己的职责，虽然世人轻看这份责任，但要让从主而来的安慰使一切劳苦变得甘甜，并且她们能说："尽管世人不承认我所做的一切，但神看见我在这里，他的天使也是我所行之事的充足见证。"㉔

既然神能够降下来临到我们，出现在襁褓中，悬挂在十字架上，我们就不该认为有什么呼召是卑贱的或不重要的。加尔文说，当基督——宇宙的神——把毛巾系在腰上洗门徒的脚时，他使最卑微的呼召变为尊贵。只要有益于他人，就没有什么服侍"有损我们的尊严"。几代人之后，诗人布道家乔治·赫伯特(George Herbert)在祷告中对神说话，很好地描述了这种敬虔：

㉔ 加尔文以《提摩太前书》2：13—15 为主题经文的讲道，载于 *A Sermon of Master John Caluine, vpon the first Epistle of Paul, to Timothie, published for the benefite and edifying of the Churche of God* (London: G. Bishop and T. Woodcoke, 1579)。

仆人按此而行，
苦工得为圣工：
打扫房屋似遵神命，
屋与劳作皆净。

此乃著名奇石，
可使万物成金：
世间万物经神一触，
岂可轻视毫分。㉕

改变世界还是参与世界？

社会学家詹姆斯·亨特（James D. Hunter）在他的《改变世界》（*To Change the World*）一书中列出了令人信服的证据来支持自己的论点：基督徒近年来转变文化的企图是短视的，而且常常适得其反。他提倡的是"忠实在场"（faithful presence）：信徒只需要活出自己的呼召，不仅作为个体，也作为体制的一部分。㉖

至少在我看来，这个行为模式很符合加尔文提倡的敬虔观。加

㉕ George Herbert，*Poets and Prophets：A Selection of Poems by G. Herbert*（Tring，UK：Lion，1988），38.

㉖ James Davison Hunter，*To Change the World：The Irony，Tragedy，and Possibility of Christianity in the Late Modern World*（New York：Oxford University Press，2010）.

尔文并不在意自己的服侍所产生的影响,更别说他的"遗产"的影响了,这一点一再令我深受震撼。他总是坚持不懈地忠于自己的呼召,同时又知道,自己践行呼召所产生的果效,不由自己掌控。

> 复兴教会是神的工作,不取决于我们的盼望和观点,就像死人复活或其他此类神迹一样……福音要被传扬,这是我们的主的旨意。我们要遵从他的吩咐,他呼召我们到哪里,我们就跟到那里。至于会取得什么样的成功,我们不必去问。⑳

加尔文是改革者,而不是革命者,所以当时或现在的激进新教徒难以忍受的世界现状,他都坦然面对。正是因为对"这个令人悲伤的世界"不抱太大希望,他才能担负起日常的责任——甚至知道他在自己的呼召上会有亏欠。神不希望他去改变世界,而是希望他去践行自己的呼召——用神给他的恩赐去爱邻舍、服侍邻舍。他就像神派在地上的一个探子,知道一切到了最后都会恢复正常,而且基督一直在建造自己的国度,甚至在凯撒的背后照管着凯撒的事务。

　　这个忠实在场的行为模式也有助于我们理解加尔文对很多人的影响。如我们所见,加尔文不追求引人注目。他不像路德,他害

---

⑳ Calvin,转引自 Scott H. Hendrix, *Recultivating the Vineyard：The Reformation Agendas of Christianization* (Louisville：Westminster John Knox, 2004),94。

羞、内向,正如他自己所说的那样,他"羞怯",甚至"懦弱"。我们可以想象这一幕:在将致皇帝查理五世那封充满勇气的——绝非懦弱——陈词投递出去之后,加尔文瘫倒在前厅。时机来到时(表面上几乎每天都会来到),强烈的呼召感克服了他的性情,使他不再逃避公共舞台的强光照射。

加尔文并非从灰烬中重生的不死鸟(phoenix)。他能理解圣经,是受惠于教父和天主教中最优秀的遗产。而且,他的服侍与法国的文艺复兴不可分割。法国的文艺复兴不仅给了他卓越的解经技艺,也给了他关于世界的深刻知识以及解释世界的坐标。如玛丽莲·罗宾逊所言,"加尔文坚持知觉的美学特质——这点最能体现他法国人的特点了。眼前事物的美承载着真理。"[28]她还说,"从他所受的教育来看,他是优秀的文艺复兴人文主义者,也是杰出的使用拉丁文写作的文体大师,是希腊文和希伯来文的敏锐阐释者,还使得法语成为了一种思想语言。"[29]就像路德被视为现代德语之父,加尔文也被当作现代法语之父来纪念。事实上,日内瓦圣经——加尔文服侍期间由流亡人士制作——塑造了现代英语。单靠加尔文一人,这些事无法完成;没有无数前辈、同侪、属灵的后裔(其中有很多人恩赐与他相当,甚至超过他),他也做不出那样的成就。

---

[28] Marilynne Robinson, preface to *John Calvin*, *Steward of God's Covenant*: *Selected Writings*, ed. John F. Thornton and Susan B. Varenne (New York: Vintage, 2006), xxii.

[29] Ibid., xv.

在加尔文服侍的全盛时期(1550—1564)，一众牧师和教授纷纷被吸引，蜂拥到日内瓦，这些人"绝大多数来自欧洲法语地区的城市阶层和法国贵族"。[30] 西奥多·贝扎具勃艮第贵族血统，加尔文的同侪兼之后的继任者，本是著名的诗人和拉丁语学者。还有人来自意大利，主要是威尼斯。有些人从前是神父，甚至是主教和教授，还有的人是科学家、诗人、工匠、音乐家、医生和律师。比如，那不勒斯的维科伯爵加莱亚佐·卡拉乔洛(Geleazzo Caracciolo，Count of Vico)，1551年他的妻子威胁要将他交给宗教裁判所时，他逃出了他的教父查理五世的宫廷。卡拉乔洛还是教宗保罗四世的侄子(这位教宗说，即便他的祖母接受宗教改革，他也会将她烧死)，他放弃了一切，之后一直投身于帮助在日内瓦说意大利语的教会和来到日内瓦的难民。[31]

日内瓦学院的很多学生继续到海德堡大学、莱顿大学、巴塞尔大学以及牛津大学和剑桥大学这些接受了宗教改革的大学学习(牛津大学和剑桥大学分别由菲密格理和布塞实施了改革)。有些英国学生在玛丽执政期间流亡在外，到了伊丽莎白执政时又回到英国，成为教会和国家的领袖。如果说文艺复兴运动不知不觉地承载了宗教改革运动，那么反向的影响也是存在的。在改教运动的信念站稳脚跟的地方，古典学问得以复兴，人们对艺术和科学重新生发兴

---

[30] Scott M. Manetsch, *Calvin's Company of Pastors: Pastoral Care and the Emerging Reformed Church*, *1536 - 1609* (New York: Oxford University Press, 2012), 47.

[31] William Monter, *Calvin's Geneva* (New York: John Wiley and Sons, 1967), 184 - 186.

趣——这种现象不仅发生在受过高等教育的人群中,也发生在普通劳动者中间(他们有更多的机会接受基础教育)。事实上,有了评论家们所谓的"新学问",属灵层面和文化层面的复兴通常会结伴出现。总之,加尔文的重要性在于一个事实:他为塑造在他生前身后都存在的那种传统做出了贡献。

加尔文在牧师团和宗教法庭上的忠实在场,不仅体现在教导的恢复上,也体现在充满活力的教会治理体制中——众人共同参与教牧关怀、属灵监督和执事的救济工作。整个城市都改变了,不是因为这是加尔文的目标,甚至也不单是因为加尔文的服侍。改变那座城市的,不仅有观念,也有他无力掌控的历史因素。毕竟,他与欧洲其他牧师一样,是由国家按立的。日内瓦的统治者采纳了由他起草的信仰告白、礼拜程序和教会章程。现在的牧师难以指望能对高度多元化的民族-国家产生同等的影响,尽管这个想法不算狂傲。

总而言之,加尔文虽有失败和挫折,可他始终关注信靠基督、爱邻舍,而不是自己所带来的改变和影响。通过日复一日地忠于自己的呼召,他产生了深远的影响,如果他只是关注自己的影响,反倒不会有这么大的影响了。

在平常日子中寻见神

革命者一般都厌烦日常世界。至少他们自认为卓尔不群,无法在平凡的世界里过着平凡的生活。寻索加尔文的影响力时,我们基本上是在问,他是怎样改变政治、艺术、科学和教育状况的?加尔文本人会视之为沉迷于荣耀神学，因为这未能领会他的教导对各行各业人士所产生的更加广阔的历史影响。

不过，加尔文在文化层面的影响不容否认。具讽刺意味的是，这种影响并非来自文化精英主义，而是源于他强调神在平凡、普通、日常世界里的行动。说到讲道风格，加尔文将自己的原则定位为"朴实和简洁"，对农夫讲多少，就对教授讲多少。如我们所见，他制止我们"飞到云端"去找神，而是敦促我们在他已经寻见我们的地方去找他：借着普遍启示在大自然中找他，借着福音在基督里找他。修道院的敬虔观鼓励我们在潜思冥想中飞离世界和世界的历史，而加尔文的敬虔观却将我们引向神在他的话语和他的世界中的真实临在。加尔文常常这样劝勉我们，要定睛于身边现实存在的事物，而不要一味玄想。真善美存在于具体、特定和历史的领域中。

与这一论点产生共鸣的，不仅有科学家和艺术家，也包括工匠、挤奶女工和家庭主妇。加尔文对科学和艺术的关注不仅是学术性的，也是他的敬虔观的一部分。塞尔德惠斯说："加尔文称宇宙为对神荣耀的启示，这个说法让我们明白，为什么说研究自然科学的动力最终可以归功于加尔文。"㉜虽然这么说有可能夸大了加尔文的影响，但也不无道理。他的属灵后裔中，跻身科学和艺术领袖之列的比例非常之高。他们是英国国家学术院（British Academy）的创立者，也在法国自然科学院（France's Academy of Science）和法国艺术

㉜ Selderhuis, *Calvin's Theology of the Psalms*, 69.

院(France's Academy of Painting)的创立者之列(虽然他们是被逼迫的少数)。

艺术史学家常常这样说,加尔文的敬虔观非但没有抑制艺术,反而推动了艺术的繁荣。诚然,"雕刻和绘画的才能是神赏赐给人的",不过,"我们只能雕刻或描绘肉眼可见之物"。属于这一类的,有"历史事件",也有"一切可见的形体"。这两者都可以接受,但只有前者"可用来教导和劝诫";无论如何,艺术的宗旨是带来喜悦,而不是提供崇拜的对象。③

英国和荷兰所谓艺术、文学和科学的黄金时代,正值改革宗正统信仰达到顶峰之际。关注细节——真实世界中具体的、本地的、日常的生活——是艺术和文学的特点,也是科学(产生于加尔文的后继者)的记号。艺术史学家常常提到,绘画第一次挂在了铁匠铺、酒馆和家庭中。绘画和雕塑本身不仅在日常生活中处处可见,也装饰了日常生活。

戏剧也转而表现日常题材。再次申明,教会不是艺术的伟大赞助者和教导者。圣言要被传讲,而不是搬上舞台。敬拜礼仪本身就是戏剧,圣父是剧作家,圣子是主角,圣灵是选派角色的导演。敬拜礼仪有自己的剧本、道具和引人入胜的情节。戏剧在当时获得了发展空间,就像在其他艺术中一样,关于自然的、熟悉的、日常的主题获得了表现空间。加尔文本人就喜欢戏剧;不仅如此,贝扎还用法

---

③ Calvin, *Institutes* 1. 11. 12.

语写了他的第一部悲剧作品。阿瑟·戈尔丁（Arthur Golding），这个将加尔文的著作译成英文的人，创作了第一部搬上舞台的英文戏剧作品。

这些艺术家没有将自己的工作带入圣所，反而每周都离开圣所到世界中去服侍他人。罪与恩典的戏剧贯穿于他们所有的工作当中。他们关于神以及真、善、美的信念，关于护理和看起来失序的人生的信念，关于爱和战争的信念，关于"盼望有更美好的世界"的信念，获得了不那么鲜明、直接却非常深刻的表达。日常生活充满了深刻的宗教世界观的要素和主旨。

在现在这个时代，常有人试图用艺术，用欢快而讨人喜欢的人物、情节和主题，作为传播福音或宣扬道德教化的方式，这种倾向我们很熟悉。然而改革宗神学提供了更丰富、全面、现实的世界观，这一世界观可以正确看待生活中的悲剧和喜剧。*Vanitas*（虚空）和*memento mori*（记得你会死）成为所有艺术的显著题材，弗朗斯·哈尔斯（Frans Hals）的《拿着头骨的年轻男子》（*Youth with a Skull*）就是突出的例子。与加尔文相关的神学信念和敬虔观，提供了比感伤主义（sentimentalism）更为丰富的调色板。感伤主义经常促使当代基督徒艺术家回避堕落世界中人生的悲剧性一面。那些一边在田间、实验室或工作室工作，同时又热爱颂唱《诗篇》的人，在与世界的接触中显得更有能力。他们的作品不一定非要服务于传福音或道德训诲之目的，但仅仅因为他们作品卓越，就值得赞扬，因为他们借着优秀作品，代表神以爱服侍他人。

　　就加尔文关于生活的方方面面的教导所产生的影响,学术出版机构出版了许多相关的著作。加尔文相信,神所赐的圣经给了我们"一副眼镜",我们戴上这副眼镜就可以更清晰地发现,世界是神的恩赐。不过对加尔文来说,圣经不是教堂里供人崇敬的绘画和雕塑的题材库。他不认为圣经是政治、法律、医药、经济或科学的百科全书。他没有建立政党,没有发展出独特的艺术风格,也没有创立自然科学、数学、经济学的特别学派。这不是因为他认为这些事业不重要,而是因为他认为,这些事业是神赐下普遍恩典的所在。我们在《诗篇》136 篇读到,神造了两个大光——太阳和月亮——来掌管白天和黑夜,而圣灵俯就"最愚钝、最无知的人",让他能听懂自己的话语。"圣灵无意教导天文学。"[34]中世纪敬拜与文化的合一造就了独特的建筑风格,恢宏的哥特式建筑就是最明显的例子。除了讲台、圣餐桌和洗礼盘得到凸显之外,加尔文并没有为教堂留下总体风格,改革宗的礼拜堂呈现出的风格极富多样性。

日常生活的多样性

　　在特定的、具体的、地域的元素得到重视的地方,必然会出现对多样性的欣赏。中世纪的世界观像现代一样,喜欢合一,不喜欢差异,喜欢一致,不喜欢差别。一种文明——基督教王国——连同它

---

[34] 加尔文对《诗篇》136:7 的注释,载于 *Calvin's Commentaries*,vol. 6,trans. James Anderson (Grand Rapids:Baker,1996),184 - 185。

自上而下的等级结构，是它在天上原型的永恒不变的复制品。条条大路通罗马。即便在中国，罗马天主教的教区看上去也与意大利任何地方的教区一样。如斯蒂芬·图尔明（Stephen Toulmin）所言，文艺复兴时期的人文主义在这方面却不同。文艺复兴人文主义喜欢历史胜过喜欢思辨，喜欢特定的、具体的东西，胜过抽象的观念；喜欢地域性的、时效性的、实用的东西，胜过普世的、不受时间影响的、理论的东西。㉟

加尔文关于历史与自然的思想有一个显著特征，就是**多样性**。之所以如此，是因为他强调特定的东西。与其他古典人文主义者一样，加尔文认同古代哲学家的美学观，认为美就是合宜的比例，就是部分在整体中的有序排列。不过，他的审美感知表现得更富活力。在他看来，神所定秩序的美并非千篇一律，而在于区别，每一个特定的人、每一处特定的地点以及每一件特定的事情都是构成整体的一个原因。

加尔文认为差异和差别是神所定秩序的基本要素，他对差异和差别的关注贯穿于他的全部神学，反映出他的人文主义背景。我们已经看到，在探讨三位一体时，他如何既被"三位的荣耀"触动，也被本质的合一触动。我们确认神圣本质是合一的，加尔文却说，我们不应该抹煞神各个位格之间的区别，以及各个位格在神格的所有外部工作中的独特行动方式。㊱ 从加尔文在《要义》中表达的观点足以看出，他认

㉟ Stephen Toulmin，*Cosmopolis：The Hidden Agenda of Modernity*（Chicago：University of Chicago Press，1992），30－35.

㊱ Calvin，*Institutes* 1. 13. 18.

为，事实上西方神学有时倾向于强调合一而模糊了三个位格间的差别。在东方教父的帮助下，他更加平衡地解决了这方面的问题。

三一神创造多样性的世界，也是为了反映他的荣美，给我们带来欢乐："果实的数量如此之巨，种类如此之多，有什么用处呢？如果不是为了人的需要和安舒，有这么多令人喜爱、愉快的地方，又有什么意义呢？"[37]要注意，他将自然中的多样性与文化中的多样性联系起来。而且，他为人体构成的多样性着迷，既肯定身体，也肯定灵魂。他也在护理中认出了这种多样性："冬去春来、春去夏来、夏去秋来，按照既定的秩序周而复始地运转。""然而在季节固定的循环中，仍有很大的变化，因此我们深信每年、每月甚至每日都受神特殊护理的掌管。"[38]

自然和护理中的多样性处处可见，有什么作用呢？似乎不仅仅是为了满足于数学秩序，更不只是为了实际效用了。显然，神创造出诸多的差异，纯粹是为了让他自己欢乐——也让我们欢乐。加尔文后来还说：

> 草、树和水果，除了本身实际的用处以外，也有它们美丽
> 的外观和味道。因若非如此，先知必不会将他们视为是神的
> 祝福："使人……得酒能悦人心，得油能润人面。"……难道神
> 为我们的眼睛和鼻子创造美丽和芬芳的花，却不允许我们的

---

[37] 加尔文对《诗篇》24：1 的注释，载于 *Calvin's Commentaries*，vol. 4，trans. James Anderson (Grand Rapids：Baker，1996)，402。

[38] Calvin，*Institutes* 1.16.2.

眼睛欣赏它的美丽、鼻子享受它的香味吗?

接下来,他再次抨击斯多葛派哲学。他发现,修士正是因为受到斯多葛派哲学的影响,才坚持认为必须过苦修生活:

> 难道神创造颜色时不是使一些比其他的更好看吗?难道神不是决定金子和银子、象牙和大理石比其他的金属和石头更宝贵吗?简言之,神除了决定一切的受造物有实际的用处以外,难道他不也同时使它们对我们有吸引力吗?我们当远离这不人道的哲学,即要求人只按照自己基本的需要使用世物,这不仅剥夺神出于他的恩慈所赐予我们享用的果实,也剥夺人一切的感觉,使人宛如木头。[39]

倘若是神创造了众多的差异——过于我们所需的颜色、形状、文化、职业、风格、味道——我们不因此而欢喜,就是不知感恩了。"无论我们希望从神得到多少福分,他的无限慷慨总是超过我们的所求所想。"是的,"十分荣幸,神为了我们将世界装点得如此美丽,这样一来,我们不仅仅是**这美妙剧场**的观众,还可以享受呈现在我们眼前的**丰富而多姿多彩的美好事物**。"[40]

---

[39] Ibid. , 3. 10. 2 - 3.

[40] Calvin,转引自 Howard L. Rice, *Reformed Spirituality：An Introduction for Believers*(Louisville：Westminster John Knox, 1991),59,粗体为作者所加。

我们看到,加尔文在反驳所有国家都要遵守摩西律法的观点时,也提到了多样性。

> 若有人**反对这不同的执行方式**,不过表示他对公共的福祉心怀恶意和憎恶。因为这不同的执行方式不过是保守人遵守神的律法的极为恰当的方式。有人说神借摩西颁布的律法,若因新的律法而被取消,是羞辱神的律法。然而这是完全无知的说法。[41]

加尔文甚至表示,他喜欢圣经中的多样性。圣经中的一个核心情节借由不同时代的种种曲折情节而展开,其人类作者和助演阵容也有很大差别。从《创世记》到《启示录》,我们在日常生活中经历的所有情感、个性和品格,都得到反映。[42] 读每一段经文时,我们都必须明白所在书卷所呈现的更广阔背景,也要明白它在整本正典圣经中的位置。传道人与艺术家、科学家和农夫并无不同,眼里不能只有森林,而要给予树木应有的关注。加尔文迷上了《诗篇》,部分原因是我们在其中发现的"对所有心灵感受的剖析"。[43] 他这样说道:"这个宝库里的珍宝,样式繁多,光华灿烂,言辞难以描述。"[44]

---

[41] Calvin, *Institutes* 4.20.16,粗体为作者所加。

[42] 加尔文对《希伯来书》1:1—2 的注释,载于 *Calvin's Commentaries*, vol. 22, trans. John Owen (Grand Rapids: Baker, 1996),31-32。

[43] Calvin,转引自 Selderhuis, *Calvin's Theology of the Psalms*, 23。

[44] Calvin, preface to *Commentary on the Psalms*, in *Calvin's Commentaries*, 4: xxxvi.

加尔文甚至在探讨教会生活时都对多样性表示欣赏。普遍的理念、原则和律令可以无差别地适用于所有时间、地点的所有处境中。圣经启示了清晰的福音，而敬拜的要素、治理、对日常生活的命令，在神乐意启示的范围内，也表达清楚了。不过处境是多样的。敬拜礼仪的外在形式可能会因时代和地点而异。[45] 我在前面提到过，如下事实反映了处境中的多样性：不存在类似于东方教会拜占庭风格或拉丁教会哥特式风格的"加尔文主义风格"。合乎圣经的基本要素（在讲台、洗礼盘和圣餐桌上得到视觉凸显）必须求得合一，而建筑样式、仪式程序、音乐风格和教会秩序方面的情形则可以因文化而异。

神说话之处，我们必须遵从；神没有说话之处，我们是自由的，可以根据特定的处境，使用敬虔的智慧。即便是圣经的命令，也必须因事而异地应用到具体、特定、不同的情形中。我们只能谨慎："四处查看"特殊的情形。[46]

加尔文强调日常生活中具体情况的多样性，这为我们提供了我

---

[45] Andrew Pettegree,"The Spread of Calvin's Thought," in *The Cambridge Companion to John Calvin*, ed. Donald K. McKim (Cambridge：Cambridge University Press, 2004),207 - 208.

[46] Toulmin, *Cosmopolis*, 32："现代的道德哲学不关心微小的'案例研究'或特定的道德鉴别，只关心伦理理论的总体原则。一句话，是总体原则就接受，是特定案例就排除。"清教徒尤其关心具体问题，写了详尽的"关于良心的案例分析"。他们将两种情形联系起来：一、有些情形需要个别协商；二、在没有普遍适用之法则的处境下，应用圣经敬虔的智慧。Toulmin 指出，加尔文和他的属灵后裔在教牧服侍中极为关注特定案例，这种关注与现代伦理的抽象原则形成鲜明对比。

们今天所需要的智慧。虽然加尔文根据圣经经文可以大力抨击压迫穷人的现象，可他从未提议制定一项政策——比如，合理的工资标准，或者贷款利率的限制。如果牧师可以凭借对圣经的深入认识完成自己的呼召，那么教区居民也可以完成他们的呼召。有了牧师教导的一般原则，他们就可以参照自己的生活环境和经验，做出更好的运用。改革宗信条极为关注这方面的"自然之光"。"自然之光"虽然不是"恩典之光"，对于我们做决定却是不可或缺的，尤其是在圣经没有提供清晰应用的情况下。

总之，合一不意味着统一。在教会中，就像在文化和受造物中一样，多样性不意味着背离本质的合一；多样性是三一神创造并赐福的那种合一所固有的。神在创造和救赎中所设立的美好秩序，并不排斥区别，而是排斥罪，是罪将多样性变为激烈的对立和仇恨。加尔文反对日内瓦当地人的排外作风，鼓励他们欢迎外来者。后来，不仅是法国人，连西班牙人、意大利人和东欧人都成了日内瓦的公民，甚至成了议员。加尔文在很多方面都愉快地接受区别，视之为神所造美好万物合一的本质属性。

加尔文提倡的敬虔观无疑影响了基督徒参与文化的方式，但加尔文不会明白，创造"加尔文主义文化"的诉求是什么意思：鉴于他多次警告我们，不要强求仪式上的统一，即使是教会——尤其是教会——也不能成为反映单一种族、世代、社会经济地位或者文化群体的一面镜子。

"各就各位！"

加尔文可以和路德一起说："道成就了一切。"菲利普·本尼迪
克特这样总结：

> 城市的方方面面都被改变了。在研究日内瓦政府最重
> 要的历史学家看来，这座曾经混乱不堪、内讧四起的城市，其
> 参议员"从不负责任的煽动家变成了加尔文心目中的理想市
> 政官，严肃而且极其诚实"。……数千名新移民安顿下来，为
> 日内瓦引入了精细纺织和制表工业，从而适时地为这座城市
> 带来了财富。相当数量的印刷厂和书商使得这座城市的出
> 版物从 1537 年的三种增加到 1561 年的四十八种。劳伦特
> (Laurent de Normanie)曾是加尔文的故乡努瓦永市市长，非
> 常富有。他建立了巨大的秘密发行系统，使这些出版物能抵
> 达法国、萨瓦(Savoy)、洛林、阿尔萨斯(Alsace)和波兰。[47]

总之，在加尔文的敬虔观中，文化参与无疑是门徒训练的一部
分，但是文化参与发生在我们的世俗呼召里，而不在教会当中。各
式各样原本与神无份的人，不是将文化带进教会，而是在基督里成

[47] Phillip Benedict, *Christ's Churches Purely Reformed: A Social History of Calvinism* (New Haven, CT: Yale University Press, 2002),108.

为一家人，然后奉差遣进入文化去寻求自己的呼召。加尔文这样劝勉我们："既然神将我们安排在这如此美丽的露天剧场中，我们就不应当以敬虔欣赏这伟大奇妙之工为耻。"[48]

加尔文提倡的那种福音性的敬虔观，系于恩典的运行，它使我们定睛在那一位身上，他的降临、升天和再来促使我们不断地凭着信心仰望，借着盼望向前眺望，存着爱心去看顾我们的邻舍。同时，信徒约略知道故事会怎样结束。在他们看来，这个世界是充满神荣耀的剧场，只是堕入了破损和混乱当中，但依然被神的手维护，有一天必要得以恢复，甚至会比最初还要完全。因此，在基督两次降临之间的这段时间里，他们与邻舍共享欢乐，同受试炼，并且定期聚集，一同预尝那永不结束的筵席上的香气。

---

[48] Calvin, *Institutes* 1. 14. 20.

第十四章 以未来的视角活在当下：盼望荣耀

　　我们在其中得到培育的那种敬虔，常使我们生出属天的意念，有时候，这种意念容易贬低我们在当下的普通生活和普通呼召。为抵制这种逃离当下的倾向，有人传讲一种更加现世的救恩。这个信息有两种看似不同的形式：成功福音（prosperity gospel），关注个人的平安和幸福；社会福音（social gospel），关注救赎性的政治决策和行动。不过，无论应许的是"现在你就可以有完美的生活"，还是"现在我们就可以有完美的世界"，其前设是类似的。"诺言不兑现，那就说再见"，我们等得不耐烦了，如果神对我们有意义，我们现在就得看到结果。两种愿景都使神成了实现目的的途径，我们，而不是唯独基督，成了救赎的媒介。耶稣基督的呼召是，向自己死，与基督一同复活。而在我们的文化中，成功福音和社会福音这两种愿景，都比这个呼召更行得通。作为将来世代初熟的果子，受洗归入基督，我们才有了信、望、爱来忍耐现今的邪恶时代，既不心怀怨恨，也不妄自尊大。

　　加尔文在《要义》中探讨对基督徒生活的"帮助"时，劝勉读者默想"永世"（the future life）。① 有趣的是，他的说法是"永世"，而不是

---

① Calvin, *Institutes of the Christian Religion*, ed. John T. McNeill, trans. Ford Lewis Battles (Philadelphia: Westminster, 1960), 3. 25. 1.

"来世"(the other world)。默想永世不是要逃离尘世生活。"柏拉图认为,与神联合是人的至善",不过,这样的至善要等到人死的时候,灵魂脱离了身体和这个物质世界才能达到。柏拉图不认识基督,所以他对这种联合的本质"连模糊的感知都不可能产生"。加尔文说,基督徒绝不是使注意力离开身体转而思想无形的共相,而是"思想基督的**复活**,只有他们才能得着救恩的好处"。②

与当下以我为中心、以我们为中心的福音不同,强调永世的福音表明我们仍在等候神救赎的完满成就。我们无法以我们的计划、方案和行动来使我们的生活或世界变成天国。它是一种恩赐,唯有基督能实现自己的国度,这国度在他荣耀再来时必将实现。然而这也不是转向"我要飞走"(I'll fly away)*或"消失的伟大地球"(Late Great Planet Earth)**的末世观。"默想**永世**"这个表述的重点在于这个世界,包括我们的身体,在末日的彻底更新。

加尔文说:"柏拉图虽然在古代哲学家中享有一项殊荣:认识到'人的至善……是与神联合',但没有哪位哲学家明白,这种善的实

---

② Ibid. , 3.25.2,粗体为作者所加。

* 《我要飞走》是一首流行的基督教赞美诗,阿尔伯特·布鲁姆利(Albert E. Brumley)创作于 1929 年。这首诗歌表达的是一种末世的盼望:有一天信徒要像鸟儿逃离笼子一样逃离这个世界,飞向天堂,与耶稣永远同在。——编者注

** 《消失的伟大地球》是美国 20 世纪 70 年代的畅销书,由哈尔·林德赛(Hal Lindsey)和卡罗尔·卡尔森(Carole C. Carlson)合著,反映的是时代论前千禧年派的末世观。作者以当时的事件来比照圣经中关于末世的预言,认为敌基督在 70 年代已经出现,基督徒会在 80 年代被提。——编者注

现取决于与基督的联合这一'神圣的纽带'。"③不过,这福音也不是借由个人或社会革新而进行自我拯救。加尔文说,我们是借由默想永世来仰望基督,他是最先从死里复活的初熟之果:他怎样,我们也将怎样。④ 他取了我们的身体,不仅是为了在升天的时候脱下来。毋宁说,他升到天上并站在天父的右边,借此把我们的身体带到宝座前。他赐下圣灵作为凭据,住在我们里面,以后一定会将他的选民——并其他受造之物——带入罪恶和死亡无可企及的荣耀中去。

死人复活和永生

加尔文只是在整合基督教最卓越的智慧。默想永世不像在机场等飞机,而更像小孩子在平安夜期待礼物时激动不已。我们得了应许,死亡的时候会与神同在,我们因为这个应许而喜乐,但基督徒最终相信的就是"身体复活和永生"。在罪恶和死亡的统治下,我们的历史没有活的种子,可以在新世界完全绽放。我们也无法将现今的世代转变成将来的世代。不过,圣子圣神取了我们的人性,救我们脱离了必死的命运。我们的故事如今与他的故事联合,永远不可分割。那荣耀的不朽,基督已经披上了,我们在复活时也会"穿上"。⑤

---

③ Cornelis P. Venema,"Calvin's Doctrine of the Last Things," in *A Theological Guide to Calvin's Institutes:Essays and Analysis*, ed. David W. Hall and Peter A. Lillback (Phillipsburg, NJ:P&R, 2008),446.

④ Calvin, *Institutes* 3. 25. 2.

⑤ 加尔文对《罗马书》8:25—26 的注释,载于 *Calvin's Commentaries*,vol. 19, trans. John Owen (Grand Rapids:Baker, 1996),310-316。

整个宇宙也会被更新。可是,关注未来才会改变现今的生活,这是一个悖论。

加尔文这样解释《罗马书》8:19—25:"我认为这段经文的意思是:可以说,世界的所有成分、所有部分都感受到了自身如今的悲惨,都在切切地盼望复活。"⑥唯独因我们的过失,所有受造之物都在承受咒诅,这是多么悲惨啊!⑦ 不过,全部受造之物也在与末后亚当的后裔一起,期盼随着末后亚当而来的救赎。"因为神会将如今堕落的世界和人类一起恢复到完美状态。"现在我们不该随意揣测,"让我们以这一简单的教义为满足:到时候,万物会得以建立,秩序会彻底形成,再没有什么会变得残破或衰败。"⑧

如今受造之物仍在与我们一同叹息,等候得着救赎。救赎还没有完全实现,我们也没有能力使之实现,只能耐心等候。

> [神]在忍耐的争战中锻炼了他的子民,之后才会使他们得胜。但是,既然神乐意将他的救恩小心放在他的内心,那么在地上劳苦、被压迫、叹息、受苦,是的,还要半死不活地躺下,然后像个死人一样,这对我们就是有益的。寻求可见救恩的人拒绝了救恩,就像摈弃了盼望,而盼望

---

⑥ Ibid. ,303.

⑦ Ibid. ,305.

⑧ Ibid.

是神所立的守护者,保护救恩。⑨

因为现在,我们是靠应许活着——应许就是我们听见的,无论与我们看见的多么相悖。

因此,这日常的默想聚焦于我们处于"已然"和"未然"交界处的生命。一方面,我们确信自己已经被拣选、称义、收养,我们无疑已由圣灵重生,正在变得与基督的形象相似。加尔文在《诗篇》中发现,认识到在基督里神是我们的父,会带来极大的安慰。当然,他也发现,认识到神也是我们的审判者,同样让人得安慰。毕竟,他是称我们为义的审判者。"加尔文认为,神的义不是神要求于我们的义,而是神赐给我们的义。这与路德的思想一致。"⑩神的义特别强调神守约的信实,可以激励我们忍受他人的错误指控和辱骂。⑪

不过,我们离终点还有很远的距离。正是因为我们已经拥有的——包括内住的圣灵——我们才越发渴望在前面等候我们的。正是因为我们已经被永世的权能触动,我们才渴望那个世代完全来到。正是因为我们的内在自我已经重生,我们才渴望身体的复活。正是因为我们已经称义,我们才渴望得荣耀。与此同时,我们忍受堕落世界里令人焦虑的事,与内心的罪搏斗。内心的罪是我们所受

⑨ Ibid. ,310.

⑩ Herman J. Selderhuis, *Calvin's Theology of the Psalms* (Grand Rapids: Baker Academic, 2007),157.

⑪ Ibid. , 157 - 158.

咒诅的一部分,不过它已经不能再定义我们或控制我们的命运。因此,我们在生活中存心忍耐,这与斯多葛派的决心不同:我们没有将自己交给命运,也没有盲目乐观,好像未来大体上总会比现在要好。毋宁说,我们的忍耐之所以是合理的,是因为那个应许,即那个已被我们在基督里领受并开始享受的恩赐所证实的应许。

加尔文常常响应保罗的信心之言:"神若帮助我们,谁能抵挡我们呢……谁能控告神所拣选的人呢?"(罗 8:31—33)加尔文反对罗马的观点:即便过犯被赦免了,可惩罚仍要保留。不,神无论给我们什么,都不是出自公义,而是出自怜悯,都不是为了惩罚我们,而是为了帮助我们。⑫"加尔文说,神在发怒的时候仍然是父亲。不仅如此,严格说来,神绝不会对他的选民发怒……当情况似乎不是这样时,他是'戴上了人的面具'。"⑬大卫在《诗篇》51 篇的认罪"不该用来证明,是人的悔改让神恩待罪人"。⑭ 对信徒来说,关于未来审判的裁定已经做出,只是我们的实际光景和经验还无法赶上这个裁定。未来已经如此安稳,我们大可以在当下背起十字架。

十架之路

250

从 1549 年到 1554 年,加尔文每个周日下午都讲解《诗篇》。他的《诗篇》注释于 1557 年面世。仅仅十年间(1550—1560 年),日内

---

⑫ Ibid. , 164.

⑬ Ibid. , 165,对《诗篇》74:1、9 的注释。

⑭ Ibid. , 168,对《诗篇》51:5 的注释。

瓦的人口就增加了近一倍，主要是因为外国流亡者纷纷涌入。这位改教家在大卫身上看到了自己，在以色列的余民中看到了寄居者和殉道者组成的教会。事实上，我们读这本《诗篇》注释，很像在读一本自传。他在序言里说："我必须承认，我生性不太勇敢，我胆小、怯懦、软弱。"[15]加尔文还看到了自己与大卫的其他相似之处。"加尔文写道，大卫极力抵挡这些人，不是为了他的名，而是为了教会的益处。"[16]塞尔德惠斯指出，"加尔文对大卫道德过失的描述，常让我们了解到，加尔文是怎样与自己的缺点争战的。"[17]"避难所"和"流放"这两个主题贯穿于他的《诗篇》注释，这一点在解经方面肯定有充分的根据，而同样毋庸置疑的是，他真实地感受到这两个主题与自己的生活切实相关。[18]

> 不过，《诗篇》向我们启示了真正的神——这位神极其伟大，能够"白白地赦罪"。加尔文写道，"在这卷书中，我们所能想望的最重要的事被呈现在我们眼前，亦即，我们不仅可以与神建立亲密的关系，而且可以向他坦然承认我们的软弱，就是使我们蒙羞，我们不肯示人的软弱。"[19]

---

[15] Calvin, ibid. , 27 - 28, 转引自加尔文在 *Commentary on the Psalms* 中写的序言。

[16] Calvin, ibid. , 32.

[17] Ibid. , 34.

[18] Ibid. , 34 - 35.

[19] Ibid. , 39.

加尔文虽然被大卫的经历所吸引，但他主要是视大卫为基督的预表。⑳“大卫为基督说话，为所有属基督的人说话。”㉑大卫也像施洗约翰一样，不是把人引向自己，而是引向真正的王——他是狮子，也是羔羊。加尔文在《诗篇》中看到两种焦虑：一是“致命的恐惧”，常常通往绝望；二是“垂死的挣扎”，当我们逃向基督时，它会奇妙地消失。大卫常常表达后者。㉒人在伊甸园中堕落后，“落入傲慢（*superbia*）当中”，即骄傲和虚空之中。“唯有神满有怜悯的介入才能带来秩序的恢复。而且秩序已经在基督里恢复了，表现为有序的基督徒生活和教会生活。”不过加尔文写道，在基督再来之前，“这个世界要一直处在混乱当中”。㉓唯有在神借着基督显明的怜悯中，我们找到了避难所，然而这个避难所带给我们的是“流放、压迫和羞辱”，正如基督在世间所经历的。㉔“十架神学的特质在于，真实情况以相反的形式显明，就像基督对死亡的征服隐藏在十字架刑罚中……例如，神可以夺去他的所有恩赐，好使我们恢复对他的信心。”㉕ 251

所以，我们必须闭上眼睛，只听神的应许，他的应许**没有**隐藏，而是给了我们一条畅行无阻的道路，通往满有怜悯的神。㉖

⑳ Calvin, *Institutes* 2.10.15－18, 2.12.2.

㉑ Selderhuis, *Calvin's Theology of the Psalms*, 36，转引自加尔文对《诗篇》69:4 的注释。

㉒ Ibid., 41.

㉓ Ibid.

㉔ Ibid., 42.

㉕ Ibid., 188，对《诗篇》30：8 的注释。

㉖ Ibid., 193，对《诗篇》102：16，119：123 的注释。

在中世纪的敬虔观中,自我否定是通往荣福直观的捷径。所以修士发誓要过贫穷、独身的生活。加尔文也承认,自我否定是基督徒生活的核心所在。不过他开始探讨这方面的问题时,没有建议我们听从道德哲学,而是建议我们听从福音。"圣经记载父神既在基督里使我们与自己和好,就将他要我们顺从的样式印在基督身上。"加尔文指出,哲学家"虽然特意劝人向善,却只是鼓励人顺从自然行事。然而,圣经的劝勉是来自真理的源头"。这真正的源头就是基督并他给我们的所有福益,这是跟随基督背十字架的唯一正确的理由和动机。㉗ 因此,自我否定不是得到救赎的途径,而是我们的救恩在朝圣之旅中所呈现的形式。事实上,自我否定是"基督徒生活的总结"。㉘

这里再次呈现那个原则,即基督与基督徒,他的十字架与我们的十字架,虽可区分却不可分割。区别不在于数量(大小),而在于性质。唯有他的十字架可以救我们。不过,我们唯独借着信心与他联合,受洗进入死亡,又复活得生。在与神的关系方面,这意味着,我们摈弃了我们自己对公义、平安所认定的要求,放弃了我们对自己的生命的所有权。在与邻舍的关系方面,这意味着我们放弃了"轻视邻舍"的"傲慢和自爱"。我们都容易贬低别人而"赞美自己"。"若别人有缺点,我们不会只满足于刻薄地指责他,我们甚至可恶地

㉗ Calvin, *Institutes* 3. 6. 3.
㉘ Ibid., 3. 7. 1.

夸大其词。"㉙尤其是在我们的文化中——甚至是在美国基督教的文化中——向自己死的呼召至关重要,虽然这个呼召在我们的敬虔观中常常缺失。加尔文这样教导我们,"获得一颗温柔的心只有一个方法:从心里感到自己的卑微并尊敬别人"。㉚神在基督里与我们和好,不是因为我们的功德:当我们在这白白赐下的和好中找到了我们的所有平安时,我们就可以去爱我们的邻舍。我们爱邻舍,是照着神的怜悯,而不是因为他们的优点。圣经教导我们,"不要考虑人本身所应得的,乃要思考神在众人身上的形象,我们应将一切的尊荣和爱归给这形象"。㉛

成功福音认为,在基督里拥有各样属灵的福分,必然带来地上的富有,而加尔文却教导说:"因神所收养并视为配得与他交通的人应当准备遭受艰难、困苦、不平静的生活,他们的一生中将充满各种不同的患难。"㉜我们的父给我们试炼,不是因我们的罪要惩罚我们,而是为了使我们变得谦卑,迫使我们到他那里去。

> 但就连最敬虔的人,不管他多么承认自己是靠神的恩典
> 而非自己的力量站稳,还是免不了过于相信自己的勇气和坚
> 定,除非神借十字架的考验使他们更清楚地认识神……当

㉙ Ibid., 3.7.4 - 5.
㉚ Ibid., 3.7.4.
㉛ Ibid., 3.7.6.
㉜ Ibid., 3.8.1.

信徒们过得平顺时，就倾向于以自己的恒久忍耐为傲，然而到最后却因发现这一切是虚假的而谦卑下来。[33]

他还说："由此可见，背十字架使我们大大地获益。十字架既然毁坏我们对自己力量毫无根据的自信，以及揭露我们所喜爱的假冒为善，这十字架就帮助我们不再倚靠自己的肉体。"[34]不仅在救恩是如何成就的问题上，而且在如何于日常生活中活出救恩的问题上，我们都要坚守十架神学，而不是荣耀神学。

253 我们非常迷恋荣耀神学，甚至可以将背十字架变为一项善工献给神，并因此而夸耀自己的美德。修士去寻找十字架，以为他们靠着斯多葛式的决心就能取悦神。今天在我们自己的圈子里，偶尔也会遇到这样的情况，就好像信徒常常觉得应该在公众场合微笑，即便他们在家时是多么绝望崩溃。加尔文提出了反驳："神要求的喜乐，并不会消除所有对苦难和痛苦的感受。"

神所喜悦的忍受方式不是古时的斯多葛主义者对"那灵魂伟大之人"的愚蠢描述：在人一切与生俱来的情感被剥夺之后，不管他受难或兴旺，经历忧伤或快乐，都有同样的反应——事实上，就如石头那样没有任何的感觉……在

㉝ Ibid. , 3.8.2.（译文据作者所引英译本略有改动。——编者注）
㉞ Ibid. , 3.8.3.

361

基督徒当中也有一些新的斯多葛主义者，他们认为呻吟和
流泪，甚至忧伤和担心，都是邪恶的行为。这些似是而非
的论调多半来自一些无所事事的人，他们宁愿胡思乱想也
不愿动手，到最后只能发明这类似是而非的论调伤害我
们。然而，我们与这种无情的哲学毫无关联，主耶稣基督
的话语和榜样都斥责这种哲学，因他在自己和别人受难时
也呻吟和流泪……为避免有人视这情感为罪恶，基督公开
地宣告："哀恸的人有福了。"㉟

尤其因为加尔文的某些后继者严重混淆了北欧的"坚毅沉着"
式斯多葛哲学与合乎圣经的敬虔，他才多次驳斥这种会"将我们变
成石头"的"冰冷"哲学。㊱ 苦难不该被否定或轻视；苦难可以激励我
们经由圣灵，借着子，逃向父的避难所。

㉟ Ibid., 3.8.9.（译文据作者所引英译本略有改动。——编者注）

㊱ Calvin, "To Monsieur de Richebourg" (Ratisbon, April 1541), in *Selected Works of John Calvin: Tracts and Letters*, ed. Henry Beveridge and Jules Bonnet, 7 vols. (Grand Rapids: Baker, 1983),4：253.加尔文在这封信的开头表达了自己的悲痛："刚刚收到 Claude 和您的儿子 Louis 去世的消息时，我哀痛不已，好几天什么也做不了，只能伤心。"(246)接走 Louis 的是主，不是命运或宿命，在加尔文看来这是极大的安慰(248)。"主是我们所有人的父，现在毫无疑问，因为是主定意将 Louis（作为他收养的一个儿子）放在那些孩子们中间，从他丰富的怜悯中将这样的福分赐予你，所以你才能在他去世之前收获你精心教育的佳美果实，也因此得知你要关注的是属于你的福分，'我要做你和你后裔的神'。"(249—250)"我不劝你放下所有悲伤。我们在基督的学校里学习的也不是这样的哲学：要我们丢弃神给我们的普通人性，从人变成石头。"(253)加尔文还请梅兰希顿和布塞去信表达安慰(253)。

实在难以想象十架神学会在"感觉好就好"（be good-feel good）的文化中高居畅销榜榜首，而那些像加尔文一样在永不断绝的悲伤中劳苦的人，会在严酷的现实中找到安慰：

> 唯有当我们发现今世在各方面充满患难、困苦，以及许多令我们不快乐的事，没有任何方面是幸福的；今世所带来的幸福是不可靠、转眼即逝、虚空的，同时带给我们各式各样的害处，我们才从十字架的苦炼中真正获益。由此可见，我们在今世只能期待争战，也应当提醒自己：我们的冠冕在天上。总之，我们要深信：除非人在心里开始轻看今世，否则他绝不会认真地寻求和默想永世。[37]

不过，正是因为"今世**在各方面**"充满了悲惨，神在福音中向我们施恩的明显证据才使我们充满了盼望。因为我们的生命不仅是就今生来说的。

只有当今生的重担促使我们将全部的信靠寄于基督和永世的福分，我们才会找到忍受今生的力量，才会在现世的处境中，认出神的仁慈所发的明亮光束。"既然今世使我们明白神的良善，难道我们应当藐视它，仿佛它对我们毫无益处吗？"只有当我们确信，我们唯一的盼望在于神的良善、爱和怜悯——根本不在于我们如今的生活环境——

---

[37] Calvin, *Institutes* 3.9.1.

我们才能因众多的祝福而惊奇，而不因至轻的苦楚而怨叹。"当我们确信今世的生命是出于神仁慈的恩赐，也因此对他负有义务，就该谨记并心存感恩。"㊳

虽然加尔文有些话显得消极，但还是澄清了一个事实：今生的悲惨不是自然的。他渴望的不是从受造物中释放，而是从罪中释放。"当然，"他说，"我们只是因这生命使我们常常犯罪而厌恶它，虽然我们对这光景的厌恶不能说是恨恶这生命本身。"㊴

默想我们的脆弱——甚至是死亡——不是目的本身。默想我们的脆弱，是要引导我们盼望复活。具讽刺意味的是，正是因为否认死亡，否认身体复活，外邦人才掩盖生活的悲惨一面，虽然"野兽，甚至没有生命的受造物——树和石头——因意识到它们现在虚空的存在，都切望等候复活之日"，知道"今世必朽"并非最终结局。㊵"综上所述，若信徒仰望神复活的大能，那么在他们的心中，基督的十字架至终将胜过魔鬼、肉体、罪以及恶人。"㊶

事实证明，加尔文的"默想永世"不是逃离这个世界，而是与这个世界更深的认同，是植根于福音的现实主义和盼望，它使我们敞开胸怀接受他的恩典和我们在世上的呼召。我们不是修士，要摒弃基本的必需品之外的一切。"我们也不能避免使用那些似乎不只满足我们基

㊳ Ibid., 3.9.3.（译文据作者所引英译本略有改动。——编者注）

㊴ Ibid., 3.9.4.

㊵ Ibid., 3.9.5.

㊶ Ibid., 3.9.6.

本的需要,也带给我们快乐的事物。因此,我们必须有一个原则,使我们能以无亏的良心使用今世的事物,无论是满足我们基本的需要或是带给我们快乐。"⑫放手今生的人,不再受制于今生应许给我们的健康、财富和幸福,反倒可以自由地享受今生的礼物,为这令人快乐的事物将感谢归给慷慨的父,这真是一个悖论。他给我们今生的礼物,"不但是为了人的需要,也是为了人的享受和快乐。"⑬

圣徒得荣耀

探讨了在与中保基督的联合中我们得到的福益之后,加尔文紧接着探讨末后之事。正如科内利斯·维尼曼(Cornelis Venema)所言,"考虑到第 25 章在《要义》中的位置,这一章的标题最好定为'信徒在与基督的联合中得荣耀'。"⑭这一章的中心是死人复活,而死人复活是神救赎工作的高峰。这个时候,信徒(身体和灵魂)在永恒的荣耀当中复活——成为不朽,并且在最大程度上拥有了对受造物而言可能拥有的、像神那样的美德。到了天上,我们会与基督同坐,当加尔文呼吁我们将我们的心思专注于天上的时候,指的就是默想上述情景,相信保罗指的也是这样的默想。⑮ 在加尔文对救赎次序的论述中,得荣耀有重要地位,这一点我们已经看到了。

---

⑫ Ibid. , 3. 10. 1.

⑬ Ibid. , 3. 10. 2.

⑭ Venema,"*Calvin's Doctrine of the Last Things*,"445.

⑮ Calvin, *Institutes* 3. 25. 1.

　　修士默想是为了直接看见威严荣耀中的神，而加尔文呼吁我们默想的却是至为特定而具体的神，他显明在世人眼中微小、可笑甚至丑陋的事物当中。要看到神，就是要看到裹着襁褓的他，挂在十字架上的他。真正的默想，是常常默想与基督联合所得的恩赐，并且在默想得荣耀时达到顶点。这样的荣耀不是我们因为与神使人神化的恩典合作而得来的什么，而是我们因为与基督联合而得来的恩赐。耶稣基督如今怎样，我们将来也要怎样。头去哪里，肢体也要去那里。事实上，加尔文甚至说，"基督认为自己在某种程度上是不完全的"，直到他的全部身体与他同享永恒的荣耀。⑯　基督与他的教会之间的联结就是这样真实。

　　加尔文在几个主题上深受教父的影响，尤其深受东方教父的影响。⑰　他对得荣耀这个主题的探讨也不例外。他写道，"我们要记得，福音的目的是使我们最终与神相似，或者可以这么说，是使我们得以神化。"不过他又说：

　　　　不过性情(nature)［彼后 1：4］这个词在这里不是指**本质**，而是指**特性**。摩尼教徒［诺斯替主义者］曾梦想我们是神的一部分，跑完人生的赛程之后，我们会返回我们的本

⑯　加尔文对《以弗所书》1：23 的注释，载于 *Calvin's Commentaries*，vol. 21，trans. William Pringle (Grand Rapids：Baker, 1996)，218。

⑰　我对于这一点的详细阐述，载于 *People and Place：A Covenantal Ecclesiology* (Louisville：Westminster John Knox, 2008)，124－152。

源。现在也有狂热主义者以为，我们会化入神的本性，而
神会吞没我们的本性……但圣使徒从来没有陷入这样的
妄想；他们只会说，当肉体的所有邪恶被除去时，我们会分
享神那可称颂的不朽和荣耀，以至于**就我们的身份所许可
的程度而言**，可以说我们与神成为一了。㊽

在加尔文和受他影响而形成的传统看来，复活和得荣耀是同一
枚硬币的两面。威廉·埃姆斯（William Ames）甚至说，得荣耀"实
际上无非是称义判决的执行……得荣耀的时候，我们得到了由那个
宣告和判决而来的生命：我们实际拥有了那个生命。"㊾托马斯·华
森（Thomas Watson）在解释《威斯敏斯特信条》时，就灵魂与身体的
联合慷慨陈词，他认为，"信徒成了尘埃，也是基督奥秘身体的一
部分"。㊿

上述观点都是源于强调与基督的联合，而与基督联合的全部益
处，要到我们的身体在永不腐坏的荣耀里复活时才能享有。我们的
光景将会比亚当、夏娃堕落前的光景好得多。顶点不是"复乐园"，
而是"眼睛未曾看见、耳朵未曾听见"（林前 2：9）的东西。亚当代表
自己和自己的后裔失去的奖赏，由末后的亚当，我们的长兄，为我们

㊽ 加尔文对《彼得后书》1：4 的注释，载于 *Calvin's Commentaries*，22：371，粗体为作者所加。

㊾ William Ames, *The Marrow of Theology*, trans. John D. Eusden (Boston：Pilgrim, 1968；repr., Durham, NC：Labyrinth, 1983)，172.

㊿ Thomas Watson, *A Body of Divinity* (Edinburgh：Banner of Truth Trust, 1986)，309.

赢得。所有人都要复活,要么复活得永远的羞耻,要么复活得永远的荣耀。不过加尔文关注的是后者。虽然他明确断言有永远的惩罚,可是他论述万物复苏的文字,要比他论述地狱的文字多得多。"他也摒弃了他所接触到的一种常见观点:基督战胜仇敌时,血要流成河,基督要喝这河中的血。他认为这种观点过于严酷。"[51]

维尼曼就加尔文的观点指出,"既然基督来'不是为了毁灭世界,而是为了拯救世界',我们在圣经中首先要看到这个重点"。[52] 事实上,加尔文将《约翰福音》12:31 的"审判"(judgment)解释为"恢复"(reformation)——换句话说,"世界必须恢复应有的秩序"。加尔文解释道:"因为被译为'审判'的希伯来词 *mispat* 是指良好秩序的建立。"加尔文推测,这就是耶稣在福音书里传达的意思。"如今我们知道,基督之外,世上除了混乱什么也没有。虽然基督在生前就已开始建立神的国度,可他的死才是应有秩序得以建立、世界得以彻底恢复的真正开始。"[53]救赎主也是创造主,而末世论(未来的事)重新校正了我们对当下生活的安排。

"在加尔文的思想中,对个人得救的关切并不排除对万物得以恢复的关注。他反而这样写道,神会结束大混乱,恢复原初的秩序。"[54]"永世"会是灵魂与身体的永远联合,同样,它也会使不同的民

---

[51] Selderhuis,*Calvin's Theology of the Psalms*,176,对《诗篇》110:7 的注释。

[52] Venema,"Calvin's Doctrine of the Last Things," 451,引用《要义》3.25.9。

[53] Venema,"Calvin's Doctrine of the Last Things," 451.

[54] Selderhuis,*Calvin's Theology of the Psalms*,173,对《诗篇》94:15 的注释。

族、文化和语言在一个全球家庭里联合。在希腊思想（尤其是柏拉图主义）中，万物的本源为一，多样性是对这合一原初的背离；"救恩"就是重返没有差别的合一。不过如我们所见，加尔文喜悦神在自然和历史中创造的多样性，这样的多样性在荣耀中仍然存续。

在对永世的默想中，还有三位一体式的异象：在基督里人与神合一。加尔文说："基督复活，为的是让我们在来生与他相伴。""父神叫基督复活，因基督是教会的头，所以天父不可能使他与众肢体隔绝。基督借圣灵的大能复活，圣灵也将叫我们与基督一同复活。"⑤⑤总之，加尔文教导我们，信徒如今享有的称义将会完全显明，称义的果效将会在我们复活–得荣耀的时候完全而公开地实现。正是在这个意义上，加尔文甚至愿意称这个事件为圣徒的神化（*theōsis*）。⑤⑥

圣徒得荣耀时，我们与基督联合的果效将会完全实现。加尔文在《希伯来书》4：10 中发现了"永恒安息日的定义：那一日有至高的幸福，人会与神联合，变得与神相像"。古代异教徒与神圣本原合一的理想，其实是自私的，是罪的本质的一部分，奥古斯丁称之为"向里弯向自己"。

> 无论哲学家就至善说过什么，都无非是冰冷而虚空之

---

⑤⑤ Calvin, *Institutes* 3. 25. 3.

⑤⑥ 加尔文对《彼得后书》1：4 的注释，载于 *Calvin's Commentaries*，22：371。关于这一点的更多论述，参见 Michael Horton, *Covenant and Salvation：Union with Christ* (Louisville：Westminster John Knox, 2007)，chap. 12。

言,因为他们眼中只有自己,而**要找到幸福,我们必须走出自己**。人的至善无非是与神联合;唯有以神为我们的楷模,照着他的样式得到建立时,才能达于至善。⑤

这是我们最后一次指出,福音呼召我们走出个人主义式的自我迷恋,凭着信心仰望神,存着爱心关注邻舍。加尔文默想永世时,心里存的是人人友好相交的社会愿景。

我们由这一切可以看出,加尔文式的"默想永世"激励我们面对在世上的生活和呼召,而不是使我们脱离现世的责任。加尔文式的"默想永世",不是让灵魂逃离令人厌烦的世界,而是全人渴望唯有救主再来时可以带到地上的永恒的喜乐。"既然基督才是施行审判的那位,信徒就不该自行拿起刀剑,反而应该忍耐,背起他们的十字架。"⑧既然知道了前方潜藏着什么,我们就可以在这趟朝圣之旅中背起自己的十字架。

我们或生或死唯一的安慰

加尔文的生与死都可以作为例证,使我们深入了解加尔文提倡的这种敬虔观怎样塑造了他自己的生命。加尔文曾经是法国文艺复兴时期的一颗新星,用他自己的话说,他是被神的恩典"制服"的。

---

⑤ 加尔文对《希伯来书》4:10 的注释,载于 *Calvin's Commentaries*,22:98,粗体为作者所加。
⑧ Selderhuis, *Calvin's Theology of the Psalms*,177,对《诗篇》21:9 的注释。

到了五十五岁时,他百病缠身。他死的时候和活着的时候一样,都在默想永世。

加尔文屡次经受丧亲的痛苦,包括他独生儿子雅克的死。雅克早产,出生后不久便夭折。就在他感到越来越孤独的时候,神带走了他的妻子伊蒂丽。他向皮埃尔·维雷(Pierre Viret)吐露心中的感受,说她的死"让我极其痛苦"。他珍惜朋友的扶持。"但是你非常清楚,我的心有多么脆弱,确切地说,有多么柔弱……我真的不是因为一般的原因而伤心。我失去的是平生最好的伴侣。"他说,她"愿意与我同受贫穷",甚至愿意与我一同殉道。⑤ 很多年中,他不断地与亲爱的朋友和同僚作别——有的殉道,有的染上瘟疫,还有的(包括最让他悲痛的一位)重返罗马——如今他要安息了,轮到别人为他送行了。

1563 年 11 月,他写信给梅兰希顿,说他在尽量遵从医生的嘱咐,"只在唇焦舌燥时,才让自己多喝一点"。他抱怨说,问题在于医生只给他喝便宜的酒,"想直接杀了他",直到他说服他们"开"了一种上好的勃艮第葡萄酒。⑥

加尔文最后的意愿和遗嘱(立于 1564 年 4 月 25 日)让我们了解到他个人的灵性状况。他抓住机会给这座城市的领导者讲了最后

---

⑤ Calvin, "To Viret" (April 7, 1549), in *Select Works of John Calvin: Tracts and Letters*, ed. Henry Beveridge and Jules Bonnet, 7 vols. (Grand Rapids: Baker, 1983), 5: 216 - 219.

⑥ Calvin, "To Melanchthon" (Geneva, November 19, 1558), *Select Works of John Calvin*, 6: 483.

一次道。他首先感谢神怜悯他，救他脱离偶像崇拜，使他"进入福音
的光中"。

> 我能得救，唯独仰赖神白白的收纳，此外我给不出别
> 的理由或原因。我以整个灵魂来接受他借耶稣基督向我
> 所施的怜悯。耶稣基督以自己的受死、受难之功赎了我的
> 罪，为我所有的罪行和过失付了代价，将它们抹去，不再
> 记念。

> 我也证实，并且声明：我常常恳求拥有至高主权的救
> 赎主，愿他乐意用他为人类的罪流出的血来清洗我、洁净
> 我，好让我可以在他的荫庇下，站在审判台前。我还要声
> 明，我已照着主向我实施的恩典和良善，竭力在我的讲章、
> 著作和圣经注释中，纯正而庄严地传讲了他的话语，忠实
> 地解释了他的圣经。[61]

他还证实，在他一生参与的争论中，他总是"直率而诚挚地捍卫
真理"，不过他又说：

> 但是我有祸了。我的热情和热心（如果配得这样的称

---

[61] Theodore Beza, "Life of Calvin," in *Selected Works of John Calvin*，1：lxxxvi -
lxxxvii.

呼的话）常常随意而缺乏活力，我要承认，我无数次未能正
当履行职责。若非他有无尽的恩慈，若非他扶持我，我的
热心就是短暂而徒劳的。不仅如此，我甚至要承认，如果
不是主的恩慈扶持我，主赐给我的智力将在他的审判台前
越发证明我的罪和怠惰。基于这些原因，我要证实并且声
明，我得救恩，唯独倚靠一个保障，亦即，既然神是有怜悯
的父，而我承认自己是可怜的罪人，他定会向我显明他是
这样的父。㉒

表达了最后的感恩之后，加尔文将自己的微薄家产分给男子学
校和"贫穷的外来者"，以及好友的子女。㉓ 总计起来，其实也没有多少。加尔文说："我从来不
以赚钱为念，如果有人在我生前不相信，我的死总可以证明这
一点。"㉔

加尔文邀请四位市政官和所有的议员到议政厅见面，最后一次
对他们说话。考虑到他的状况，他们更愿意去找他。他感谢他们，
"给了一个根本不配的人如此多的尊荣，并且常常忍耐我的诸多缺
点"，并且承认，"相较于我应该做的"，"在公开场合和私下场合我所
做的都非常少"。众位议员"忍耐我有时过度的激情；我相信我在这

㉒ Ibid.
㉓ Ibid. ,lxxxvii – lxxxviii.
㉔ Ibid. ,c.

方面的罪也被神赦免了"。他还说:"但说到我讲给诸位听的教义,我要说,神托付给我的道,我已经讲给人听了,既不轻率,也不含糊,而是讲得纯正又诚恳。我清楚知道,若不教导神的话,他的愤怒就会临到我头上,我也同样清楚知道,我的教导工作蒙他的喜悦。"加尔文百感交集,既感谢神,又为没有更加殷勤服侍而悔恨,因此他这样劝勉自己的同道:

> 因此我恳求你,无论是在顺境中还是在逆境中,要常将这个事实摆在眼前,那就是,唯独他建立君王和国家,为此,他希望人敬拜他……因为唯独他是至高的神,是万王之王、万主之主。他尊荣那些使他获得尊荣的人,却要使那些轻视他的人降卑。因此要照着他的法度敬拜他;这一点要一再研究,因为我们总是不去做我们应该做的事……判决民事案件时,不要给私心或仇恨留余地;谁都不要以诡计败坏公义;谁都不要以自己的建议来阻止法律的彻底执行;谁都不要远离公义和良善的事物。[65]

5月11日,八十岁的法雷尔尽管很虚弱,还是打算最后一次探访加尔文。加尔文在用拉丁文回复的信里说:"再见了,我最亲密、最正直的弟兄;既然神愿意让你在这个世界上活得比我长久,你在

---

[65] Ibid., xc - xcii.

地上的日子,要记得我们的友谊,它曾给神的教会带来益处,它的果效还在天上等着我们呢。"⑥24日这天,加尔文最后一次被送到议事厅。他用颤抖的声音读了他尚未完稿的一些新约章节注释,请众位领袖提意见。他为众人介绍了日内瓦学院的新校长之后,便在"啜泣和眼泪当中"离开。

4月2日这天是复活节,他虽然筋疲力尽,还是让人用椅子把他抬到教会,参加了整个崇拜。他从我手里领了圣餐,和其他人一起唱了诗,虽然声音颤抖,可在他临终前的面容上,喜乐仍然清晰可见。⑰

据贝扎说:"临终前的那段时间里,他几乎一直在祷告。"⑱

我还听到他说:"主啊,你压伤了我。可是我仍然心安,因为那是你的手。"……他就这样一边安然忍受,一边安慰他的朋友,这种状态一直持续到5月19日。我们这些牧师照常在这一天进行我们的私下劝诫,然后一起晚餐,以示我们之间的友爱。五旬节和圣餐在两天之后举行。⑲

---

⑥ Ibid. ,xciv.

⑰ Ibid. ,lxxxv.

⑱ Ibid. ,xciv-xcv.

⑲ Ibid. ,xcv.

1564 年 5 月 27 日,加尔文在最后一次向悲痛的日内瓦官员表达激励、歉意和劝勉后与世长辞。共和国的领袖从前屡次阻挠他的教会改革工作,这时答应了他临终前的请求:在他死后不要举行隆重的仪式,只葬在"普通墓地"中,一座没有标记的坟墓里。加尔文曾写道:"按照本性,我们最渴望的莫过于人的称赞。"⑦

他的死讯令全城悲痛,"由于人的好奇心太盛",连英国大使都未能获准瞻仰他的遗体。⑦ 加尔文死的时候与他活着的时候一样:相信神在耶稣基督里怜悯他,虽然他有诸多缺点;深信他多年前在日内瓦请他重返旧职时所做的宣告:"但是当我想到我不属于我自己时,我将我的心当作祭物献给主。"⑦

---

⑦ Calvin,*Institutes* 1. 1. 2.(据作者所引英译本翻译。——译者注)

⑦ Beza,"Life of Calvin":"那天晚上以及第二天,合城的人都在哀悼。全国都在为它失去最智慧的公民感到惋惜,教会为这位忠心的牧师的离去而悲伤,日内瓦学院为失去了如此伟大的教师而难过,所有人都为失去了在神庇护之下共同的父亲和安慰者而悲痛。很多公民都非常想瞻仰加尔文的遗体,很难驱散他们。有些外国人过去是从很远的地方来见加尔文并听他讲道的。其中就有那位英国女王派驻法国宫廷的著名大使,他非常想瞻仰加尔文的遗体。最初是准许瞻仰遗体的;不过因为人的好奇心变得过分,可能会引发污蔑。因此后来这样做被认为是明智的:第二天(一个主日),以通常的方式用亚麻布裹住遗体,放在棺材里。"(xcvi‑xcvii)"他被埋在普莱因·帕莱(Plein Palais)的普通墓地,没有隆重的场面,也正如他所吩咐的那样,没有墓碑。"(xcvii)

⑦ Calvin," To Farel"(Strasbourg, August 1541),in *Selected Works of John Calvin*,4:281.

索引

（索引中的页码为原书页码，即本书边码）

经文索引

68：8	187n2	105：25	59n13
68：35	163n54	105：44	144n9
69：4	250n21	106：45	59n9
74：1	79n119,249n13	107：42	78n109
74：9	249n13	109：16	112n93
74：12	77	110：2	207n90
74：13	77n105	110：3	123n19
78：21	179n69	110：7	257n51
79：9	108n78	115：16	21n15,72n81
82：3	225n57	116：1	160n34
85：1	74n88	116：11	97n10
87：5	187n3	118：1	55－56
87：16	207n89	119：18	60n18
89：47	72n81	119：49	123n16
91：15	79n115	119：123	251n26
92：6	77n106	119：136	202n65
94：15	257n54	121：3	77n102
95：5	156n8	132：7	144n8
96：6	144n8	132：12	162n52,163n53
102：3	160n35	133：1	202n64
102：15	202n63	135：13	187n1
102：16	251n26	136	240
103：8	97n9	136：7	240n34
103：16	63n38	138：1	143n6
104	109	139：6	63n36
104：15	109n80	140：6	158n22
104：31	72n81	143	96n6

加尔文的
人生智慧的

图书在版编目(CIP)数据

加尔文的人生智慧/(美)霍顿(Michael Horton)著;
穆桑译—上海:上海三联书店,2023.8
ISBN 978 - 7 - 5426 - 6380 - 1

Ⅰ.①加…　Ⅱ.①霍…②穆…　Ⅲ.①加尔文(Calvin, John
1509 - 1564)-人物研究　Ⅳ.①B979.956.5

中国版本图书馆 CIP 数据核字(2018)第 139221 号

加尔文的人生智慧
——荣耀他并永远以他为乐

著　　者 / 迈克尔·霍顿
译　　者 / 穆　桑
丛书策划 / 橡树文字工作室
特约编辑 / 丁祖潘
责任编辑 / 邱　红　陈泠珅
装帧设计 / 徐　徐
监　　制 / 姚　军
责任校对 / 王凌霄

出版发行 / 上海三联书店
　　　　　　(200030)中国上海市漕溪北路 331 号 A 座 6 楼
邮　　箱 / sdxsanlian@sina.com
邮购电话 / 021 - 22895540
印　　刷 / 上海盛通时代印刷有限公司

版　　次 / 2021 年 5 月第 1 版
印　　次 / 2023 年 8 月第 3 次印刷
开　　本 / 890mm×1240mm　1/32
字　　数 / 250 千字
印　　张 / 12.875
书　　号 / ISBN 978 - 7 - 5426 - 6380 - 1/B · 593
定　　价 / 65.00 元

敬启读者,如发现本书有印装质量问题,请与印刷厂联系 021 - 37910000